www.tredition.de

Simone Krüger

Soziale Arbeit mit Muslimen

Professionelle Kompetenzen im interkulturellen Kontext

2. überarbeitete Auflage

www.tredition.de

© 2021 Simone Krüger
Foto Buchcover: Mahmood Ahmad
https://www.etsy.com/uk/shop/abstractandbeyond

Verlag und Druck: tredition GmbH,
Halenreie 40-44, 22359 Hamburg

ISBN
Paperback: 978-3-347-14879-6
e-Book: 978-3-347-14880-2

Das Werk, einschließlich seiner Teile, ist urheberrechtlich geschützt. Jede Verwertung ist ohne Zustimmung des Verlages und des Autors unzulässig. Dies gilt insbesondere für die elektronische oder sonstige Vervielfältigung, Übersetzung, Verbreitung und öffentliche Zugänglichmachung.

Vorwort zur Neuauflage 2021 von Dr. Sabine Aydt ... 10
Vorwort zur Auflage 2019 von Amin Rochdi ... 13

Teil 1
Professionelle Kompetenzen in der Sozialen Arbeit mit Muslim*innen

Einleitung ... 18

1. Einwanderungsland Deutschland? Muslim*innen in unserer Gesellschaft ... 20
1.1 Interkulturelle Öffnung von Regeldiensten und Integrationslotsen in Moscheegemeinden ... 20
1.2 Gesellschaftliche Wahrnehmung von Muslim*innen und deren Auswirkung ... 24
1.3 Die Zuschreibung von Kollektiven ... 25
1.4 Unterschiede in der Verantwortungsübernahme bzw. -abgabe ... 30
1.5 Dürfen sich Muslim*innen überhaupt beraten lassen? ... 31
1.6 Verhalten sich Muslim*innen muslimisch? ... 34
1.7 Facetten der Identität ... 35
1.8 Kulturdimensionen von Geert Hofstede ... 38
1.9 Stolpersteine in der Aneignung kulturellen Hintergrundwissens ...41

2. Herausforderungen aufseiten der Eltern im Kontext interkultureller Erziehung ihrer Kinder ... 43
2.1 Pluralität im Islam ... 43
2.2 Moderne versus Tradition ... 45
2.3 Die gefühlte Schwächung auf Elternebene ... 47
2.4 Der schnelle Rückzug ins Bekannte: die Re-Traditionalisierung ... 50
2.5 Die unterschiedlichen Wertehierarchien ... 53

3. Herausforderung aufseiten der Fachkräfte im Kontext interkultureller Jugendhilfe ... 56
3.1 Das Demokratieprinzip und das Modell Interkulturelle Kompetenz ... 57
3.2 Der neugierige Blick in die Welt des Klienten ... 58
3.3 Wie können wir einen Kulturschock und die Gefahr von Abwehr verringern? ... 62

3.4 Destruktive Kommunikationszirkel ... 64
3.5 Der neugierige Blick in die eigene Welt. ... 67
3.5.1 Die Subjektive Wirklichkeitskonstruktion ... 71
3.5.2 Das Werte- und Entwicklungsquadrat von Schulz von Thun ... 73
3.5.3 Fremdheitsfähig werden – die Umwendung zum Selbst ... 76
3.5.4 Die Selbstfürsorge – das Sokratische Prinzip ... 77
3.5.5 Focusing – eine Methode der Achtsamkeit ... 79
3.6 Interaktive Ausgrenzungsmechanismen von Seiten der Fachkräfte im interkulturellen Kontext ...81
3.7 Windows oder Mac? ... 82
3.8 Interkulturelle Kompetenz – eine Zusammenfassung ...84
3.9 Die Rolle der Fachkraft in der Unterstützung von muslimischen Kindern und Jugendlichen ... 85
3.10 Erziehungsrecht und elterliche Pflichten – die juristische Perspektive ... 90

4. Ansätze interkultureller Eltern- und Familienarbeit ... 97
4.1 Vom Unterschied zwischen Konsequenz und Orientierung in der Erziehung (von Michael Ströll) ... 97
4.2 Türöffner und Stolpersteine in der Elternarbeit ... 103
4.3 Kulturelle und religiöse Dolmetscher*innen ... 112

Teil 2
Religiöse Quellen als Integrationsinstrument in der Interkulturellen Sozialen Arbeit mit Muslim*innen

Einleitung ... 118

1. Chancen religiöser Quellen in der interkulturellen Arbeit ... 120
1.1 Die Religion als lebensweltgestaltendes Element ... 120
1.2 Sind interkulturelle Schulungen ausreichend? ...121
1.3 Die Falle des Nichtwissens: das Hauptproblem von Muslim*innen ...122

2. Grundlagen des Islams und deren Schwierigkeiten ... 125
2.1 Die Problematik der Koranübersetzungen ... 126
2.2 Das islamische Recht und sein Interpretationsspielraum ... 129
2.3 Die Scharia ... 131

2.4 Pluralität im klassischen Islam ... 135
2.5 Trennung Staat und Religion ... 139

3. Grundzüge des Glaubens ... 141
3.1 Die drei Hauptquellen im Islam ... 141
3.2 Die sechs Glaubensgrundsätze ... 151
3.3 All inclusive? Die Propheten im Islam ...154
3.4 Das rituelle Gebet der Muslim*innen ... 155
3.5 Barmherzigkeit im Islam ... 159
3.6 Karma und Islam? ... 161
3.7 Paradies und Hölle ... 163
3.8 Dschihad und seine Bedeutung ... 165
3.9 Der Islam eine Vernunftreligion? ... 168
3.10 Spiritualität und Regeln – geht das überhaupt? ... 170
3.11 Die 99 Wesenheiten Gottes ... 174
3.12 Engel im Islam ... 175

4. Christen, Juden und Andersgläubige ... 177
4.1 Menschen, die sich über den Propheten oder Gott selbst lustig machen ... 178
4.2 Allgemeine Verhaltensregeln gegenüber anderen Menschen ... 179
4.3 Kein Zwang im Glauben ... 180
4.4 Das Jesusbild ... 181
4.5 Die Ostergeschichte ... 182
4.6 Jüngster Tag und die Abrechnung ... 183

5. Islamische Feste ... 184
5.1 Der Ramadan und das Fasten ... 184
5.2 Das Opferfest/Abrahamfest ... 191
5.3 Kreative Ideen für sozialen Einrichtungen ... 194

6. Die Frau und die Sexualität im Islam ... 196
6.1 Frauenbild im Koran ... 198
6.2 Die koranische Schöpfungsgeschichte ... 203
6.3 Kleidung und Kopftuch im Islam ... 205
6.4 Islamischer Feminismus: Gender-Dschihad ... 206
6.5 Sexualität und Aufklärung ... 208
6.6 Schamgefühl, Intimsphäre und Weiblichkeit ... 212
6.7 Der lüsterne Blick und Ehebruch ... 213

6.8 Sexualkunde und Aufklärung an Schulen ... 214
6.9 Kopftuch und der Schwimm- und Sportunterricht ... 215
6.10 Homosexualität im Islam ... 216

7. Islamische Kindererziehung ... 220
7.1 Erziehungsinhalte ... 221
7.2 Der Sieben-Jahres-Rhythmus in der Erziehung ... 225

Schlussgedanken ... 236

Literaturverzeichnis ... 237

Danksagung ... 248

Über die Autorin ... 249

Zur Neuauflage 2021

Nachdem ich das Buch „Muslime in der Sozialen Arbeit. Religiöse Quellen als Integrationshelfer?" (Krüger, 2019) veröffentlicht hatte, begann für mich ein weiterer Prozess der inhaltlichen Weiterentwicklung. Insbesondere durch die enge Zusammenarbeit mit Frau Prof. Dr. Kriegel-Schmidt, der Professorin und Studiendekanin der Euro FH sowie durch den Kontakt mit Frau Dr. Sabine Aydt, Lehrbeauftragte und Trainerin für interkulturelle Bildung in Wien, wurden Inhalte der ersten Ausgabe überarbeitet, verfeinert und mit neuen Aspekten ergänzt.

Die Tatsache, dass es in der Entwicklung interkultureller Kompetenzen nicht ausreicht, sich mit Hintergrundinformationen über kulturelle und religiöse Aspekte auszustatten, wurde dadurch noch stärker in den Vordergrund gerückt. Meine beiden Studienhefte „Religiöse Quellen als Integrationsinstrument in der Interkulturellen Sozialen Arbeit (2019)" und „Professionelle Kompetenzen in der Interkulturellen Sozialen Arbeit mit Muslimen (2020), des BA-Studiengang Soziale Arbeit an der Euro FH, fungieren als Grundlage der zweiten Ausgabe des Buches. Die Neuauflage besteht aus zwei Teilen. Insbesondere der erste Teil, der den professionellen Anspruch der interkulturellen Kompetenz beleuchtet, wurde mit Aspekten erweitert, die sich mit der Notwendigkeit der eigenen Auseinandersetzung und unhinterfragten Wahrnehmungs-, Deutungs-, und Verhaltensmustern (vgl. Gaitanides 2004) als auch mit der Selbstfürsorge in der Entwicklung von Fremdheitsfähigkeit (vgl. Schellhammer 2019) beschäftigen. An verschiedenen Stellen werden Leser*innen Übungen finden, die zum Innehalten und zur Reflexion einladen.

Vorwort zur Neuauflage 2021

Der Soziologe Zygmunt Bauman bringt in zwei Sätzen auf den Punkt, wie viele Fachkräfte die Herausforderung der interkulturellen Arbeit beschreiben würden:

„Es gibt Freunde und Feinde.
Und es gibt Fremde. "[1]

Viele in der interkulturellen Arbeit Tätige sind motiviert, dazu beizutragen, dass aus Fremden soweit wie möglich Freunde werden. Das ist ein hoher Anspruch und realistischer Weise ist das nicht immer möglich. Der allgegenwärtige, fremdenfeindliche Diskurs lebt davon, Fremde und Feinde gleichzusetzen und damit immer neue Herausforderungen zu schaffen. Dazu wird mit kollektiven Zuschreibungen und Pauschalisierungen gearbeitet. Wir erleben tagtäglich wie die Gesellschaft durch Freund-Feind Schemata gespalten wird. Das Schema Muslime = die Anderen = die Feinde vs. christliche Europäer = wir = Freunde ist dabei seit Jahren sehr wirkmächtig. [2]

Dabei wird postuliert, es gehe vor allem um Kultur und Religion. Doch wenn Generationen von Kindern und Jugendlichen als Andere, mit „Migrationshintergrund", markiert werden und im Schulsystem auf ihrem Weg in die Gesellschaft nicht die gleichen Chancen bekommen wie „unsere" Kinder, dann geht es auch um die Verteidigung von Privilegien von Etablierten[3]. Ein Klima der Konkurrenz trägt dazu bei, dass sich Menschen voneinander abgrenzen und in der Vorstellung von Tradition Stabilität suchen. So entstehen verhärtete Positionen und Polarisierungen. Fachkräfte in den sozialen Professionen können sich dann der Frage kaum entziehen, wie sie sich in einem scheinbaren „Kampf der Kulturen" bzw. Religionen positionieren. Aus dieser Perspektive ist schon viel erreicht,

---

[1] Bauman, Zygmunt(2005): Moderne und Ambivalenz. Das Ende der Eindeutigkeit. Hamborg: Hamburger Edition.

[2] In jüngster Zeit geht die Spaltungsdynamik auch durch die „autochtone" Bevölkerung, wie wir es nun bei unterschiedlichen Haltungen zur Corona Politik erleben.

[3] Erkurt, Melissa (2020): Generation Haram. Warum Schule lernen muss, allen eine Stimme zu geben. Wien: Paul Zsolnay Verlag.

wenn das Ergebnis ihrer Anstrengungen darin besteht, Feindschaft verhindert zu haben.

Dieses Buch zeigt einen anderen Weg auf. Es lädt auf der Basis von umfangreicher Erfahrung in der Sozialen Arbeit dazu ein, sich auf das Fremdsein – als eigenständige Position jenseits von Freund und Feind - einzulassen. Betrachten wir das Potenzial, das in der Situation des einander Fremdseins liegt: Es ist eine (ergebnis)offene Situation, eine Situation des Zwischen[4], in der es (noch) nicht möglich ist, die andere Person eindeutig als Freund oder Feind zuzuordnen. Dieser Freiraum kann genützt werden. Verschiedene, auch widersprüchliche Aspekte der anderen Person können sich zeigen. Das erste Bild, das wir uns voneinander machen, kann in Frage gestellt werden, sich verändern. Wenn es gelingt, die eindeutige Zuordnung eine Weile hinauszuschieben und Beurteilungen in Schwebe zu halten, kann ein Prozess des Kennenlernens beginnen. Ein neues Selbst- und Fremdverständnis kann und muss sich der mehrdeutigen, gemeinsamen Situation entsprechend frisch herausbilden. *Fremdheitsfähigkeit*[5] basiert auf der durchaus nicht einfachen Aufgabe, dem Fremdsein diese produktive und kreative Qualität abzugewinnen.

Professionelles Handeln im Kontext von Fremdsein hat aus dieser Perspektive das Ziel, die Interpretation einer konkreten Situation so lange offen für verschiedene Deutungen zu halten, bis die Beteiligten sich sinnvoll zueinander in Beziehung setzen und situationsadäquate Handlungsmöglichkeiten entwickeln können. Dieses Buch bietet daher zwar viel anschauliches Hintergrundwissen, aber keine abschließenden Erklärungen und keine fertigen Lösungen oder Handlungsanweisungen. Die Leserin/der Leser wird vielmehr dazu motiviert, zu erkunden, wie ihr/sein eigenes Wissen und das Wissen des Gegenübers in die Situation des einander Fremdseins hineinwirken. Die spannende Frage lautet: „Was spielt sich denn da zwischen uns ab?" Und: „Wie können wir miteinander in Beziehung bleiben?" Oft schließt das jeweils vorhandene, schon fertig strukturierte Wissen, das „den anderen verstehen", ja andere, neue Beziehungs- und Handlungsmöglichkeiten aus.

---

[4] Jullien, Francois (2018): Es gibt keine kulturelle Identität. Frankfurt/Main: Suhrkamp.
[5] Schellhammer, Barbara (2019): Fremdheitsfähig werden. Zur Bedeutung von Selbstsorge für den Umgang mit Fremdem.Freiburg/München: Verlag Karl Alber

Mit interessanten Fragestellungen lädt die Autorin dazu ein, das eigene Wissen für neue Bedeutungen zu öffnen und zu erkunden. Sie gibt dazu auch konkrete Anregungen und Übungsmöglichkeiten zur Hand. Dieses Buch begleitet die Leserin/den Leser informiert, lebensnah und behutsam durch ein unübersichtliches Terrain, in dem viele Fallstricke lauern. Es macht Mut, sich darauf einzulassen, gemeinsam mit anderen, fremden Menschen kulturell kreativ zu werden. Die Lektüre zeigt viele Möglichkeiten auf, aus den Fallstricken feine Fäden herauszuziehen und neu zu verweben, sodass sie einen Teppich ergeben, auf dem wir uns als Gäste in einer gemeinsamen Welt für eine Weile niederlassen können.

Dr. Sabine Aydt, im Januar 2021.

Vorwort zur Auflage 2019

Ich erinnere mich, als wäre es gestern. Im Frühjahr 2015 fiel für mehrere Wochen der Islamische Religionsunterricht aus. Grund hierfür waren die Winterferien, aber auch zahlreiche Fortbildungen, die ich damals hielt, um bayernweit für den Islamischen Unterricht an Schulen zu werben und Lehrkräfte fortzubilden. In diese Zeit fielen die schrecklichen Anschläge in Paris, bei welchen viele Menschen ihr Leben verloren und deren Drahtzieher sich einer religiösen Verblendung hingaben, hier im Namen ihrer Religion etwas Wertvolles vollendet zu haben. Die Diskussionen in ganz Europa über einem restriktiveren Umgang mit Muslim*innen waren in vollem Gange. Mir war es wichtig, mit meinen Schüler*innen der zehnten Klasse darüber zu sprechen. Dies wollte ich anhand der beeindruckenden Kölner Rede des Islamwissenschaftlers und Schriftstellers Navid Kermani machen, die ich in ihrem Tiefgang für hervorragend geeignet für ein unterrichtliches Setting hielt. So begann ich die Stunde, indem ich „Paris" an die Tafel schrieb. Nach meinem letzten Buchstaben ging ein Raunen durch die Klasse und ein Schüler sprang auf und rief: „Nicht auch noch Sie, Herr Rochdi!" Ich war überrascht, da ich damit absolut nicht gerechnet hatte und bat, mich über den Missmut der Klasse aufzuklären. Man berichtete mir, dass bereits in der Woche nach den Anschlägen die Lehrkräfte – unabhängig vom Fach – sich diesem Ereignis angenommen hatten. Auf meinen Einwand, dass es Ausdruck eines guten Unterrichts sei, auch tagesaktuelle Geschehnisse v.a. mit einer Abschlussklasse einer Realschule zu besprechen und zu thematisieren, wurde von der Klasse entgegnet: „Nein, Herr Rochdi. Wir sprechen nicht über die Geschehnisse. Die anderen sprechen darüber und wir werden als Muslim*innen ständig gefragt, was wir davon halten. Was sollen wir davon halten? Da sind doch auch Muslim*innen gestorben! Wieso sollen wir uns für etwas rechtfertigen, dessen Opfer uns näherstehen als dessen Täter?"
Dieses Erlebnis im Islamischen Unterricht – ein Unterricht, den ich als Schlüssel für die Entwicklung der Theologie des Islams in Deutschland sehe – prägt mich und meine Arbeit bis heute. Was ist in den letzten Jahren schiefgelaufen, dass sich junge Menschen, deren Eltern oftmals bereits in Deutschland die Schulbank gedrückt haben und die das Herkunftsland der Großeltern nur aus dem Urlaub kennen, sich nach teilweise drei Generationen noch immer fremd und missverstanden fühlen? Ist es die Ignoranz der Lehrkräfte, welche die Bedürfnisse ihrer Schülerschaft nicht

ernst nimmt? Ist es der gesellschaftliche Diskurs, der häufig von sog. Scharfmachern dominiert wird und nicht selten schnell die Motive der Täter gefunden zu haben scheint und mit einfachen Antworten auf komplexe Fragestellungen – bewusst oder unbewusst – dafür sorgen, dass sich junge, praktizierende Muslim*innen zunehmendem Rassismus ausgesetzt sehen? Oder sind es doch rückwärtsgewandte Agitatoren innerhalb der muslimischen Community, die ein Klima des Nichtangenommen-Seins verstärken?

Auch wenn es auf den ersten Blick nicht so scheint, ist der Islam, besser gesagt, sind die Muslim*innen und Muslime Deutschlands immer mehr auch ein gefühlter Teil der deutschen Gesellschaft. Noch vor gut 25 Jahren wussten die wenigsten, was der Islam ist und welche Rolle diese Religion für knapp vier Millionen Menschen bedeutet. An immer mehr Schulen genießen inzwischen Muslim*innen einen Islamunterricht – ganz selbstverständlich neben dem katholischen und evangelischen Religionsunterricht – und die Möglichkeiten für junge muslimische Abiturient*innen, sich in ihrem Studium aus der Binnenperspektive mit ihrer Religion zu beschäftigen und ein islamisch-theologisches Studium aufzunehmen, sind inzwischen beträchtlich. Knapp ein halbes Dutzend Hochschulen bieten inzwischen ein Studium der Islamischen Theologie oder Religionspädagogik an.

Selbst im Bereich der Medien – dank zahlloser oftmals internetbasierter Non-Profit-AV-Projekte – gibt es immer mehr deutschsprachige Programme mit einem Format für muslimische Konsument*innen. Es zeichnet sich ab, dass diese Veränderung der Gesellschaft weiter voranschreiten wird.

Zeitgleich mit all den positiven Entwicklungen rund um die Beheimatung der Muslim*innen in Deutschland, wird die Diskussion über Muslim*innen und die Rolle des Islams zunehmend von extremen Positionen bestimmt. Die zahllosen „Kopftuchdebatten", die Frage, ob der Islam Teil Deutschlands sei, die Muslim*innen zu Deutschland gehören oder man historisch begründen könne, der Islam sei ein Teil der imaginären deutschen DNA, werden oft hitzig, wenig objektiv-faktengestützt, dafür umso subjektiv-emotionaler geführt. Die pauschale Vorverurteilung religiös begründeter Veränderungen in einer staatlich-öffentlichen Domäne wie der Schule haben in den letzten beiden Jahrzehnten immer wieder die Gemüter der Gesamtgesellschaft bewegt. So beispielsweise der Wunsch junger Menschen, einen Raum für ihr ritualisiertes Gebet zu nutzen oder die Rücksichtnahme auf religiöse Speisevorschriften in den Mensen der Schule. Oft verliefen die Diskussionen asynchron an den Bedürfnissen, Vorstellungen und Meinungen der in Deutschland lebenden Muslim*innen vorbei. Man sprach oft über die Betroffenen, aber selten mit ihnen. Viele dieser Punkte wurden vor Gerichten gelöst oder aufgeschoben, um wenige Jahre später in Tageszeitungen, Magazinen oder Polit-Talks erneut diskutiert zu werden. Die oben skizzierte Episode aus meiner schulischen Erfahrung zeigt, dass gerade im Bildungsbereich diese nicht selten oberflächlich geführten Diskussionen durchaus einen praktischen Nachhall und Auswirkungen auf das Zusammenleben sowie die Selbst- und Fremdwahrnehmung junger Heranwachsender haben.

Mit dem Zuzug Zuflucht suchender Menschen aus von Krieg und Misswirtschaft gebeutelten Staaten des Nahen Ostens und Afrikas hat sich die Sprache und der Umgang miteinander verschärft und teils unwürdige Züge angenommen. Diese Menschen werden immer häufiger als Kollektiv für Vergehen Einzelner rassistisch diskriminiert oder werden Opfer von Gewalt. Der anfangs noch offene Umgang mit den Geflohenen wurde zunehmend härter und mündet in manchen Teilen der Öffentlichkeit in blankem Hass. Gleichzeitig fehlt es an strukturellen Zielsetzungen und sicheren Bleibeperspektiven für neue MitbürgerInnen. Nicht selten fürchten Schülerinnen und Schüler bzw. deren Eltern eine Abschiebung oder jungen unbegleiteten Flüchtlingen ist es schwierig zu erklären, dass eine solide Schulbildung nachhaltiger ist als der direkte Eintritt ins Berufsleben als sog. „ungelernte(r)" Arbeiter*in.

Ich als (muslimischer) Religionspädagoge und Berater für interkulturelle Schulentwicklungsprozesse an Schulen suche selbst in scheinbar ausweglosen Situationen immer noch einen Hoffnungsschimmer. Bildung – in diesem Fall Professionalisierung des Lehrpersonals – ist ein probates Mittel. Ich bin mir sicher, dass man durch professionelles Handeln vielen Problemen und Vorurteilen entgegenwirken kann. Das, was auf den ersten Blick als religiös begründet, fremd und wenig nachvollziehbar wirkt, kann mit einem anderen Blick auf das Gleiche durchaus zu einer Lösung führen. Delinquentes Verhalten kann in falschen Kontexten verortet werden und führt so zu Missverständnissen und nicht selten zu falschen Wahrnehmungen. Im schlechtesten Fall ziehen diese falschen Schlussforderungen folgenschwere Entscheidungen nach sich. In unzähligen Lehrer*innen-Fortbildungen hat sich ein solcher veränderter Blick bewährt und zu Bewusstseinsveränderungen bzw. einem sensibilisierteren Umgang in entsprechenden Situationen geführt.

Nicht selten stoßen gerade Betreuer*innen, Berater*innen, Coaches und Mitarbeiter*innen kommunaler, staatlicher oder freier Träger mit den bisherigen Instrumenten an ihre professionellen Grenzen. Viele der ursprünglich gelehrten und in den Ausbildungen dieser Berufsgruppen vermittelten Ansätze bedürfen einer Überarbeitung und eines geänderten Blicks auf das Individuum mit all seinen Bedürfnissen, einschließlich seiner Religiosität sowie einer rassismuskritischen Perspektive auf das tägliche Tun.

Das vorgelegte Handbuch schließt hier eine lang angemahnte Lücke. Aus einer professionellen Sichtweise einer routinierten Beraterin mit einem Erfahrungsschatz aus vielen Jahren der Beratungs- und Fortbildungstätigkeit gibt Simone Krüger Multiplikator*innen, Pädagog*innen und Berater*innen sowie auch Lehrkräften Werkzeuge an die Hand, um mit entsprechender Sensibilität und fundiertem Wissen auf die Situation der Klient*innen individuell einzugehen und bestmöglich zu beraten. Dabei unterstützt Simone Krüger die Leser*innen bei der inzwischen schier nicht mehr zu greifenden Bandbreite an Büchern über den Islam, indem sie die zentralen Konfliktfelder der Beratung multiperspektiv beleuchtet und so dem interessierten Publikum einen fundierten Zugang ermöglicht.

Ich beglückwünsche die Autorin zu diesem wichtigen Werk im Bereich der Sozialen Arbeit mit muslimischen Klient*innen, wünsche den Leser*innen dieses Handbuches eine spannende und zugleich lehrreiche Lektüre und hoffe, dass dieses Buch einen positiven Einfluss auf das Zusammenleben von Muslim*innen und der Mehrheitsgesellschaft hat.

Amin Rochdi, im April 2019.

Teil 1

Professionelle Kompetenzen in der Interkulturellen Sozialen Arbeit mit Muslim*innen

Einleitung

Die Inhalte des ersten Teils ermöglichen einen intensiven Einblick in fachliche Fragestellungen für die Arbeit im interkulturellen Kontext, insbesondere in der Sozialen Arbeit mit Menschen aus Ländern des Orients. Es wird der Schwerpunkt auf kulturelle Aspekte in der Begegnung mit Menschen gelegt und professionelle Handlungsmöglichkeiten im Kontext Sozialer Arbeit aufgezeigt. Durch Blitzlichter in die Lebenswelten orientalischer Familien werden Missverständnisse, beispielsweise infolge von Un- bzw. Halbwissen aufgelöst werden. Es wird der Fokus auf die selbstreflexive Auseinandersetzung mit eigenen kulturellen Brillen und blinden Flecken gelegt und Methoden aufgezeigt, die die eigenen gewohnten Denk- und Handlungsmuster unterbrechen können.

Im ersten Kapitel werden migrationsspezifische Phänomene beschrieben. Der Fokus liegt zunächst auf einigen religiösen Aspekten, um zu reflektieren, welche Faktoren einen Menschen prägen und welchen Stellenwert hierbei die Religion haben kann.

Das zweite Kapitel beschäftigt sich mit den Herausforderungen von Eltern aus Ländern des Orients, die hier in Deutschland leben. Es werden Themen beleuchtet, die in der Interkulturellen Sozialen Arbeit durchaus berücksichtigt werden sollten. Neben der Gefahr einer Re-Traditionalisierung und der Angst vor Freiheit aufseiten der Adressaten finden auch kulturelle Wissensordnungen, die beispielsweise in Wertehierarchien zum Ausdruck kommen, Beachtung.

Das dritte Kapitel richtet den Fokus auf uns Fachkräfte und unsere Herausforderungen und Chancen in der Interkulturellen Sozialen Arbeit. Es geht darum, welche professionelle Haltung wir in unserer Arbeit entwickeln und welche Rolle wir in der Arbeit mit muslimischen Kindern, Jugendlichen und Familien einnehmen sollten. Es werden das „Demokratieprinzip", die „interkulturelle Kompetenz" und die „Selbstfürsorge" näher beleuchtet und auf mögliche destruktive Kommunikationsprozesse hingewiesen. Das Kapitel wird mit dem Blick auf Elternrechte in Deutschland abgerundet. Denn besonders in der Zusammenarbeit mit Eltern ist es für Fachkräfte wichtig zu wissen, welche Rechte und Pflichten Eltern im Grundgesetz haben und in welchem rechtlichen Rahmen die Soziale Arbeit in Deutschland agiert.

Das vierte Kapitel gibt pädagogische Impulse für den direkten Arbeitsalltag mit muslimischen Familien an die Hand. Neben pädagogisch sinnvollen Handlungsstrategien für die Arbeit mit muslimischen Familien, die genauso für die Arbeit mit allen anderen Familien, unabhängig von Herkunft, Kultur, Religion, Schichtzugehörigkeit, Bildungsstand etc. gelten, wird aufgezeigt, wie mögliche Stolpersteine und Irritationen in der direkten Arbeit mit orientalischen Familien zu Türöffnern umgewandelt werden können. Weiterhin werden Besonderheiten beim Hausbesuch sowie das Konzept der kulturellen und religiösen Dolmetscher*innen vorgestellt.

Als Koranübersetzung habe ich, soweit nicht anders angegeben, die Übersetzung der Azhar-Universität Ägypten des Obersten Rates für islamische Angelegenheiten, „Al-Muntakhab", von Prof. Dr. Moustafa Maher aus dem Jahr 1999 verwendet. Die Überlieferungen habe ich, wenn nicht anders angegeben, aus den Sammlungen „Riyad us-Salihin – Gärten der Tugendhaften" (1996 und 2002) von Abu Zakariya an-Nawawi übernommen.

1 Einwanderungsland Deutschland? Muslim*innen in unserer Gesellschaft

1.1 Interkulturelle Öffnung von Regeldiensten und Integrationslotsen in Moscheegemeinden

Spätestens seit den Terroranschlägen vom 11. September 2001 sind die Themen „Islam" und „Muslime" in den Medien. Seit dem Zuzug von vielen Familien mit Fluchthintergrund im Jahre 2015 wurde die mediale und gesellschaftliche Aufmerksamkeit noch einmal intensiviert und Schlagwörter wie „Muslime" und „Islam" wurden um das Schlagwort „Flüchtlinge" erweitert. Zahlreiche Diskussionsrunden, Artikel und politische Statements beschäftigen sich seitdem mit Thematiken rund um diese Begrifflichkeiten. Auf kommunaler Ebene und in der freien Jugendhilfe gibt es allerdings nicht erst seit den Terroranschlägen im Jahre 2001 Überlegungen zur interkulturellen Öffnung sozialer Einrichtungen.

Schon Anfang der 1980er-Jahre setzte eine kritische Reflexion der Ausländerpädagogik und Ausländersozialarbeit sowie ihrer Institutionalisierung ein (Filsinger, 2002, S. 9 und 56). Bis zu diesem Zeitpunkt gab es im Einwanderungsland Deutschland sogenannte „Sondereinrichtungen" für Migrationsgruppen, die nicht an Regeldienste angegliedert bzw. integriert waren.

Der Begriff der „interkulturellen Öffnung" von Regeldiensten wurde Mitte der 1990erJahre eingeführt. Hier startete eine Debatte über die ethisch-moralische, aber auch gesellschaftspolitische Verantwortung gegenüber Migrantengruppen. Ab diesem Zeitpunkt wurden viele Ideen entwickelt, wie die sogenannte interkulturelle Öffnung der Regeldienste am besten gelingen kann.

Auch gesetzlich werden Akteure der Jugendhilfe bei der Ausgestaltung von Hilfen verpflichtet, kulturelle Besonderheiten und Eigenarten von Familien sowie deren pädagogische und religiöse Grundrichtung in der Erziehung zu berücksichtigen (§ 9 Sozialgesetzbuch [SGB] VIII, 1990).

> **SGB VIII §9**
>
> Bei der Ausgestaltung der Leistungen und Erfüllungen der Aufgaben sind
>
> 1. die von den Personensorgeberechtigten bestimmte Grundrichtung der Erziehung sowie die Rechte der Personenberechtigten und des Kindes oder des Jugendlichen bei der **Bestimmung der religiösen Erziehung zu beachten,**
>
> 2. die wachsende Fähigkeit und das wachsende Bedürfnis des Kindes oder des Jugendlichen zu selbständigem, verantwortungsbewusstem Handeln sowie **die jeweiligen besonderen sozialen und kulturellen Bedürfnisse und Eigenarten** junger Menschen und ihrer Familien zu berücksichtigen,
>
> 3. die unterschiedlichen Lebenslagen von Mädchen und Jungen zu berücksichtigen, Benachteiligungen abzubauen und die Gleichberechtigung von Mädchen und Jungen zu fördern.

Auch wenn Friese in seinem 2019 erschienenen Buch „Kultur- und migrationssensible Beratung" darauf hinweist, dass sich die interkulturelle Öffnung in der Fachwelt eher langsam durchsetzt (Friese, 2019, S. 39 f.), ist seit Mitte der 1990er-Jahre doch einiges passiert. Mittlerweile gibt es zahlreiche Bemühungen und viele Ansätze des „Aufeinanderzugehens". Zahlreiche Ideen, Initiativen und Angebote sind in den letzten Jahren entstanden. Soziale Regeldienste entwickeln schon lange interkulturelle Ansätze und Konzepte. Was Friese damit meinen könnte, wenn er sagt, dass sich die interkulturelle Öffnung von Regeldiensten eher langsam entwickelt habe, wird im Kapitel 4 dieses Heftes deutlich werden. Hier werden wir uns mit der Frage auseinandersetzen, was interkulturelle Kompetenz eigentlich bedeutet und wie herausfordernd interkulturelles Lernen sein kann.

Auch Prof. Dr. Stefan Gaitanides, Professor für Soziale Arbeit in der Einwanderungsgesellschaft, und Migrationssoziologie an der Universität Frankfurt sieht die noch die im Jahre 2004 zu beobachtende Überrepräsentation von Migrant*innen in den sogenannten „Endstationen" Sozialer Arbeit als ein Ergebnis des Versagens vorsorgender Maßnahmen in Bezug auf die interkulturelle Öffnung von Regeldiensten. (vgl.. Gaitanides 2004, S.10) Im Laufe der Jahre, in der sich Regeldienste immer mehr mit Aspekten von interkultureller Öffnung auseinandergesetzt haben, konnte gleichzeitig eine Zunahme der Inanspruchnahme der präventiven Kinder- und Jugendhilfe durch Familien mit Migrationshintergrund beobachtet werden (vgl. Gaitanides 2019, S.112).

Generell kann man Interkulturelle Kommunikation stets als einen beidseitigen Prozess beschreiben: Nicht nur aufseiten der Regeldienste gibt es viel Engagement bezüglich einer positiven Integration. Auch aufseiten muslimischer Mitbürger*innen gibt es eine große Anzahl engagierter Menschen, die sich für die Integration Neuzugewanderter einsetzen. Dieses Engagement basiert allerdings zu allermeist auf dem Ehrenamt, meist unkoordiniert und immer noch parallel zum Regelangebot der öffentlichen und freien Jugendhilfe.

Wenn man sich in Moscheegemeinden oder Kulturvereinen bewegt, ist sehr viel ehrenamtliches Engagement zu finden. In muslimischen Kreisen, innerhalb, aber auch außerhalb von Moscheegemeinden, hat sich insbesondere auch durch den Zuzug von Familien mit Fluchthintergrund eine Vielzahl von Beratungs- und Unterstützungsangeboten entwickelt. Hier ansässige, integrierte Familien mit Migrationshintergrund möchten ihre Erfahrungen und ihre Kompetenzen, die sie durch die eigenen Integrationsleistungen gesammelt haben, anderen Familien zur Verfügung stellen.

Hinweis
Ein kleiner Ausschnitt der zahlreichen Bemühungen in der Integrationsarbeit von muslimischer Seite ermöglicht die Broschüre „Hilfsbereite Partner: Muslimische Gemeinden und ihr Engagement für Geflüchtete" von Julia Gerlach, die im März 2017 von der Bertelsmann Stiftung herausgegeben wurde (Gerlach, 2017).

Die Bertelsmann Stiftung ging im gleichen Jahr in ihrem Religionsmonitor der Frage nach der Rolle der Religion für die ehrenamtliche Flüchtlingshilfe nach und stellte fest, dass sich 44 Prozent der Muslim*innen ehrenamtlich in der Flüchtlingshilfe engagierten und unter den Muslim*innen 30 Prozent angaben, sich in verschiedenen Bereichen freiwillig zu engagieren. Das Engagement von Konfessionslosen in der Flüchtlingshilfe ist mit 16 Prozent deutlich geringer. Auch das der Christ*innen mit 21 Prozent ist im Vergleich halb so groß (Nagel & El-Menouar, 2017, S. 25).

Lokale muslimische Akteur*innen werden allerdings, wie oben schon erwähnt, in ihrem kommunalen Engagement von der lokalen Zivilgesellschaft bisher noch kaum wahrgenommen (Karakaya & Zinsmeister, 2018, S. 10). Diese Angebote sind professionellen Jugendhilfeeinrichtungen bzw. Bildungsträgern so gut wie nicht bekannt und können dadurch bei fachlichen Überlegungen und Projektentwicklungen nicht berücksichtigt werden. Vorhandene Ressourcen für den professionellen Rahmen bleiben somit leider weitgehend ungenutzt.

Neuere Entwicklungen zeigen, dass die Idee, die geleistete ehrenamtliche Arbeit auf professionelle Beine zu stellen, an unterschiedlichen Stellen aufgegriffen und verfolgt wird.

Hier können Sie sich über solche Projekte informieren:

https://www.paritaet-nrw.org/soziale-arbeit/projekte/qualifizierung-muslimischerund-alevitischer-wohlfahrtspflege/?L=0 (16.05.2020)

https://de.qantara.de/content/michael-kiefer-aufbau-muslimischer-wohlfahrtspflege-braucht-zeit (16.05.2020)

http://www.islamiq.de/2016/08/26/neuer-studiengang-fuer-islamische-sozialarbeit/ (16.05.2020)

https://www.evangelisch.de/inhalte/137831/30-08-2016/sozialarbeiternetz-willmuslimische-wohlfahrtspflege-vorantreiben (16.05.2020)

1.2 Gesellschaftliche Wahrnehmung von Muslim*innen und deren Auswirkung

Eine Vielzahl von Muslim*innen hat den Eindruck, von Teilen der Gesellschaft abgelehnt oder zumindest mit Misstrauen betrachtet zu werden. Die im Juli 2007 vom Innenministerium vorgelegte Studie von Karin Brettfeld und Peter Wetzels zum Thema „Integration und Integrationsbarrieren von Muslimen in Deutschland" zeigte, dass sich jeder dritte Muslim von Nichtmuslimen pauschal abgelehnt fühlt (Brettfeld & Wetzels, 2017, S. 108). Dieses Gefühl aufseiten der Muslim*innen wird durch mehrere Studien über die Mehrheitsgesellschaft mit Fakten untermauert. Die Leipziger Autoritarismus-Studie aus dem Jahr 2018 kommt zu dem Ergebnis, dass eine sogenannte „Muslimfeindschaft" weiter zugenommen hat. Von 43 Prozent im Jahre 2014 sind antimuslimische Ressentiments auf 55,8 Prozent, also um 10 Prozentpunkte gewachsen (Decker & Brähler, 2018, S. 102). Islamfeindlichkeit ist also keine gesellschaftliche Randerscheinung mehr. Islamfeindlichkeit wird in diesen Studien als salonfähiger Trend definiert, der eine Legitimation diskriminierender und ausgrenzender Verhaltensweisen gegenüber einer Minderheit zur Folge hat (Bertelsmann Stiftung, 2015).

> Voneinander unabhängige Studien bestätigen, dass diese negative Grundhaltung einerseits darin begründet sei, dass der Diskurs um muslimische Bürger überwiegend negativ geprägt wäre und andererseits, dass lokale muslimische Akteure in ihrem kommunalen Engagement und damit in der jeweiligen lokalen Zivilgesellschaft kaum sichtbar sind. [...] Dies führt dazu, dass Muslime oftmals als ein geschlossener Block wahrgenommen werden, die einer deutschen Gesellschaft gegenüberstehen (Karakaya & Zinsmeister, 2018, S. 10).

19 Prozent der nicht muslimischen Befragten in Deutschland geben sogar an, Muslim*innen nicht gerne als Nachbarn haben zu wollen (Halm & Sauer, 2017, S. 17).

Der Religionsmonitor der Bertelsmann Stiftung aus dem Jahr 2019 zeigt, dass viele Menschen in Deutschland den Islam nicht mehr (neutral) als Religion, sondern tendenziell als demokratiefeindliche und extremistische

Ideologie wahrnehmen (Pickel, 2019, S. 12). Bei den unter 45-Jährigen fühlt sich jede/r Dritte durch den Islam bedroht, bei den 45-Jährigen und Älteren steigt der Wert auf bis zu über 60 Prozent (Karakaya & Zinsmeister, 2018, S. 13 f.).

In meiner interkulturellen Arbeit erlebe ich große Wissenslücken, schnelle Zuschreibungen und Pauschalisierungen auf beiden Seiten, sowohl aufseiten der Menschen, die Kinder, Jugendliche und Familien aus dem orientalischen Kontext im Erziehungs- und Integrationsprozess begleiten, als auch aufseiten der orientalischen Familien, die hier leben und zu wenig Zugänge zu der Aufnahmegesellschaft haben und diese auch manchmal zu wenig suchen.

In Situationen, in denen es um Bereiche der kulturell unterschiedlichen Werte- und Normvorstellungen in Erziehungsfragen geht, haben beide Seiten manchmal vollkommen konträre Meinungen. In der persönlichen Begegnung sollte Fachkräften der Einfluss von schnellen Zuschreibungen und Vorurteilen (auf beiden Seiten) stets bewusst sein. Fachkräfte auf der einen Seite haben manchmal das Gefühl, dass sich Eltern einer konstruktiven Zusammenarbeit verweigern und sie keine adäquaten Zugangswege zu deren Lebenswelten finden. Auf der anderen Seite haben orientalische Eltern oft das Gefühl, dass Fachkräfte gegen sie arbeiten bzw. es ihnen nicht gelingt, sich in ihre Situation hineinzuversetzen. Die Tatsache, dass sich viele Muslim*innen von Nichtmuslim*innen abgelehnt fühlen, sowie das Gefühl, nicht wirklich wahrgenommen und verstanden zu werden, kann ich durch meine Erfahrungen mit vielen orientalischen Familien bestätigen. Diese fühlen sich sehr schnell zurückgewiesen und haben Angst, dass ihre Kinder zu sehr von ihren Traditionen entwurzelt werden könnten.

1.3 Die Zuschreibung von Kollektiven

Das Zugehörigkeitsgefühl zu einer Gruppe, z.B. zu einer Familie, einer Religionsgemeinschaft etc., ist für jeden Menschen sehr wichtig. Manchmal wird die Betonung der Zugehörigkeit allerdings als ein Abgrenzungsinstrument eingesetzt, welches bestehende Differenzen betont (El-Mafaalani & Toprak, 2011, S. 48). Vor diesem Hintergrund kann es in der

Begegnung zwischen Menschen, insbesondere in der Interkulturellen Sozialen Arbeit, zu großen Herausforderungen kommen.

Viele orientalische Eltern wollen das Zusammengehörigkeitsgefühl innerhalb der Familie, das Zugehörigkeitsgefühl zu einer Nation oder einer konkreten Religionsgemeinschaft bei ihren Kindern fördern. „Dabei wird die Zugehörigkeit auf zwei Ebenen dargestellt: einmal in der Unterscheidung zwischen Familie und Nichtfamilie, zum anderen in der Unterscheidung zwischen ethnischer Community und den Anderen. Auch wenn ‚die Anderen' bzw. ‚die Deutschen' nicht negativ konnotiert werden, offenbart sich dadurch eine klare Differenzierung, die von den Kindern und Jugendlichen als manifeste Tatsache wahrgenommen wird, da sie eine analoge Unterscheidung von der Mehrheitsgesellschaft täglich erleben" (El-Mafaalani & Toprak, 2011, S. 48). Allzu häufig wird in Diskussionen, Medien, Talkshows und auch in persönlichen Begegnungen zwischen „Die" und „Wir" unterschieden und immer noch viel zu wenig differenziert.

Durch die Verwendung religiöser Begrifflichkeiten und Zuschreibungen im Integrationsdiskurs wird eine sehr heterogene Gruppe von Personen mit Migrationshintergrund auf ein einzelnes Merkmal – ihr ‚Muslimsein' und damit auf ihre (z.T. auch nur angenommene) religiöse Zugehörigkeit – reduziert. Die Medien wirken bei dieser Entwicklung als Verstärker: Sie behandeln den Islam mit Blick auf den islamistisch motivierten Terrorismus vor allem als Sicherheitsthema und stellen immer wieder spezifische Integrationsprobleme Einzelner als Pars pro Toto für die gesamte Gruppe „der Muslime" dar (Sachverständigenrat deutscher Stiftungen für Integration und Migration GmbH, 2013, S. 4).

Debatten über Zugehörigkeit(en), Anpassung und Teilnahme sind häufig negativ konnotiert [...]. Oft wird der Islam' als Forschungsgegenstand essentialisiert. Dabei führt der Versuch starker Thesenbildung, also Annahmen über Muslime und muslimisches Leben, zu Vereinfachung und Komplexreduktion. Das führt letztlich dazu, dass sie als eine homogene Gruppe verklärt, wahrgenommen, stigmatisiert und häufig unter Generalverdacht gestellt, sowie als Gruppe mit einer feindseligen Grundhaltung abgewertet werden (Coşkun-Şahin, 2018, S. 52).

Kübra Gümüsay erläutert in ihrem Buch „Sprache und Sein" die Bürde und den Druck der Repräsentation, die auf Menschen lasten, die von der klassischen Norm abweichen (Gümüsay, 2020, S. 66 und 87). Sie beschreibt in ihrem Buch sehr eindrücklich den Prozess der Entmenschlichung, den viele Menschen tagtäglich aufgrund von Marginalisierungsprozessen erfahren. Aspekte wie Individualität, Komplexität, Ambiguität, Makel und Fehler sollten keine Privilegien für einen Teil der Menschen darstellen, da gerade der Raum für Individualität, Freiheit und Fehlerhaftigkeit eines Menschen ja tatsächlich zum Menschsein dazugehört. Gümüsay zeigt auf, dass den Menschen, die von der klassischen Norm abweichen, diese Dinge oft nicht zugestanden würden (Gümüsay, 2020, S. 63 und 88).

> Viele Menschen in unserer Gesellschaft können durch die Straßen gehen und dabei einfach sie selbst sein. Sie können unfreundlich sein, sich ärgern, ihren Emotionen freien Lauf lassen, ohne dass daraus ein allgemeiner Schluss gezogen würde über all jene, die so ähnlich aussehen wie sie oder die gleiche Religion praktizieren. Wenn ich, eine sichtbare Muslimin, bei Rot über die Straße gehe, gehen mit mir 1,9 Milliarden Muslim*innen bei Rot über die Straße. Eine ganze Weltreligion missachtet gemeinsam mit mir die Verkehrsregeln" (Gümüsay, 2020, S. 64 f.). Die Anforderung, in jeder Situation vorbildlich zu handeln, makellos aufzutreten, durchdringt unseren Alltag und nimmt uns die Menschlichkeit. Denn erst unsere Makel und Eigenarten machen uns zu Menschen (Gümüsay, 2020, S. 89).

Allerdings ist auch ein Unterschied zwischen der Darstellung von Muslim*innen in den Medien und den Alltagserfahrungen und Einschätzungen des Zusammenlebens von muslimischen Zuwanderern und Mehrheitsbevölkerung erkennbar, der nicht unberücksichtigt bleiben soll: Rund 71 % der Bevölkerung bewertet die Darstellung von Muslim*innen in den Medien zu negativ. (vgl. Sachverständigenrat deutscher Stiftungen für Integration und Migration (SVR) GmbH, 2013, S.4)
Es sind also sowohl orientalische Familien als auch Fachkräfte aufgefordert, stärker zu individualisieren, anstatt zu pauschalisieren. Doch was bedeutet dies konkret? Wir sollten vor dem Hintergrund unseres professionellen Anspruches in der Sozialen Arbeit immer darauf achten, dass wir

durch unsere Assoziationen und schnellen Zuschreibungen bei uns bekannten Attributen einer bestimmten Gruppenzugehörigkeit den Blick für die Individualität jedes einzelnen Menschen nicht verlieren. Wir sollten den in uns oftmals äußerst automatisierten und schnell verlaufenden Zuschreibungsprozess wahrnehmen, und stets bewusst durchbrechen. An dieser Stelle sei auf Unterkapitel 3.2 „Der neugierige Blick in die Welt des Klienten" verwiesen.

Individualisieren anstatt zu pauschalisieren bedeutet also,

dass wir einen Menschen nicht aufgrund von äußerlichen Merkmalen und Gruppenzugehörigkeiten auf eine Definition vorfestlegen, sondern ihn mit einem offenen Blick als Individuum mit seiner ganz eigenen individuellen Prägung, Geschichte und Entwicklung sehen und kennenlernen.

Die Tatsache, dass Eltern gegenüber ihren Kindern die Zugehörigkeit zu einer bestimmten Gruppe betonen, ist ja erst einmal nicht per se negativ, sondern kann durchaus auch positiv und wichtig sein. Wenn die Betonung der Zugehörigkeit aber Barrieren gegenüber einer Begegnung und eines Austausches schafft und z. B. ein Hilfsangebot deswegen nicht angenommen wird, dann können wir Fachkräfte auf Seiten der Eltern im Moment einmal nichts ändern und müssen mit dieser Gegebenheit umgehen. Wir Fachkräfte müssen uns dann auf die Faktoren konzentrieren, die in unseren Händen liegen und die wir in einer Begegnung berücksichtigen und beeinflussen können. Wir sollten den Fokus auch auf diejenigen Dinge legen, die eine Reaktion von Widerstand und Abgrenzung verringern können. Und dies fängt stets mit den eigenen persönlichen gedanklichen Formaten und Konstrukten und der daraus resultierenden Haltung an. Denn schon Sprache und Begrifflichkeiten an sich lassen bestimmte Denkstrukturen und Wirklichkeiten entstehen, die Abgrenzungstendenzen verstärken und unterstützen können. Fachkräfte sollten besonders auch einem „unbekannten" Gegenüber mit einer fachlichen professionellen Neutralität begegnen.

Nicht wenige bekennende Muslim*innen fühlen sich zu schnell mit Terrorist*innen und Fundamentalist*innen gleichgesetzt. In der oben erwähnten Studie des Innenministeriums äußerten über 90 % der Befragten ihre Betroffenheit angesichts eines pauschalisierten Terrorismusverdachts gegenüber Muslim*innen. (vgl. Brettfeld, K./Wetzels, P., 2017, S. 109) Muslim*innen berichten oft darüber, dass sie das Gefühl haben, dass von ihnen in den verschiedensten Kontexten zunächst einmal erwartet wird, sich von fundamentalistischen Strömungen und Gewalt zu distanzieren und sich zu erklären, dass sie durchaus friedvoll lebende Menschen seien. Muslimische Klienten haben diesbezüglich sehr häufig eine erhöhte Aufmerksamkeit und registrieren die ihnen entgegengebrachten Zuschreibungen.

Einem Kollektiv von außen zugeordnet zu werden, kann, wie oben erwähnt, sowohl als identitätsstiftende, aber auch als begrenzende und freiheitsraubende Erfahrung und sogar als Entmenschlichung erlebt werden.

Hinweis
An dieser Stelle möchte ich Ihnen das oben erwähnte, im Jahr 2020 erschienene Buch von Kübra Gümüsay „Sprache und Sein" ans Herz legen. Das Buch beschreibt aus Sicht einer „Benannten" die Grenzlinien, die unsere Sprache und Marginalisierungen beinhalten, und macht auf eindrückliche Art und Weise deutlich, wie ein Prozess der Entmenschlichung geschieht und Individuen unsichtbar werden, wenn sie einem Kollektiv zugeordnet werden. Individualisieren, anstatt zu pauschalisieren, bedeutet also, dass wir einen Menschen nicht aufgrund von äußerlichen Merkmalen und Gruppenzugehörigkeiten auf eine Definition vorfestlegen, sondern ihn mit einem offenen Blick als Individuum mit seiner ganz eigenen individuellen Prägung, Geschichte und Entwicklung sehen und kennenlernen.

In medialen Diskursen werden Muslim*innen oftmals als homogen religiös markiertes Kollektiv dargestellt. Dabei wird unterstellt, dass „Muslime" eine homogene Gruppe von Menschen seien, die man mit pauschalen Zuschreibungen definieren könne. Wie inhomogen die Gruppe der Muslim*innen ist und welche vielfältigen Faktoren einen individuellen Menschen tatsächlich prägen, wird im Laufe des Buches noch an unterschiedlichen Stellen deutlich werden.

> *Übung*
>
> Vielleicht haben Sie Lust einmal selbst darüber nachzudenken, welchen verschiedenen Gruppen/Kollektiven Sie selbst angehören? Wann finden Sie sich in einem „Die/Wir-Denken" wieder? Von welchen Gruppierungen von Menschen grenzen Sie sich selbst bewusst ab?

1.4 Unterschiede in der Verantwortungsübernahme bzw. -abgabe

Gesprächsführung und Interventionen von Fachkräften basieren auf einem demokratischen, selbstverantwortlichen und freiheitlich-individuellen Selbstverständnis und Menschenbild (vgl. auch Kapitel 4.1. „Das Demokratieprinzip und das Modell Interkulturelle Kompetenz"). Treffen wir auf Menschen, die sich selbst als praktizierend religiös beschreiben, kann es durchaus sein, dass Konflikte und Problemlagen keineswegs beliebig und individuell lösbar scheinen, sondern der Einbeziehung religiöser Aspekte bedürfen (vgl. Laabdallaoui/Rüschoff, 2005, S. 17).

Unser Gegenüber könnte durchaus ein Verständnis von der Welt haben, in welchem Gott ihm Verhaltensvorschriften vorgibt und er oder sie selbst als Individuum nur einen begrenzten Raum an Eigenverantwortung erlebt. Die eigene Freiheit und Eigenverantwortung könnten dann nur in der Frage erlebt werden, ob man Gottes Gebote befolgt oder nicht. Fragen, welches Verhalten einen selbst zu einem guten oder schlechten Muslim*innen macht, spielen bei einigen Muslim*innen durchaus eine große Rolle. Die Lebenswelt praktizierender Muslim*innen ist häufig gekennzeichnet von einer klaren und einfachen Einteilung in „falsch und richtig" bzw. „verboten und erlaubt". Wer in solchen Denkstrukturen sein Leben gestaltet, dem wird nur sehr wenig bis gar kein mentaler Raum für die Erarbeitung individueller Lösungswege zwischen den Polen „verboten" und „erlaubt" zur Verfügung stehen. Der einzelne Mensch würde ohne

Berücksichtigung der göttlichen Vorschriften sich aus diesem Selbstverständnis heraus tatsächlich über Gottes Gebote stellen und vom Glauben „abfallen".

Es kann daher hilfreich sein, dass wir Fachkräfte uns dessen bewusst sind, dass in unseren pädagogischen Begegnungen eventuell eine kulturell-religiöse Wissensordnung mitläuft, durch die Dinge unter dem oben genannten Aspekt beleuchtet werden, und die uns nicht (direkt) zugänglich ist. Wenn wir uns in der Begegnung mit gläubigen Menschen diese unterschiedlichen Welten nicht bewusst machen, kann es passieren, dass es uns in bestimmten Gesprächssituationen nicht möglich sein wird, eine gute Arbeitsbeziehung herzustellen, bzw. einen Beratungsprozess erfolgreich durchzuführen.

1.5 Dürfen sich Muslim*innen überhaupt beraten lassen?

Manche Muslim*innen stellen sich die Frage, ob das Aufsuchen einer Beratungsstelle aus religiöser Sicht verboten sei. Familiäre und intime Themen außerhalb der Familie zu besprechen, wird von ihnen als Überschreitung von Gottes Geboten angesehen. Es soll also der Frage nachgegangen werden, ob Beratung aus islamischer Perspektive überhaupt erlaubt ist.

Im Islam hat die Respektierung der eigenen Privatsphäre und der anderer einen hohen Stellenwert. Es ist nicht ohne weiteres erlaubt, familiäre bzw. intime Themen nach außen zu tragen. Dies gilt vor allem für die Beziehung zwischen Ehegatten. Man soll nicht schlecht über andere Menschen reden und schon gar nicht über seinen Ehepartner.

„Jedem, der die Mängel eines anderen in dieser Welt verdeckt, werden von Allah am Tage des Gerichts seine Mängel verdeckt werden" (Hadith Nr. 240).

Ist also der Gang zu einer Beratungsstelle, in der man über seine Eheprobleme spricht, religiös verboten?

Generell stellen der soziale Gedanke und die Unterstützung eines Einzelnen in einer sozialen Gruppe „ein unabdingbarer Bestandteil des Islam dar" (Laabdallaoui/Rüschoff, 2005, S. 22). Der Islam fordert Menschen auf, Gemeinschaft zu leben und zu praktizieren. Menschen sollen sich nicht nur um ihr eigenes Wohlbefinden kümmern, sondern auch um das ihrer Mitmenschen.

„Wer einem Bruder hilft, dem wird Allah helfen. Und wer einem Muslim bei der Beseitigung seiner Sorgen hilft, dem wird Allah bei seinen Sorgen am Tage des Gerichts helfen" (Hadith Nr. 233).

„(…) die sich ihrem Herrn fügen, das Gebet verrichten, sich untereinander beraten (….)" (Sure 42, Vers 38).

„Wenn ihr befürchtet, dass eine Ehe durch Zuspitzung der Differenzen auseinandergeht, dann setzt einen Schiedsrichter aus der Familie des Mannes und einen aus der Familie der Frau ein" (Sure 4, Vers 35)!

Diese Aufforderungen in den islamischen Quellen haben notwendigerweise zur Voraussetzung, dass man sich mit seinen Schwierigkeiten an jemanden wendet.

Der Prophet Muhammad selbst fragte vertrauenswürdige und kompetente Nichtmuslime auch in wichtigen Angelegenheiten um Rat und Hilfe (vgl. Laabdallaoui/Rüschoff, 2005, S. 27). „So vertraute er sogar bei seiner Auswanderung nach Medina einem loyalen Polytheisten, den er als Führer wählte, sein Leben an." (ebd.) „Auch in der Sunna [Unter Sunna versteht man die Gesamtheit der überlieferten Aussprüche, Verhaltens- und Handlungsweisen des Propheten Muhammad als Richtschnur muslimischer Lebensweise. Anm. der Autorin] finden wir viele Überlieferungen, in denen der Prophet um seinen Rat in privaten Konfliktsituationen gefragt wurde, die häufig auch das eheliche Sexualleben berührten" (ebd., S. 26).

Muslim*innen werden, wie aus den Quellen ersichtlich, aufgefordert, Angehörige bei Ehestreitigkeiten zu Schiedsrichtern zu machen oder auch einen Richter bei Scheidungsangelegenheiten anzurufen. „In Therapie und Beratung geht es um Krisen- und Notsituationen, also Ausnahmen. Es geht nicht darum, aus Gründen von Neid, Eifersucht oder Angeberei intime Dinge aus dem Ehe- und Familienleben in die Öffentlichkeit zu tragen. Ziel ist es, zu einer Lösung mit einer/m professionellen Berater*in zu kommen, der zu strenger Geheimhaltung verpflichtet ist" (ebd., S. 28).

In der Praxis entsteht eher der Eindruck, „dass vor allem die Frauen, insbesondere, wenn sie mit massiven Problemen in der Ehe zu kämpfen haben, von ihren Männern mit dem Hinweis auf den Islam dazu gedrängt werden, ihre Probleme mit niemandem zu besprechen" (vgl. ebd.). „Auch wird der Hadith „Wer die Schwächen seines Muslim-Bruders aufdeckt, dessen Schwäche wird Allah aufdecken ..." immer wieder angeführt, um Bedenken zu begründen oder zu untermauern, in der Therapie oder Beratung über andere zu sprechen" (ebd.).

Auch folgender Vers kann in diesem Fall missverstanden werden:

„Geduld zu fassen und dem Täter zu verzeihen, darum soll sich der Rechtschaffene bemühen" (Sure 42, Vers 43).

„(...) Darum sind loyale Frauen (Allah gegenüber) ergeben. (Sie sind) diejenigen, welche die Geheimnisse (der Ehe, was nicht öffentlich gemacht wird und Außenstehenden verboten bleiben soll), gemäß Allahs Weisung bewahren. (...)" (Sure 4, Vers 34 in: ZIF, 2005, S.1).

Hier wäre es gut, wenn noch mehr Moscheegemeinden in die Verantwortung gehen und Aufklärungsarbeit leisten würden. Frauen könnten somit aus ihren eigenen Kontexten heraus Motivation erfahren und dabei unterstützt werden, sich bei familiären Problemen jemandem Externen anzuvertrauen und professionellen Rat und Hilfe zu holen.

Hinweis
Manche Imame stehen allerdings vor folgender Herausforderung: Wenn ein Imam einer Moschee die liberale Seite des Islam betont, hat dies manchmal einen Autoritätsverlust gegenüber Gemeindemitgliedern zur Folge. Da die Imame immer von den Gemeindemitgliedern finanziell abhängig sind, bewegen sich diese mit Aufklärungsideen dann manchmal tatsächlich auf einem sehr herausfordernden Pfad und werden evtl. in ihrer Anstellung gekündigt. Dies ist häufig der Fall, wenn die Gemeindemitglieder gerne eine ihnen kulturell bekannte Koranauslegung hören möchten und dem Pluralitätsgedanken ablehnend gegenüberstehen.

1.6 Verhalten sich Muslim*innen muslimisch?

Wie im Kapitel 1.3 schon ersichtlich wurde, werden Auseinandersetzungen über die Thematik Muslim*innen und Islam in den Medien der hohen Komplexität dieser Thematik meist nicht gerecht. Immer wieder kann man beobachten, dass ein äußerst komplexer Sachverhalt auf eine scheinbare Einfachheit reduziert wird. Bezüglich des Kontextes „Muslim*innen und der Islam" wird dann schnell davon ausgegangen, dass die Gründe des Verhaltens von Muslim*innen hauptsächlich in deren Religion zu finden seien bzw. die Basis hierfür darstellen würden.

In einer meiner Fortbildungsveranstaltungen berichtete eine Teilnehmerin davon, dass sie sich sehr gewundert habe, als sie bei der Arbeit mit einer orientalischen Familie irgendwann feststellte, dass diese Familie keine muslimische, sondern eine christliche war. Die Verwunderung war deshalb so groß, weil sich die Familie doch so typisch islamisch verhalten habe. Und tatsächlich: Zwischen christlichen und muslimischen Familien in orientalischen Ländern gibt es besonders bei Themen, die den Familienalltag betreffen, kaum merkliche Unterschiede.

Sozial- und Familienstrukturen sind sogar rund um das ganze Mittelmeer vor allem auf dem Land sehr ähnlich (vgl. Rüschoff 2017): „Probleme im Geschlechterverhältnis sind nicht spezifisch muslimisch. (…) Orthodoxe Griechen, katholische Sizilianer, koptische Ägypter oder muslimische Marokkaner unterscheiden sich da nicht sehr" (ebd.).

> **Hinweis**
> Fachkräfte müssen sich darüber bewusst sein, dass die Faktoren, die einen Menschen prägen, vielfältiger sind als der Einfluss einer Religion. Auch wenn die eigene Religion von Menschen als Begründung und Argumentation für ihr Verhalten verwendet wird, sollten wir wissen, dass die Art, wie man eine Religion versteht und auslegt, sehr stark davon abhängt, wie jemand zu dem geworden ist, was er heute ist, d.h., welche Aspekte ihn in seinem Leben bisher geprägt haben.

Im anschließenden Unterkapitel 1.7 werden diese unterschiedlichen Faktoren näher beleuchtet.

Sowohl das Religionsverständnis als auch das Gottesbild werden von individuellen Faktoren beeinflusst. Religionspsychologische und psychotherapeutische Forschungen machen deutlich, dass die Vorstellung, die sich ein Mensch von Gott macht, nicht nur von der offiziellen Lehre der Kirche oder Religionsgemeinschaft, sondern vielmehr von eigenen frühkindlichen Erfahrungen bestimmt wird (Rüschoff, 2009, S. 10). Die Erfahrungen, die ein Kind in seiner Elternbeziehung sammelt, wirken sich wesentlich auf die Vorstellung aus, die ein Erwachsener von Gott hat. „Die Eltern sind für das Kind die ersten „Repräsentanten" Gottes: Aus der Sicht des Kindes sind sie allmächtig, allwissend, vollkommen. […] In der Elternbeziehung wird grundgelegt, ob ich Gott in erster Linie barmherzig und hilfsbereit oder strafend oder verdammend erlebe" (Rüschoff, 2009, S. 10).

Die Frage, inwieweit ein Mensch durch eine Religion beeinflusst wird, kann also nicht schnell und eindeutig beantwortet werden. Die Tatsache, dass gläubige Menschen Verhaltensregeln und Lebensideen aus ihrer Religion ableiten, ist unumstritten. Allerdings ist die Art und Weise, wie man Zugang zu einer Religion findet, wie schon erwähnt, von anderen Faktoren, z.B. den frühkindlichen Erfahrungen, abhängig. Diese sind allerdings bei Weitem nicht die einzigen Einflussfaktoren auf das Verhalten und die mentale Mindmap eines Menschen.

1.7 Facetten der Identität

> „Ich bin Muslim. Der Satz ist wahr, und zugleich blende ich damit tausend andere Dinge aus, die ich auch bin (…) Nicht alles, was ich tue steht in bezug [sic!] zu meiner Religion" (Kermani, 2009, S. 17).

Es gibt eine große Anzahl von Faktoren, die einen Menschen beeinflussen. Die wirtschaftliche Situation, in der ein Mensch aufgewachsen ist und in der er sich befindet, beeinflusst einen Menschen ebenso wie sein biologisches Geschlecht. Der Mensch wird allein aufgrund der Tatsache seines Geschlechts, mit dem er auf die Welt kommt, unterschiedliche Erfahrungen in seinem Leben sammeln. Ein weiterer Einflussfaktor kann z. B. auch die geographische Lage des Wohnortes sein. Ob der Mensch in einem Land lebt, in dem es Wintermonate mit Schnee und Dunkelheit gibt, oder in einem Land, in dem fast immer die Sonne scheint, wird einen Einfluss auf ihn haben. Auch die Tatsache, ob ein Mensch in einer Großstadt oder einem Dorf aufgewachsen ist und lebt, hat Auswirkungen. Weiterhin nimmt auch die politische Form eines Landes Einfluss auf den einzelnen Menschen. Wird ein Mensch in einer Diktatur oder einer Demokratie groß bzw. lebt er in diesen Systemen, wird dies großen Einfluss auf sein Denken und Handeln haben. Auch der Zugang zu Bildung, der Bildungsstand, die Geschichte des Landes, in dem er lebt, all das sind Faktoren, die einen Menschen prägen. Diskussionen, die den Menschen auf einen Einflussfaktor begrenzen, missachten die Komplexität eines jeden Menschen. Jeder Mensch gehört gleichzeitig mehreren Gruppen und Kategorien an. Kein Mensch hat nur einen Identitätsstempel. Geert Hofstede benennt diese (kulturelle) Mehrfachzugehörigkeit „verschiedene Ebenen mentaler Programmierung" (Hofstede, G., 2001, S. 12).

In meinen interkulturellen Workshops und Fortbildungen ist es mir demnach immer wichtig, den Fokus darauf zu legen, welchen Einflüssen ein Mensch in seiner Entwicklung unterliegt. Denn Verhalten und Denken von Menschen aus orientalischen Kulturkreisen werden oftmals per se mit der Religion des Islams in Verbindung gebracht; einem äußerst relevanten Faktor, wie auch dieses Studienheft zeigt, aber eben nicht der einzige. Oft erfolgen eine schnelle Kategorisierung einer Person und die Reduzierung auf ein Identitätsmerkmal, nämlich die Religion, auch wenn es sich, wie erwähnt, nur um eine vermeintliche Zuschreibung handelt.
Wenn ein Mensch etwas tut oder nicht tut, dann tut er dies aus dem Zusammenspiel von vielerlei Faktoren und nicht allein basierend auf der Tatsache, dass er oder sie dem muslimischen Glauben angehört.

Die Zuschreibung, die an einen Menschen von außer herangetragen wird, ist von Bedeutung! Wenn ein Mensch nur in seiner Identität als Muslim*in wahrgenommen wird, werden die zahlreichen anderen Faktoren, die ihn prägen, ausgeblendet (vgl. Kermani, 2009, S. 19) und sämtliche nachfolgende Interaktionen inklusive der permanent stattfindenden Wahrnehmungsprozesse und wechselseitigen Interpretationen von der Kategorisierung beeinflusst. Eine Reduzierung eines Menschen auf einen Aspekt vergleicht Kermani mit einer Verstümmelung der Persönlichkeit (ebd., S. 26). An dieser Stelle soll nochmal auf die im Kapitel 1.3 erwähnten Reduzierung auf das Muslimsein in der Integrationsdebatte hingewiesen werden, der als der hauptsächlich bestimmende Faktor angenommen wird.

Weiterhin darf der Einfluss des politischen Systems, in dem ein Mensch aufwächst, auf unser Denken und Verhalten nicht unterschätzt werden. Es ist ein großer Unterschied, ob ich in einem Land wie Deutschland aufwachse, in dem ich meine Meinung frei sagen darf oder in einem diktatorischen Land, in dem ich mich wegen einer freien Meinungsäußerung in Gefahr begebe, eingesperrt zu werden. Besonders muslimische Reformdenker*innen leben in bestimmten Gesellschaften gefährlich. So ist, um nur ein Beispiel zu nennen, Mahmoud Muhammad Taha, ein im Sudan geborene Gelehrter, Politiker und Sufi, der als Inbegriff eines moderaten Islams gilt, im Jahre 1985 zum Tode verurteilt und aufgehängt worden, da er aus Sicht der Regierung vom Glauben abgefallen ist (vgl. Amirpur, 2013; S.44). Viele bekannte Reformdenker*innen mussten ihr Heimatland aus diesen Gründen verlassen und leben heute im Exil.

Die folgenden Schaubilder machen deutlich, dass sich in einer Person immer unterschiedliche Aspekte verbinden und niemals nur ein Aspekt einen Menschen beeinflusst.

Mögliche Rollen eines Menschen:

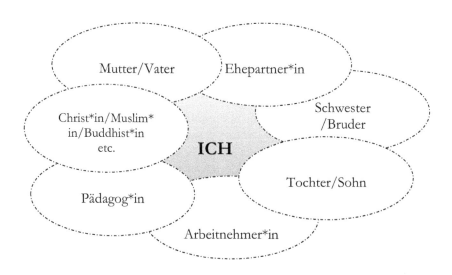

Mögliche Einflussfaktoren:

1.8 Kulturdimensionen von Geert Hofstede

An dieser Stelle möchte ich die Kulturdimensionen von Geert Hofstede, einem niederländischen Anthropologen und Kulturwissenschaftler, die er in den 1980er Jahren in Untersuchungen mit Mitarbeitern des Unternehmens IBM in verschiedenen Ländern erhoben hat, erwähnen. Hofstede hat also vor mehr als 40 Jahren anhand einer Studie untersucht, wie kulturelle Werte die Verhaltensweisen von Menschen in Unternehmen beeinflussen.

Kultur ist nach Hofstede eine kollektive Prägung. Da allerdings jeder Mensch individuell ist, darf und kann dieser nicht ausschließlich über seine Gruppenzugehörigkeit beurteilt werden. Hofstedes kulturelle Dimensionen stellen für ihn daher nur einen Rahmen zur Verfügung, um eine bestimmte Kultur besser einschätzen zu können. Hofstede fordert zwar dazu auf, sich über die Art der kulturellen Unterschiede zwischen Gesellschaften sowie über ihre Ursprünge und Folgen zu informieren, warnt aber vor einer schnellen Beurteilung eines Verhaltens. (vgl. Hofstede, G., 2001, S. 7). Hofstedes Dimensionen, die meist in tabellarischer und grafischer Form dargestellt werden, haben die Tendenz, eine Welt, die uns fraglich geworden ist, in eine geordnete, begreifbare Form zu bringen (vgl. Aydt, S., 2015, S.33).

Die vier kulturellen Hauptdimensionen, die meines Erachtens für die Interkulturelle Soziale Arbeit eine Bedeutung haben können, sollen an dieser Stelle bewusst nicht in tabellarischer Form vorgesellt werden: Sie dienen lediglich als eine Perspektive in einem stets notwendigen multidimensionalen Blick (vgl. Gaintanides 2004, S.11) auf interkulturelle Herausforderungen und sind nicht als statische Größe zu verstehen.

Machtgefälle bzw. Machtunterschiedstoleranz (vgl. Hofstede, G., 2001, S. 39f.)

Wurzeln in der Familie
In Systemen mit großer Machtdistanz wird von Kindern Gehorsam gegenüber den Eltern und auch älteren Geschwistern erwartet. Unabhängigkeit eines Kindes wird nicht gefördert. Oftmals sind große Wärme und Fürsorge der Eltern und älteren Geschwister gegenüber kleineren Kindern vorhanden. Kinder werden allerdings auch bevormundet und man erwartet von ihnen nicht, dass sie die Welt selbst erkunden.

Ist die Machtdistanz in Systemen gering, werden Kinder mehr oder weniger gleichberechtigt behandelt, Kinder dürfen widersprechen und lernen sehr schnell, nein zu sagen. Die familiäre Bindung von Menschen aus Kulturen mit wenig Machtdistanz wird von anderen oftmals als kalt, distanziert und nicht sehr intensiv wahrgenommen.

Machtdistanz in der Schule
Die gleichen großen Unterschiede im Machtgefälle innerhalb von Familien lassen sich in Schulen der verschiedenen Gesellschaften finden. Das Machtgefälle zwischen Eltern und Kind spiegelt sich auch oft im Verhältnis Lehrer*in und Schüler*in wider. In Kulturen mit hohem Machtgefälle wird auch in der Schule Respekt vor dem/der Lehrer*in erwartet. Von den Schüler*innen wird z. B. gefordert, dass sie sich erheben, wenn der/die Lehrer*in in der Klasse erscheint.

Schüler*innen dürfen nur etwas sagen, wenn sie dazu aufgefordert werden. Niemand darf dem/der Lehrer*in widersprechen oder ihn bzw. sie kritisieren. Dieses Verhältnis zieht sich bis in die Universitäten hinein. Körperliche Bestrafung in der Schule wird oftmals hingenommen.

In Kulturen mit geringer Machtdistanz erwartet der/die Lehrer*in, dass die Schüler*innen Fragen stellen, diskutieren und ihre Meinung auch ungefragt äußern. Auch vom/von der Lehrer*in wird erwartet, dass er/sie die Schüler*innen wie seines/ihresgleichen behandelt und betrachtet. Körperliche Bestrafung wird als Kindesmisshandlung definiert.

Machtdistanz am Arbeitsplatz und im Staat
So wie das Machtgefälle in Familien und der Schule gelebt wird, so wird es auch in der Arbeitswelt und im Rollenpaar „Bürger*in-Staat" gelebt. In Kulturen mit hohem Machtgefälle geht Macht vor Recht. Die Frage, ob Macht legitim ist, stellt sich hier nicht.

In Gesellschaften mit geringem Machtgefälle wird Macht auf Legitimität geprüft. Gleichheit ist grundsätzlich ein wünschenswertes Ziel.

Individualismus versus Kollektivismus *(vgl. ebd., S. 64f.)*
Kinder lernen in kollektivistischen Familienstrukturen schnell zwischen einem Wir- und einem Die-Gefühl zu unterscheiden. Die Wir-Gruppe bildet die Hauptquelle der Identität und bietet Schutz gegen die Gefahren des Lebens. Im Gegenzug dazu schuldet man dieser Gruppe dann allerdings eine lebenslange Loyalität. Viele Dinge, die in kollektivistischen Gesellschaften selbstverständlich sind, müssen in individualistisch geprägten Systemen ausdrücklich erwähnt werden.

In individualistisch geprägten Familien lernen Kinder schnell in „Ich-Strukturen" zu denken. Das eigene Ich unterscheidet sich von dem Ich anderer Menschen, die nicht nach einer Gruppenzugehörigkeit identifiziert werden. Man wird dazu motiviert, offen zu sagen, was man denkt.

Bestimmtheit versus Zurückhaltung
[Hofstede verwendet im Original das Begriffspaar Maskulinität versus Femininität. Anm. d. Autorin] *(vgl. ebd., S. 113f.)*

Ein Kennzeichen von Kulturen mit hohen Werten auf der Bestimmtheitsskala [im Original: Maskulinitätsskala. Anm. d. Autorin] sind deutlich voneinander abgegrenzte Unterschiede zwischen den Geschlechtern. Männer haben bestimmt, hart und materiell orientiert zu sein, Frauen dagegen sollen bescheidener und sensibler als Männer sein sowie mehr Wert auf Lebensqualität legen. In Gesellschaften mit hohem Wert auf der Zurückhaltungsskala [im Original: Feminitätsskala. Anm. d. Autorin] überschneiden sich die Rollen der Geschlechter. Auch Männer sollen hier bescheiden und feinfühlig sein und Wert auf Lebensqualität legen.

Unsicherheitsvermeidung (vgl. ebd., S. 154f.)
Jede Gesellschaft geht unterschiedlich mit Unsicherheiten um und hat für sich eigene vielfältige Wege zur Linderung von Ängsten entwickelt. Möglichkeiten, Sicherheit zu erlangen, liegen in den drei Bereichen: Technik, Recht und Religion. Menschen aus Kulturen mit hoher Unsicherheitsvermeidung gehen im Vergleich schlechter mit uneindeutigen Situationen um. Die Religion hilft dem Menschen, mit Ungewissheit umzugehen, indem man eine Verbindung zu den transzendentalen Kräften herstellt.

Es finden sich mittlerweile auch viele Kritiker gegenüber Hofstedes Theorien. Seit der Erhebung der Studie sind nun mehr als 40 Jahre vergangen. Seit damals hat sich auch gesellschaftlich sehr viel verändert. So werden wichtige gesellschaftliche Entwicklungen, wie die Verbreitung von Internet und social media oder der Austausch zwischen Kollektiven und Ländern durch Migrationsbewegungen in seiner Studie nicht berücksichtigt.

Unser professioneller Anspruch fordert uns daher auf, auch in der Rezeption von kulturellen Deutungsangeboten den individuellen Blick nicht zu verlieren und die Ergebnisse, wenn überhaupt als mögliche Tendenzen und Einflussfaktoren und nicht als Absolutäten zu verstehen.

1.9 Stolpersteine in der Aneignung kulturellen Hintergrundwissens

Die Aneignung der Besonderheiten von Migrations- und Fluchterfahrungen, von kulturellem Hintergrundwissen (unterschiedliche Wissensordnungen, verschiedenen Verhaltenskodexe, Stolpersteine, Türöffner) und religiösem Hintergrundwissen, sind wichtige Aspekte in der Entwicklung interkultureller Kompetenz. Allerdings birgt hier auch eine besondere Gefahr: Das Gegenüber könnte durch eine gewisse Brille der Stereotypisierung und kulturellen Zuschreibungen wahrgenommen werden. Probleme interkultureller Verständigung könnten dann oft allein auf die Differenz der kulturellen Codes zurückgeführt werden. Andere wichtige Faktoren, wie z. B. kommunikations-psychologische oder systemische Aspekte, die Kommunikation und Begegnung prägen, könnten durch die „kulturelle Brille" in den Hintergrund geraten. Um dies zu vermeiden, gehört es zum fachlichen Anspruch in der Entwicklung interkultureller Kompetenzen dazu, sich selbstreflektiv mit den Fallstricken des Kulturalismus auseinander zu setzen (vgl. Gaitanides 2004, S. 11). Um den kulturellen Deutungsanspruch von Begebenheiten und Konflikten aufzulösen, schlägt Gaitanides vor, kulturelle Deutungen stets als Hypothesen zu betrachten und sich bei Problemdiagnosen stets folgende Frage zu stellen:

„Was könnte den Konflikt außer der scheinbar unterschiedlichen kulturellen Orientierung verursacht haben? Welche anderen Bedingungsfaktoren überlagern das Problem?" (ebd.) Gaitanidis betont stets, dass die Multidimensionalität der Problemdiagnose zum Standardrepertoire seriöser interkultureller Fortbildungen ebenso gehöre, wie der Gebrauch eines dynamischen, kontextgebundenen Kulturbegriffs. (vgl. ebd.)

Auch Edward Twitchell Hall, ein US-amerikanischer Anthropologe und interkultureller Forscher, hat darauf hingewiesen, dass das Wissen über fremde Kulturen verzerrt aufgenommen wird, wenn die Reflexion der eigenen Kultur ausbleibt (Aydt, 2015, S. 39). Allerdings verweist Gaitanides wiederum darauf hin, dass ohne ein Minimum an kulturellen Hintergrundkenntnissen Fachkräfte auch nicht unterscheiden könnten, wann Kultur als Vorwand eingesetzt werden würde (vgl. Gaitanides 2003, zitiert in: Auernheimer 2005).

> Neben der Sensibilität für fremde Kulturmuster ist aber vor allem Sensibilität für die Beziehungsseite der Kommunikation, speziell bei Asymmetrie der Beziehungen gefragt. Damit muss sich Empathie für negative Kollektiverfahrungen und die Reflexion der eigenen Fremdbilder verbinden (Auernheimer 2005, S.11).

Diese Thematik wird im Kapitel 3.6 „Der neugierige Blick in die eigenen Welt" noch vertieft erläutert werden.

2 Herausforderungen auf Seiten der Eltern im Kontext interkultureller Erziehung ihrer Kinder

2.1 Pluralität im Islam

Pluralität im Islam wird nicht zuletzt durch die Tatsache genährt, dass es im Islam keine strukturell verankerten Oberhäupter, wie z. B. den Papst in der katholischen Kirche oder die Patriarchen in den orthodoxen christlichen Gemeinden gibt. Der einzelne Mensch wird im Koran mit Aufforderungen wie „Denkt nach!" (Sure 6, Vers 50), „Erwerbt Erkenntnisse!" (Sure 39, Vers 9) immer wieder aufgefordert, seine eigenen Schlussfolgerungen zu ziehen. Vor diesem Hintergrund haben es Menschen außerhalb (aber auch innerhalb) dieser Religionsgemeinschaft tatsächlich sehr schwer, Menschen zu finden, die für einen sprechen können und dürfen.

In Deutschland ist es demnach noch nicht gelungen, die Muslim*innen als Körperschaft des öffentlichen Rechts und somit als Religionsgemeinschaft anzuerkennen. Hierfür gibt es etliche Bedingungen zu erfüllen. Der Staat braucht immer eine Ansprechperson, die die Interessen einer Religionsgemeinschaft vertritt. Doch wie will man eine/n Vertreter*in finden, der die große pluralistische Ausformung innerhalb der in Deutschland lebenden Muslim*innen vertritt? Derzeit werden sogenannte Islam-Beiräte in unterschiedlichen Kontexten gegründet. Dies ist ein Versuch, der großen Vielfalt innerhalb der Muslim*innen, die sich zwischen einem extrem traditionellen, orthodoxen und einem äußerst liberalen Islamverständnis bewegt, gerecht zu werden.

Ganz im Gegensatz dazu, wie es derzeit in vielen islamisch geprägten Ländern praktiziert wird, ruft der Koran selbst zur Pluralität auf. In den Inhalten und Auslegungen religiöser Quellen in islamischen Ländern spiegeln sich meist sehr stark die politischen Interessen der herrschenden Klassen wider. Die Erkenntnis, dass Pluralität im Denken und dadurch auch im Religionsverständnis in diktatorischen Gesellschaftssystemen unterdrückt werden muss, ist nicht neu und wird von vielen Regimen erfolgreich angewendet. Der Koran selbst fordert allerdings unmissverständlich jeden einzelnen Muslim und jede einzelne Muslimin dazu auf, eigenständig zu denken und eigenverantwortlich zu handeln.

Du sollst nicht behaupten, etwas zu wissen, wenn du es nicht weißt. Jeder hat sich vor Gott für Gehör, Gesicht und Verstand zu verantworten" (Sure 17, Vers 36).

"Sprich: Gleicht der Blinde dem Sehenden? Bedient euch doch des Verstandes (...)" (Sure 6, Vers 50)!

„Ihr, die ihr im Glauben Gewissheit habt, wenn ihr auszieht auf dem Weg Allahs, so stellt erst gehörig Nachforschungen an (...)" (Sure 4, Vers 94 in: ZIF, 2005, S.76).

Im Koran ist also die Auffassung zu finden, dass jeder einzelne Mensch Zugang zum Göttlichen in sich selbst hat. Die Wege, wie ein Mensch diesen Zugang erhalten kann, sind so vielfältig wie die Menschen selbst. In einer Vielzahl islamischer Strömungen existiert ein muslimisches Gottesbild, welches sich nicht für Etiketten und Überschriften wie „Muslim", „Christ", „Jude", „gläubig" oder „ungläubig" interessiert. Gott interessiert sich in erster Linie für den einzelnen Menschen selbst, seine spirituelle und geistige Entwicklung.

Der Koran geht sogar so weit, dass die konfessionelle Vielfalt unter den Menschen gottgewollt ist. Darin werden die unterschiedlichen Religionen als verschiedene Rahmen und Wege hin zu Gott bezeichnet.

Jedem Volk haben wir einen Rechtsweg und eine Glaubensrichtung gewiesen. Wenn Gott gewollt hätte, hätte Er euch zu einem einzigen Volk gemacht. Er hat euch aber verschieden geschaffen, um euch zu prüfen und zu erkennen, was ihr aus dem euch offenbarten verschiedenen Rechtswegen und Glaubensrichtungen macht. Wetteifert miteinander, gute Werke zu vollbringen (Sure 5, Vers 48)!

Verschiedene Wege zu Gott sind also Teil des islamischen Selbstverständnisses. Religionen können demnach verschiedene Rahmen für die Menschen darstellen, um sich selbst und dem Göttlichen anzunähern, müssen aber nicht. Besonders in mystischen Ausprägungen, wie z. B. dem Sufismus, werden diese als Hilfsmittel zur Vervollkommnung des Menschen gesehen. Da der Mensch frei geboren ist, ist dieser demnach auch frei zu entscheiden, ob er die ihm durch Religionen übermittelte Hilfsmittel annimmt oder ohne äußerlich betitelte Religion seinen Lebensweg beschreitet.

"Niemand soll zu seinem Glauben gezwungen werden" (Sure 2, Vers 257).

"Wer glauben will, möge glauben, und wer ablehnen will, möge ablehnen" (Sure 18, Vers 29).

Auch wenn jeder einzelne der folgenden Aspekte noch intensiver erläutert werden wird, soll an dieser Stelle schon einmal deutlich gemacht werden, dass im Grunde das islamische Selbstbild eine gute Basis für eine integrationsfördernde Arbeit mit Muslim*innen bietet.

Denn im islamischen Selbstverständnis

- ist die Pluralität in sich selbst angelegt,
- wird die Eigenverantwortlichkeit jedes Einzelnen gefordert,
- wird Meinungsvielfalt als Gnade Gottes angesehen,
- ist ein hoher Grad an Flexibilität und Auslegungsmöglichkeiten angelegt.

2.2 Moderne versus Tradition

Es gibt viele kleine und große Unterschiede im Erziehungsalltag von Familien unterschiedlicher Kulturen. Wenn wir im erzieherischen Alltag mit Menschen aus nicht-demokratischen Gesellschaften zu tun haben, prallen zudem unterschiedliche Ansichten aufeinander, die kollektiv verankert sind. Konflikte drehen sich meist wie vorhin schon erwähnt um Themen wie Freiheit, Selbstbestimmtheit und Eigenverantwortung.

Familien aus kollektivistischen Kontexten treffen in Deutschland auf ein System, welches individualistisch ausgerichtet ist. Allerdings müssen wir uns der Tatsache bewusst sein, je weniger ein Mensch in seiner eigenen Sozialisation Räume für individuelle Freiheit erleben durfte und je weniger Eigenverantwortung er dadurch entwickeln konnte, desto herausfordernder ist der Umgang mit Pluralität und desto größere Ängste kann dies hervorrufen.

Wir sind zunächst einmal aufgefordert, von der Annahme auszugehen, dass jeder, der am Erziehungsgeschehen eines Kindes beteiligt ist, die gleiche Motivation hat, nämlich das Beste für das Kind zu wollen. Nach meinen persönlichen Erfahrungen zu schließen, drehen sich Konflikte zwischen orientalischen Eltern und Fachkräften meist darum, dass man unter dem Besten für das Kind eben etwas Unterschiedliches versteht.

Wie Sie im Kapitel 7.2 „Der Sieben-Jahres-Rhythmus in der Erziehung" erfahren werden, können sowohl im Kindergartenalter, aber auch im Jugendalter große Unterschiede bezüglich der Idee, was das Beste für ein Kind ist, existieren. Möchten viele orientalische Eltern ihrem Kindergartenkind möglichst viel Gutes tun, in dem sie diesem möglichst wenig Vorgaben machen und dem Kind sein „Kind-Sein" zugestehen, so sehen es Fachkräften durchaus als förderlich, auch Kinder in diesem Alter, das Entwickeln einer eigenen Frustrationstoleranz zu ermöglichen und stehen festen Regeln und Strukturen eher positiv gegenüber.

Wenn ich den Fokus, vor dem Hintergrund meiner persönlichen Erfahrungen in der Arbeit mit orientalischen Familien auf das Jugendalter richte, dann drehen sich Konflikte zwischen orientalischen Eltern und Fachkräften in einem Spannungsfeld, welches als eines zwischen Tradition und Moderne beschrieben werden könnte. Mit Moderne verbinden wir Fachkräfte wohl eher Errungenschaften wie Selbstbestimmung, Freiheit und Eigenverantwortung. Wir assoziieren mit dem Wort Moderne also häufig Positives. Mit Tradition verbinden wir meist veraltete Denkweisen – sie wird also eher mit etwas Negativem verknüpft. Von traditionell geprägten Eltern kann der Begriff Moderne aber durchaus auch mit viel Negativem verbunden werden. Traditionen hingegen könnten hochgeschätzt und das Positive darin beleuchtet werden. Treffen – pauschal ausgedrückt – Vertreter*innen der Moderne auf Vertreter*innen der Tradition, entsteht oft ein Kampf darum, den anderen davon zu überzeugen, dass die eigene Position doch die richtige sei. In meiner Arbeit drehen sich Konflikte häufig darum, dass sich die Beteiligten (offen oder verdeckt) in diesem eigentlich sehr emotionalen oder sogar politischen Konflikt verstricken. Dieser Konflikt wird dann oft – und das ist eigentlich ganz unabhängig davon, ob die Konfliktparteien aus unterschiedlichen Kulturen kommen – stark polarisierend ausgetragen. Oftmals geht es dann nur noch darum, das „Eigene" zu verteidigen, weil man das Gefühl hat, dass die eigene Sichtweise vom Gegenüber abgewertet wird. Diese Verstrickung be- und verhindert meist ein Miteinander. Fachkräfte sind daher angehalten, diese Konflikte zu durchbrechen und durch fachlich-professionelles Handeln aufzulösen.

Eine Perspektive im Hinblick auf den Umgang mit Menschen aus orientalischen Kulturen könnte darin bestehen, den Fokus auf das gemeinsame Interesse zu richten. Gemeinsamkeiten werden schnell zu finden sein, denn jeder Mensch strebt nach einem glücklichen Leben mit möglichst wenig Stress und Konflikten. Wenn es um Konflikte mit Kindern bzw. Jugendlichen geht, dann liegt meistens alle Beteiligten das Wohl des Kindes am Herzen. Als gute Basis für eine Zusammenarbeit mit Familien mit Fluchthintergrund stellt deren oftmals entscheidender Grund der Flucht dar: oftmals ist das Kernanliegen das Wohl und der Schutz der Kinder (vgl. Biesel 2019, S. 205). Bei Fragen zu unterschiedlichen Erziehungsideen gilt es für uns Fachkräfte allerdings stets zu vergegenwärtigen, dass das elterliche Erziehungsrecht im Grundgesetz stark geschützt ist. „Art. 6 GG ist als Grundgesetz ein Gesetz höchsten Ranges. Es garantiert daher den Eltern, dass sie selbst bestimmen können, nach welchen Vorstellungen sie ihre Kinder erziehen" (Blank 2010). Im Kapitel 3.7 „Erziehungsrecht und deren Pflichten – eine juristische Perspektive" wird noch intensiver auf dieses Recht eingegangen.

2.3 Die gefühlte Schwächung auf Elternebene

Des Öfteren erlebe ich muslimische Eltern, die das Gefühl haben, dass Soziale Fachkräfte ihre Elternrolle schwächen. Sie empfinden die angebotenen Hilfen oft als einseitige Unterstützung für Kinder bzw. Jugendliche. Aus ihrer Sicht liegt der Fokus in Gesprächen zu stark auf den Bedürfnissen der Kinder, insbesondere wenn es um Töchter geht. Dies hat zur Folge, dass soziale Einrichtungen dann vorwiegend unter dem Aspekt gesehen werden, dass diese dem Kind helfen, mehr Macht innerhalb der Familie zu bekommen.

Die Förderung von Selbstständigkeit und Eigenverantwortung wird von Eltern aus kollektivistischen Gesellschaften in diesen Situationen durchaus als eine Bedrohung des familiären Zusammenlebens erlebt. Die Tatsache, dass Kinder Instabilität in einem System verursachen, wenn sie mit Selbstständigkeit und Selbstvertrauen kollektive Werte in Frage stellen, steht außer Frage. Wir Fachkräfte sollten uns daher überlegen, wie wir Eltern auf ihrer Reise der Verunsicherung durch die Infragestellung ihrer familiären Strukturen begleiten und welche Hilfen wir anbieten könnten, um die Gefahr einer drohenden Re-Traditionalisierung zu reduzieren.

Wir müssen uns fachlich damit auseinandersetzen, wie wir mit Menschen umgehen, die aus kollektivistischen Systemen kommen, in denen eigenen persönlichen Bedürfnisse teilweise radikal unterdrückt wurden. Wir brauchen Überlegungen zu der Frage, wie wir Menschen erreichen können, die als Individuum nie wirklich die Chance hatten, sich mit Eigenverantwortung auseinanderzusetzen. Wenn Fachkräfte den Fokus auf individuelle Bedürfnisse richten und individuelle Räume für Kinder unterstützen möchten, sollte zunächst geprüft werden, welchen Bezug Eltern zu dieser Thematik haben.

> „Freiheit bedeutet Verantwortlichkeit. Das ist der Grund, weshalb die meisten Menschen sich vor ihr fürchten."
>
> (George Bernard Shaw, n.d.)

Das obige Zitat benennt die eigene Angst vor der Freiheit im Zusammenhang mit Verantwortung. Man könnte daraus ableiten, dass Eltern erst die eigene Angst vor Freiheit überwinden müssen, bevor sie den Freiheitsgedanken auch seinem Kind zusprechen können. Ich machte diese Erfahrungen insbesondere mit Eltern, die in Kontexten aufgewachsen sind, in denen es wenig Individualität und Eigenverantwortung und wenig persönlichen Spielraum gab. Je weniger sich diese Eltern mit Themen der Eigenverantwortlichkeit und dem freiheitlichen Gedanken auseinandergesetzt hatten, je mehr deren religiöses Verständnis klare Regeln vorgaben, desto stärker beeinflusste diese Angst vor der Freiheit und der Eigenverantwortung den Beratungsprozess. Viele Konzepte unserer Beratungsmethoden basieren auf demokratischen Ideen, auf einer demokratischen Herangehensweise, auf Werten wie Freiheit und Selbstbestimmtheit. Was tun Berater*innen, die es mit Menschen zu tun haben, die die Begriffe wie Freiheit und Eigenverantwortlichkeit bisher noch kaum mit eigenem Erleben und Handeln ausgefüllt haben?
Haben wir Fachkräfte genug im Blick, dass auf der anderen Seite des Freiheitsgedankens und der Selbstverantwortung ein Sicherheit versprechender Rahmen lockt? Bücher voller Überlieferungen und Gelehrten-

meinungen im Islam stellen verunsicherten Menschen detaillierte Regel- und Verhaltenskataloge zur Verfügung, die ihnen Orientierung und Sicherheit geben. Besonders in Zeiten des Pluralismus werden diese dann schnell in überzogener Art und Weise als etwas Eigenes und Absolutes definiert, als etwas, was Halt gibt. Manchmal erhebt man sich durch das Zugehörigkeitsgefühl zu einem Kollektiv über andere Menschen, die diesem Kollektiv nicht angehören. Im muslimischen Kontext könnte dies evtl. bedeuten, dass der Einzelne sich durch das Kollektiv „Muslime" als jemand Besseres als Christen oder Atheisten fühlt. Er könnte dadurch zu dem Gefühl kommen, dass seine Gruppe den wahren Lebensweg beschreitet und von Gott bevorzugt wird.

Könnte dies als Konsequenz für Fachkräfte bedeuten, dass nicht nur religiöse, sondern auch philosophische Fragestellungen in einem Beratungskontext mitberücksichtigt werden müssten? Müssten wir unseren Fokus zunächst auf die Begriffe wie Freiheit und Eigenverantwortung richten und schauen, wie diese verstanden und bewertet werden? Oder bedeutet es, dass sich Fachkräfte eventuell auch phasenweise von einer uns bekannten demokratisch geprägten kulturellen Sprache verabschieden müssen, um von dem Gegenüber verstanden zu werden? Wie schaffen Fachkräfte es, die kulturelle Sprache des Gegenübers zu sprechen?

In meiner Arbeit erlebe ich aber auch immer wieder folgende Situation: Engagierte Fachleute, die weit entfernt von Pauschalisierungen und Zuschreibungen sind, schaffen trotzdem keinen Zugang zu den Eltern und kein Miteinander. Allein durch die Tatsache, dass sie keine muslimischen Fachkräfte sind, kann ihnen das Vertrauen verwehrt werden. Durch die durch Polarisierung aufgeheizte öffentliche Debatte sowie durch generelle Abgrenzungstendenzen in Kollektive wie „Die" und „Wir" kann es durchaus passieren, dass auch Fachkräfte, die weit ab von Zuschreibungen sind, von Eltern schnell in die Schublade „Die sind ja eh auf der anderen Seite, sind gegen uns und unsere Kultur bzw. Religion" gesteckt werden. Ein Ausweg aus dem Dilemma kann aus meiner Erfahrung durchaus mit dem Einsatz von kulturellen bzw. religiösen Dolmetscher*innen gelingen. Ich selbst habe immer wieder großartige Erfahrungen mit Personen gemacht, die als kulturelle bzw. religiöse Dolmetscher*innen hinzugezogen wurden. Im Kapitel 5.4 „Kulturelle und religiöse Dolmetscher*innen" werden Sie Näheres darüber erfahren.

2.4 Der schnelle Rückzug ins Bekannte: die Re-Traditionalisierung

Viele, auch hier in Deutschland aufgewachsene Eltern erleben es als extrem anstrengend, sich in einer pluralistischen und individualisierten Welt zurechtzufinden. Tendenziell ist die Individualisierung unserer Gesellschaft für Eltern aus kollektivistischen traditionellen Systemen allerdings noch viel ungewohnter und fordernder. „Die Begegnung mit Vielfalt kann bei Menschen ebenso Kreativität, wie auch vollständige Abgrenzung oder Identitätsverlust auslösen" (Aydt, 2015, S. 86).

Besonders wenn es um die Erziehung ihrer Kinder geht, kann es durchaus passieren, dass Regeln dann eng geschnürt werden. Weil Eltern mit der Unsicherheit nicht umgehen können und das Gefühl haben, auf sich alleine gestellt zu sein, entwickelt sich das Bedürfnis, den Kindern ihre eigene Orientierung klar und deutlich zeigen zu wollen. In ihren Heimatländern werden Eltern in ihren Erziehungsideen oftmals kollektiv durch mehr Eindeutigkeit, d.h. gemeinsam geteilte Ansichten im Umfeld unterstützt. Die Entwicklung individueller Ideen in der Erziehung stellt für viele Eltern daher einen sehr großen Stressfaktor dar. (vgl. hierzu die Studie der Konrad-Adenauer-Stiftung „Eltern unter Druck" 2018.) Viele Eltern sind mittlerweile soweit, dass sie in ständiger Sorge leben, etwas falsch zu machen. Anstatt auf ihre Intuition und ihr eigenes Urteil zu vertrauen, konzentrieren sie sich weitgehend auf Erziehungsratgeber und Experten (vgl. Kullmann, K., 2009).

Wenn Eltern dann noch dazu das Gefühl bekommen, dass sie von Fachleuten in ihrer Orientierungsleistung in der Erziehung nicht unterstützt, sondern vielmehr geschwächt werden, erhöht sich der Stress, die Hilflosigkeit und der Druck auf Eltern. Und wir Fachkräfte wissen, dass Hilflosigkeit schnell in Erziehungsmethoden münden kann, denen wir, pädagogisch betrachtet, kritisch gegenüberstehen.

Die Ergebnisse der Expertise des Deutschen Jugendinstitutes über muslimische Familien in Deutschland im Jahre 2007 über Alltagserfahrungen, Konflikte und Ressourcen decken sich größtenteils auch heute noch mit meinen persönlichen Erfahrungen. Je höher der sozioökonomische Stand von Familien ist, desto weniger traditionelle Normen und Wertevorstellungen sind vorhanden. „Je prekärer aber die wirtschaftliche Situation und je niedriger das formale Bildungsniveau, umso deutlicher orientieren sich Familien an Religion und Tradition, (…). Sie halten sich an Strukturen fest, die ihnen Ordnung und Orientierung geben" (Thiessen, Dr. B., 2007, S. 11). Schlechte soziale und wirtschaftliche Perspektiven tragen zu einer Re-Traditionalisierung der Familien bei (vgl. ebd.). Eine Studie des Bundesinnenministeriums, ebenfalls aus dem Jahr 2007 kommt zum gleichen Ergebnis. Neben der Tatsache, dass niedrige und schlechte Zukunftschancen mit einer Offenheit für islamisch-autoritaristische Einstellungen einhergingen, sei die Kritik an westlichen Demokratieprinzipien in dieser Gruppe besonders stark zu finden (vgl. ebd., S. 11f.).

Fachkräfte der Sozialen Arbeit sollten sich auch die Ergebnisse der SINUS- Milieu Studien bewusst machen. Eine Kernsausage dieser in regelmäßigen Abständen veröffentlichten Studien liegt darin, dass sich Migranten-Milieus weniger nach ethnischer Herkunft, sondern vielmehr nach der sozialen Lage unterscheiden. „Menschen des gleichen Milieus mit unterschiedlichem Migrationshintergrund verbindet mehr miteinander als mit dem Rest ihrer Landleute aus anderen Milieus. Man kann also nicht von der Herkunftskultur auf das Milieu schließen" (Friese, 2019, S.25).

Dieses Ergebnis verdeutlicht noch einmal, wie wichtig in der Praxis der Blick auf die individuelle Situation jedes Menschens ist. Eine (ausschließlich) ethnisierend-kulturalistische Betrachtungsweise kann irreführend sein (vgl. Friese, 2019, S.28). Auch oder insbesondere soziale Milieus spielen eine entscheidende Rolle bei der Ausprägung bestimmter Lebens- und Erziehungsstile.

Der Stellenwert sozioökonomischer und psychosozialer Faktoren

Welchen Stellenwert sozioökonomischen Faktoren in der Dynamik rund um Integration und Kindererziehung haben, macht auch die Streitschrift zum Kinderschutz „Deutschland schützt seine Kinder!" deutlich:

Nicht selten wird beobachtet, dass Fachkräfte Problemlagen in Familien vorschnell dem kulturellen Hintergrund zuschreiben (vgl. Biesel, 2018, S. 205). Aktuelle Studien verweisen darauf, dass sich vielmehr sozioökonomische und psychosoziale Faktoren, wie Armut, Isolation, Hoffnungslosigkeit auf Familien auswirken (vgl. ebd.). Ein derartiger dauerhafter Stress innerhalb Familien führe zu der Situation, dass Bedürfnisse der Kinder und Eltern über einen langen Zeitraum nicht mehr genug befriedigt werden könnten und seien u.a. auch den Nährboden für Risikofaktoren bezüglich kin-deswohlgefährdender Zustände (vgl. Biesel, 2018, S. 213).

Kinderschutz sollte demnach nicht nur den Familienschutz im Fokus haben, sondern auch die Armutsbekämpfung (vgl. ebd.) und die Rahmenbedingungen, die Stress in Familien erzeugen.

Die meisten arabischen und türkischen Eltern sind der Meinung, dass deutsche Jugendliche mit Älteren unhöflich, unfreundlich und ohne Respekt umgehen (vgl. Toprak/el-Mafaalani, S. 2011, S. 46).

> Eltern vergleichen das Verhalten ihrer Kinder mit dem der deutschen Peergroup und versuchen betont, Respekt vor Autoritäten einzufordern, damit die Kinder nicht „eingedeutscht" werden. (…) Erziehungsziele basieren meist auf oberflächlichen Beobachtungen und Vorurteilen. So werden die in Deutschland dominanten Aspekte, wie Individualität, Selbstständigkeit, Eigenverantwortung und insbesondere die gesellschaftlich akzeptierte „Rebellion" in der Lebensphase Jugend als Bedrohungen wahrgenommen. Als unreflektierte subjektive Wahrnehmungen führen diese Bedrohungen dazu, dass die Eltern ihr Erziehungsziel „Respekt vor Autoritäten" viel rigider verfolgen als dies in den Herkunftskulturen der Fall ist (ebd.).

Eltern haben also teilweise das Gefühl, dass sie ihre traditionellen Werte in einer viel stärkeren Art und Weise vermitteln müssen, als sie dies in der Herkunftsgesellschaft getan hätten. Dies betrifft insbesondere auch die religiöse Erziehung ihrer Kinder. Da in Deutschland die Schule als religiös vermittelnde Erziehungsinstanz wegfällt und islamischer Religionsunterricht noch lange nicht flächendeckend in Schulen etabliert ist, erleben viele Eltern enormen Druck, ihren Kindern die Religion eigenverantwortlich zu vermitteln. Oft „erfahren die Koranschulen, die meistens auch unter Kulturvereinen geführt werden und oft in dunklen Hinterhöfen untergebracht sind, starken Zulauf" (ebd., S. 51). Inhalte, die in diesen Koranschulen vermittelt werden, sind stets abhängig von den Menschen und den Organisationen, die sie vermitteln. Wie im Folgenden noch deutlich wird, sind Auslegungen und Interpretationen der islamischen Religion sehr unterschiedlich. In Koranschulen werden Kinder oft von Menschen unterrichtet, die selbst nicht in Deutschland aufgewachsen sind und daher ein aus ihren Heimatländern geprägtes Verständnis des Islams lehren. Vor diesem Hintergrund wäre ein islamischer Religionsunterricht an Schulen von hier in Deutschland ausgebildetem Lehrpersonal und festem Lehrplan dringend notwendig.

2.5 Die unterschiedlichen Wertehierarchien

Respekt vor dem Alter, Gehorsam gegenüber Autoritäten, Höflichkeit gegenüber Älteren, Ordnung und gutes Benehmen – diese Eigenschaften haben für viele in Deutschland lebenden Migrant*innen aus orientalischen Kulturen einen noch immer sehr hohen Stellenwert. Toprak/El-Mafaalani berichten in ihrem Buch „Muslimische Kinder und Jugendliche in Deutschland" von Untersuchungen der türkischstämmigen Wissenschaftlerin Çiğdem Kağıtçıbaşı, die belegen, dass 59 Prozent der befragten Mütter in der Türkei angeben, dass ihr wichtigstes Erziehungsziel „Respekt" und „Gehorsam" sei. Im Gegensatz dazu hätten nur 19 Prozent der Mütter und 17 Prozent der Väter das Erziehungsziel „Selbstständigkeit" als wichtig angegeben (vgl. Toprak/El-Mafaalani, 2011, S.45).

In den Niederlanden machte man ähnliche Erfahrungen. Autochthone Niederländer und Niederländer marokkanischer Abstammung sollten 13 Werte nach ihrer Wichtigkeit ordnen. Wie aus der unten stehenden Liste gut ersichtlich wird, standen für die Gruppe der Niederländer die Werte Selbständigkeit und Individualität ganz oben. Auf der Seite der Marokkaner hingegen wurden Werte wie Glauben, Hilfsbereitschaft und Gastfreundschaft als wichtigste Tugenden empfunden.

In interkulturellen Workshops greife ich diese Idee der Wertetabelle immer wieder auf und sowohl mit orientalischen Menschen als auch mit Fachkräften als Übung durchgeführt. Deren Ergebnisse und das Ergebnis der Studie bildeten eine sehr gute Grundlage für Diskussionen. Das Ergebnis ist allerdings nicht unbedingt abhängig von der Nationalität, sondern eher vom Bildungsniveau der Menschen. Je höher das Bildungsniveau war, desto wichtiger wurden Werte wie Selbständigkeit und Selbstvertrauen angesehen.

Niederländer	Marokkaner
1. Selbstständigkeit	1. Glauben
2. Selbstvertrauen	2. Hilfsbereitschaft
3. Ehrlichkeit	3. Gastfreundschaft
4. Gute Schulausbildung	4. Disziplin
5. Gute Manieren	5. Familienbindung
6. Hilfsbereitschaft	6. Respekt vor dem Alter
7. Respekt vor dem Alter	7. Bescheidenheit
8. Bescheidenheit	8. Gute Manieren
9. Disziplin	9. Gehorsam
10. Gehorsam	10. Ehrlichkeit
11. Familienbindung	11. Gute Schulausbildung
12. Gastfreundschaft	12. Selbstständigkeit
13. Glauben	13. Selbstvertrauen

(Handschuck/Klawe 2006, S.245)

Beobachten wir eine (orientalische) Mutter, die ihr Kind im Kindergarten in allem unterstützt (Schuhe anziehen, Tasche tragen etc.), rücken wir leicht die Defizite und unsere Vorannahmen in den Vordergrund. Es kommen uns Gedanken von Überbehütung, Verwöhnen und die Furcht vor Unselbstständigkeit und einer gluckenden Mutter in den Sinn. Die möglichen positiven Seiten des Wertes meines Gegenübers, wie z. B. zwischenmenschliche Herzenswärme, Aufmerksamkeit oder Hilfsbereitschaft können bei dieser Sichtweise leicht in den Hintergrund rücken.

Es gibt keine kulturelle Identität – eine Sichtweise von Francois Jullien

> Jenseits von Richtig und Falsch gibt es einen Ort, dort treffen wir uns.
>
> (Rumi)

Der französische Philosoph Francois Jullien behauptet in seinem Buch „Es gibt keine kulturelle Identität", dass das Denken über kulturelle Identitäten meist in eine Sackgasse ohne Lebendigkeit und Weiterentwicklung mündet, da der Fokus nach dem Erkennen von Unterschieden meist auf ein Rückzug in seine eigene Gemeinschaft hinauslaufe (vgl. Jullien, 2018, S. 35f.). Er verwendet daher nicht die Begriffe „kulturelle Identität" und „Unterschiede", sondern spricht von kulturellen Ressourcen und Abständen. Kulturelle Ressourcen seien seiner Ansicht nach jedem zugänglich und nicht irgendjemandes Eigentum und müssten daher nicht verteidigt werden (vgl. ebd., S. 8). Kulturelle Ressourcen würden sich einander auch nicht ausschließen, könnten sich zu etwas Neuem formieren, sich gegenseitig befruchten und sogar summieren (vgl. ebd., S.66). Für Jullien stellt der Abstand zwischen Kulturen einen lebendigen Zwischenraum dar, in dem die Spannung gerade auch für eine gegenseitige Befruchtung genutzt werden kann. Im Gegensatz zur Sichtweise der kulturellen Differenzierung und Abgrenzung, legt Jullien seinen Fokus auf die dynamische Begegnung und Selbstreflexion im sogenannten Zwischen- bzw. Spannungsraum. Nach dem Erkennen von Unterschieden, sollte man sich daher nicht damit begnügen, sich wieder in sein Bekanntes zurückziehen und sich zu separieren. Man sollte sich mit seiner Kultur innerlich identifizieren und abgrenzen, sondern die entstandene Distanz, den (spannungsgeladenen) Zwischenraum aktiv für die Weiterentwicklung aller Beteiligten nutzen (vgl. ebd., S.40f.). „Er erlaubt es uns, Ressourcen zu entdecken, die wir bislang nicht in Betracht gezogen, ja nicht einmal vermutet haben" (ebd., S.42). Das Denken in kulturellen Abständen schafft für Jullien die Basis für neue Möglichkeiten der Erkenntnis. „Der Geist kann sich in neue Abendteuer stürzen" (ebd., S.71), sich aus den „starren Gleisen der Tradition" (ebd.) befreien und „den Komfort des Dogmatismus- seiner korrekt-angepassten Denkweise – hinter sich lassen" (ebd.). „Im Sinne von Abständen, die sich nicht in identitätsbezogene Unterschiede einsperren, sondern ein Zwischen eröffnet, in dem ein neues Gemeinsames entsteht" (ebd., S.81).

Aus dieser Perspektive betrachtet, könnte die oben beschriebene Situation im Kindergarten auch als ein „Spannungs-, bzw. Zwischenraum" definiert werden, indem auf die Suche nach den jeweiligen anderen kulturellen Ressourcen gegangen wird. Der Zwischenraum böte die Möglichkeit, nicht in ein Entweder-oder Denken zu verfallen, sondern vielmehr auf die Suche nach einem „Sowohl-Als-Auch" zu gehen. Beide kulturellen Ressourcen bekämen einen Raum im Zwischenraum und könnten ohne die Idee eines „Kampfes" bzw. einer „Verteidigung" ihren Platz erhalten.

Denn: Natürlich ist es wichtig, dass Kinder Dinge alleine erledigen können, aber genauso kann es wichtig sein, ihnen zu helfen. Kinder brauchen in ihrer Entwicklung Räume, in denen sie einfach auch mal Kind sein dürfen. Dies kann dann auch manchmal bedeuten, dass wir Dinge für sie übernehmen, die sie eigentlich selbst schon können. Auch für uns Erwachsene ist manchmal ein Hilfsangebot eines anderen Menschen Balsam für unsere Seele.

Diese Situation zeigt sehr schön auf, dass es wichtig ist, nicht auf einer Position zu verharren, die man als richtig empfindet, sondern den werterkennenden Blick aufzusetzen, einen „Zwischenraum" zuzulassen, in dem es möglich sein kann, beide Ressourcen zu erkennen, zu verstehen und seinen eigenen Horizont zu erweitern. Denn sowohl der Orient als auch der Okzident haben viele wertvolle Aspekte zu bieten, die – gut verbunden und je nach Kontext und Anforderungen – sehr gewinnbringend sein können.

Für uns Fachkräfte bedeutet es also, nicht auf seiner gewohnten Sicht der Dinge zu verharren und Anderes abzuwerten, sondern den Raum zu schaffen, die (dahinterstehenden) wertvollen Aspekte, Gründe und Motivationen des Handelnden versuchen, zu ergründen und zu verstehen. Dadurch wird eine Haltung möglich, die z. B. sowohl Selbstständigkeit und Individualismus als auch Kollektivismus und Orientierung als gleichwertig nebeneinanderstellt und die positiven Aspekte beider Seiten nutzt.

3 Herausforderungen aufseiten der Fachkräfte im Kontext interkultureller Jugendhilfe

Viele von uns, die auf andere Kulturen schauen und Begegnungen mit Menschen aus diesen haben, nehmen zunächst einmal die vielen positiven Seiten wahr, z.B. Kochkünste, Gastfreundschaft, Hilfsbereitschaft etc. Wenn es dann aber um Themen geht, die freiheitlich-demokratische Werte berühren, besonders in erzieherischen und familiären Bereichen, nehmen wir oft sehr schnell eine Abwehrhaltung ein. Wir kommen dann schnell zu der Überzeugung, dass unsere Ideen und Werte die einzig wahren seien, und stellen unsere Ideen über die unseres Gegenübers. Dies könnte dann zur Folge haben, dass wir uns einen offenen und interessierten Blick in die Welt unseres Gegenübers verbauen.

3.1 Das Demokratieprinzip und das Modell Interkulturelle Kompetenz

> Demokratiefähigkeit bedeutet in erster Linie Konfliktfähigkeit, und Konfliktfähigkeit bedeutet, sich Andersdenkenden oder sogar Fremden auszusetzen.
>
> (Schellhammer 2019/1, S. 11)

Der interkulturelle Alltag mit Menschen aus unterschiedlichen kulturellen Kontexten in der Sozialen Arbeit ist schon lange nichts Ungewöhnliches mehr. Besonders in Großstädten ist dieser Alltag inzwischen durchaus die Norm. Der Zuzug von Familien mit Fluchthintergrund stellt unseren Alltag allerdings erneut und vielleicht sogar noch intensiver als bisher vor neue Herausforderungen. Neben schwersten Traumatisierungen und sprachlichen Schwierigkeiten können auch stark traditionell-religiös geprägte Lebenswelten der Familien, beispielsweise im Zusammenhang mit prekären sozialen Milieus, die Arbeit in (sozial-)pädagogischen Einrichtungen erschweren.

Fachkräften fehlt häufig die Zeit, sich eingehender mit den Besonderheiten unterschiedlicher kultureller Sprachen, Verhaltens- und Umgangsformen, sozialer Systeme und Erziehungsideen orientalisch geprägter Familien auseinanderzusetzen. Hinzu kommt noch, dass es Fachkräfte tatsächlich schwer haben, sich in muslimische Lebenswelten zu begeben und diese von innen heraus kennenzulernen, da sie oftmals als Nichtmuslim*innen vor verschlossenen Türen stehen.

Inwieweit spielt der religiöse Alltag meines Gegenübers eine Rolle in meiner Arbeit? Was sollte ich über den Islam wissen, von Gemeinsamkeiten und Unterschieden zum Christentum bis hin zur islamischen Religiosität im alltäglichen Leben? Wie nehmen Muslim*innen den christlichen Glauben wahr? Wie kann die Arbeit mit muslimischen Mitbürgern gut gelingen? Und wo liegen Stolpersteine in Gesprächen und Kontakten?

Auf fachlicher Ebene finden seit geraumer Zeit Diskussionen statt, die sich mit Notwendigkeiten und Ansätzen im Kontext von Interkulturalität und einem adäquaten Umgang mit Kindern und Eltern nicht christlicher Religionen beschäftigen.

Es gibt mittlerweile sehr überzeugende Leitlinien in sozialen Einrichtungen und auch in Kommunen. Eine sehr schöne Formulierung des Demokratieprinzips findet sich z.b. im „Bayerischen Bildungs- und Erziehungsplan für Kinder in Tageseinrichtungen bis zur Einschulung". Hier werden die beiden Begriffe „Demokratieprinzip" und „Interkulturelle Kompetenz" mit Leben gefüllt und beschrieben, was sie in der konkreten Arbeit in Tageseinrichtungen für Kinder im Vorschulalter bedeuten. Diese wichtigen Leitlinien für Kindertagesstätten können wir sehr gut auf unseren professionellen Anspruch in der Sozialen Arbeit übertragen. Ich möchte Ihnen diese Ausformulierungen daher nicht vorenthalten.

> Das Demokratieprinzip prägt das gesamte Bildungsgeschehen und trägt die Idee von „gelebter Alltagsdemokratie" in sich. Es basiert auf einer Kultur der Begegnung, die demokratischen Grundsätzen folgt, und damit auf Partnerschaft und Kooperation. Wenn das Bildungsgeschehen eine soziale und kooperative Ausrichtung erfährt, vereint sich diese Kultur der Begegnung mit einer Kultur des Lernens, die auf das Wohlbefinden und die Engagiertheit aller Akteure setzt. Partnerschaft gründet auf Gegenseitigkeit, Gleichberechtigung und Wertschätzung. Sie bedeutet, sich respektvoll zu begegnen und als Partner zusammenzuwirken, denn jeder hat besondere Stärken und kann etwas einbringen. Partnerschaft erfordert angemessene Beteiligung an Entscheidungsprozessen in gemeinsamen Angelegenheiten, mit dem Ziel ko-konstruktiver Aushandlung und Mitbestimmung. Beschwerde- und Streitkultur sowie eine Kultur der Konfliktlösung sind weitere Aspekte von Demokratie. In Bildungseinrichtungen sind alle Personen Partner: die Kinder, Eltern, Pädagogen, Träger und weitere Beteiligte (Bayerisches Staatsministerium für Arbeit und Sozialordnung, Familie und Frauen, 2012, S. 22).

> Die Entwicklung interkultureller Kompetenz betrifft Kinder und Erwachsene. Interkulturelle Kompetenz ist ein Bildungsziel und eine Entwicklungsaufgabe, die Kinder und Erwachsene (Eltern, pädagogische Fachkräfte), Inländer und Migranten oder ethnische

Minderheiten gleichermaßen betrifft. Es handelt sich um einen komplexen Entwicklungsprozess, der auf verschiedenen Ebenen angesiedelt ist: Nicht nur Wertevorstellungen und Erwartungen gehören dazu, auch Gefühle und alltägliche Handlungen sind davon betroffen. Ein wesentlicher Aspekt von interkultureller Kompetenz ist kulturelle und sprachliche Aufgeschlossenheit und Neugier. Das bedeutet zum einen, dass das Zusammenleben verschiedener Sprachen und Kulturen zur Selbstverständlichkeit wird, zum anderen, dass Erwachsene und Kinder sich für andere Lebensformen interessieren, dass sie versuchen, diese zu verstehen und lernen, konstruktiv auch mit „Fremdheitserlebnissen" umzugehen. (Bayerisches Staatsministerium für Arbeit und Sozialordnung, Familie und Frauen, 2012, S. 129)

3.2 Der neugierige Blick in die Welt des Klienten

Ein grundlegendes Prinzip in der Arbeit mit Menschen sollte also auch in der Begegnung mit Menschen aus dem orientalischen Kontext ein tragender Pfeiler sein: Fachkräfte sollten immer bestrebt sein, die Lebenswelt ihrer Klienten zu ergründen und damit alle lebensweltgestaltenden und wichtigen Elemente einer Familie kennenzulernen, um diese in unsere Arbeit einbeziehen zu können.

Besonders hier ist es grundlegend, eine offene, interessierte Haltung zu bewahren, den einzelnen Menschen mit einem neugierigen und interessierten Blick zu begegnen und nicht in eine schnelle (Vor-)Verurteilung zu verfallen. Denn: hinter jedem Handeln und hinter jeder Meinung steht eine ganz individuelle Geschichte eines einzelnen Menschen, die dessen Wirklichkeitsauffassung beeinflusst und färbt (vgl. Schellhammer 2019/1, S. 25).

Denn wie auch generell in der Sozialen Arbeit wäre es fatal, wenn wir Menschen aufgrund sichtbarer Merkmale in ein Raster pressen und so tun, als wüssten wir schon dadurch alles über diese Person. Im Kontext „Arbeit mit Muslim*innen" kann es z.B. durchaus passieren, dass eine Frau, die von außen keinerlei wahrnehmbare muslimische Merkmale besitzt, viel gläubiger und praktizierender ist als eine kopftuchtragende Frau. Wir müssen uns daher von jeglichen schnellen Zuschreibungen verabschieden und uns immer wieder offen und neugierig auf jeden Einzelnen einlassen. Schnelle Assoziationen engen unseren Blick ein, sind für den Betroffenen oftmals kränkend und können Widerstände und Konflikte befördern. Menschen haben äußerst feine Antennen, die blitzschnell erkennen, ob die Person, die sie berät, eine offene, interessierte Haltung hat oder Zuschreibungen und eine negativ beurteilende Haltung mitbringt. Fragen, die aus einer vorverurteilenden Haltung heraus gestellt werden, münden oft in Rechtfertigungsgespräche und lösen nicht selten Widerstände aus.

Beziehen Fachkräfte vor dem Hintergrund einer offenen Haltung des „Verstehenwollens" den Lebenskontext der Menschen ein, so wird ein klareres Bild davon möglich werden, was den Menschen aus welcher Motivation heraus antreibt, etwas zu tun oder nicht zu tun.

Wenn wir Fachkräfte es schaffen, eine offene, von Wertschätzung geprägte Arbeitsbeziehung herzustellen, werden gläubige Eltern in Gesprächen eventuell auch den Mut aufbringen können, offen auf religiöse Argumente zurückzugreifen und sich konkret auf ihre Religion und deren Vorschriften zu beziehen, wenn diese ihr Handeln leiten. Dies könnte eine große Chance sein. Eine grundlegende Thematik, die viele Verhaltens- und Denkmuster in einer Familie beeinflussen kann, wird transparent und besprechbar. Die Erfahrung zeigt jedoch, dass praktizierende Muslim*innen ihre religiöse Verwurzelung bei einer nicht muslimischen Fachkraft eher ausklammern und nicht thematisieren. Der direkte Einfluss religiöser Vorschriften auf das Handeln und deren konkrete Auswirkungen im Alltag sind daher vielen Fachkräften gar nicht bewusst, besonders, wenn die Menschen keine äußerlich wahrnehmbaren muslimischen Erkennungsmerkmale mitbringen. In Beratungs- und Konfliktsituationen könnte dies bedeuten, dass einer der wichtigsten Bereiche, die das Verhalten meines Gegenübers steuern, nicht einbezogen werden kann.

Ich habe in meinen Fortbildungsveranstaltungen die Erfahrung gemacht, dass Fachkräfte in der interkulturellen Arbeit mit Menschen aus dem orientalischen Kulturkreis mit zahlreichen Thematiken, fremden Verhaltensweisen und Äußerungen konfrontiert werden, die sie innerlich teilweise sehr beschäftigen können.

Innere Anteile, eigene blinde Flecken, die eigene Biografie sind Themen, die eine Fachkraft in der Sozialen Arbeit generell gut im Blick haben sollte, wenn sie einen professionellen Anspruch der eigenen Arbeit verfolgen möchte. In der Sozialen Arbeit eine gewinnbringende Begegnung mit Menschen zuzulassen, erfordert eine Konfrontation mit eigenen Denkmustern und -strukturen und deren Aufarbeitung. In der Arbeit mit Menschen aus nicht demokratisch geprägten Ländern werden wir in einem höheren Maße emotional berührt, besonders wenn es um Themen geht, die sich um die Gleichberechtigung von Frauen und Männern, Freiheit und Kindererziehung drehen. Interkulturelle Arbeit braucht daher eine stetige fachliche, aber auch sehr persönliche Reflexion von Themen, die uns emotional beschäftigen. Zu schnell geraten sowohl Menschen im Allgemeinen als auch Fachkräfte im professionellen Kontext in Denk- und Verhaltensmuster, die Sicherheit verschaffen. Dies kann im interkulturellen Kontext bedeuten, dass man zu schnell in Kategorien denkt und den wertschätzenden offenen Blick für die individuelle Situation verliert. Verallgemeinerungen, Zuschreibungen, Begriffe wie „Die" und „Wir" werden schnell als mentale Hilfsanker verwendet, die Sicherheit vermitteln.

Die größte Kunst ist es demnach immer, in einem Prozess des Verstehen-Wollens offen zu bleiben und nicht zu schnell zu kategorisieren oder durch Vorannahmen den Blick zu verengen.

Ein bewertender, abschätzender Blick wirkt im Grunde immer kränkend. In der Begegnung zweier Menschen ist der bewertende Blick an sich immer beziehungsverhindernd und schlimmstenfalls beziehungsbeendend (Köhler, 2007, S. 36). Generalisierende ethnisierende und defizitär bewertete Zuschreibungen können schon ganz zu Beginn des Kontaktes zu einem Abbruch führen und die Herstellung eines vertrauensvollen Arbeitsbündnisses verhindern (vgl. Gaitanides 2019, S.114).

Wichtig kann es also sein, die Erziehungskompetenz von Eltern mit einem anderen kulturellen Hintergrund nicht sofort abzuwerten, sondern differenziert zu betrachten und auch die positiven Dinge herauszuarbeiten und anzuerkennen.

Hinweis
Erinnern Sie sich an den von Jullien beschriebenen Zwischenraum in Begegnungen im Unterkapitel 2.5? Hier haben Sie kennengelernt, dass wir als Fachkräfte angehalten sind, uns auf die Suche zu machen, welche positive Absicht bzw. „kulturelle Res-

source" hinter dem Verhalten des Handelnden steckt, und uns stets in Erinnerung zu rufen, dass jedes Verhalten in einem bestimmten Kontext (der uns eventuell noch nicht zugänglich ist) durchaus nützlich ist und für den Handelnden Sinn ergibt.

3.3 Wie können wir einen Kulturschock und die Gefahr von Abwehr verringern?

Wie wir wissen, liegen in Krisen und Zeiten von Verunsicherung Chancen und Gefahren sehr nahe beieinander. Auf der einen Seite bietet eine Krise immer eine Chance, Altes zu überdenken und sich auf neue Wege zu begeben. Allerdings beinhaltet Verunsicherung auf der anderen Seite auch immer die Möglichkeit, Altbewährtes zu pflegen und das Bekannte beizubehalten und zu verfestigen. Für orientalische Eltern könnte dies eben bedeuten, dass sie sich in ihrer Verunsicherung wieder stärker religiös traditionellen bzw. fanatischen Gelehrtenmeinungen zuwenden. Es gibt viele Gelehrte, die sogenannte Fatwas (religiöse Rechtsauskünfte einer muslimischen Autorität) geben und für diese Allgemeingültigkeit in Anspruch nehmen. Und solche Fatwas gibt es wie Sand am Meer. Der Einzelne wird immer genau die Regeln finden, die er für sich gerade braucht. Uns muss bewusst sein, dass es eine Vielzahl von „Scheinbar-Gelehrten" gibt, die Muslim*innen auffordern, sich vom Kollektiv des Westens abzugrenzen und entsprechende Fatwas veröffentlichen.

Neben diesen vermeintlichen Gelehrten gibt es natürlich auch diejenigen, die sich für eine positive Integration einsetzen. Allerdings gibt ein offen verstandener Islam zwangsläufig erst einmal weniger Halt und Orientierung von außen als ein Islamverständnis mit vielen Verboten und Geboten.

Das Abgrenzen und die Flucht in traditionelle Denkweisen, das Heranziehen von Gelehrtenmeinungen können natürlich helfen, innerliche Sicherheit wiederzufinden. Regeln, Anweisungen, Verbote geben dem Einzelnen eine Gebrauchsanweisung für das Leben. Diese vermeintlich als göttliche Vorstellungen, Normen und Gesetze definierten Regeln werden dann befolgt, egal, in welcher kulturellen Umgebung man sich aufhält. Vor diesem Hintergrund wird es dann auch immer Muslim*innen geben, die sich verhalten und kleiden, wie es der Prophet Muhammad vor mehr als 1400 Jahren getan oder angeblich getan hat.

Es gibt noch immer Muslim*innen, die dem Propheten Muhammad nicht nur durch die Beachtung religiöser Gebote nacheifern, sondern auch, indem sie alltägliche Verhaltensweisen übernehmen, die von diesem überliefert wurden. Die Ausrichtung auf dieses Festhalten an äußeren Vorgaben als eigene Orientierung kann man in Moscheegemeinden in unterschiedlichen Formen immer wieder erleben. Mit dem Ziel, dem Propheten nachzueifern, werden beispielsweise auch abstruse Diskussionen geführt zu Themen wie z.B., „ob Muhammad denn im Stehen oder im Sitzen getrunken habe" (Murtaza, 2017, S. 24).

Aus dieser Gefahr der Re-Traditionalisierung heraus müssen wir als Aufnahmegesellschaft gut überlegt handeln. Wir müssen uns dieser möglichen Gefahr einer rigiden Abgrenzung bewusst sein und sollten möglichst Botschaften und Verhaltensweisen vermeiden, die diese Entwicklung hin zur Abschottung begünstigen.

Eine in der Sozialen Arbeit grundlegende Haltung, mit der wir eine gute Arbeitsbeziehung aufbauen können, ist Wertschätzung und Interesse. Es ist jedoch oft nicht leicht, diese Haltung zu bewahren. In der Praxis erlebe ich durchaus etwas anderes. Gerade wenn es um Erziehungsthemen geht, ist es wichtig, dass wir Fachkräfte professionell handeln und unserem Gegenüber wertfrei und mit Interesse an seiner Lebenswelt begegnen. Es ist wichtig, dass wir Fachkräfte keine Impulse setzen, die in eine Diskussion darüber münden, wer recht hat. Rechthaberei, Angriff und Verteidigung bringen uns nicht weiter und müssen unbedingt vermieden werden. Es ist eine sehr hohe Kunst, in Situationen, in denen Eltern eine andere Sichtweise auf Erziehung haben, mit jenen im Kontakt zu bleiben. Einfacher ist es, ihr Verhalten zu bewerten und abzuwerten und die Schuld für eine nicht gelungene Elternarbeit bei den Eltern zu sehen. Aber es ist oftmals das Wissen über konstruktive, wertschätzende Kommunikation, das einen gelingenden Kontakt ausmacht. Es ist zudem die Haltung der Fachleute, die ein Gespräch beeinflusst. Bewerte ich meinen Klienten und habe ich keine wertschätzende Haltung, wird sich das automatisch auf ein Gespräch und die Arbeitsbeziehung auswirken. Wir Fachkräfte sind also immer dazu aufgefordert, unseren Anteil an einer nicht gut gelingenden Arbeitsbeziehung mit Klienten zu erkennen und zu reflektieren.

3.4 Destruktive Kommunikationszirkel

Fachkräfte sollten sich im interkulturellen Arbeitsalltag immer wieder bewusst machen, dass Konflikte oder das Scheitern einer guten Arbeitsbeziehung nicht unbedingt kulturelle Gründe haben müssen. Eine Nicht-Inanspruchnahme oder ein geringerer Erfolg der Hilfeleistung können auch immer als das Ergebnis eines Interaktionsprozesses angesehen werden (vgl. Gaitanides 2004, S.11).

> Dabei gilt es in erster Linie, die eigenen Anteile an der Kommunikationsstörung wahrzunehmen und zu bearbeiten. Dies ist eine bekannte Faustregel der Kommunikationstheorie. Destruktive Kommunikationszirkel können am besten durch Selbstveränderung durchbrochen werden. Dabei tragen die Mächtigeren in der Kommunikation, die mit institutionellen Machtmitteln und überlegenem Expertenwissen ausgestatteten Professionellen, eine besondere Verantwortung (ebd.).

„Die bei interkultureller Kommunikation geforderte Selbstreflexion bezieht sich im übrigens nicht nur auf individuelle Motive, Vorurteile etc., sondern auf die eigenen Kulturmuster einschließlich der in der eigenen Gesellschaft oder Gruppe gehandelten Stereotypen und Vorurteile. Neben dem Bewusstsein der eigenen Kulturgebundenheit und dem Wissen über fremde Scripts, Werte und Normen sind aber auch Einblicke in die Lebenslagen von Migranten oder – je nach Kommunikationspartner/in – in die gesellschaftliche Situation von Ländern der Dritten Welt gefordert, um die Asymmetrien in der Kommunikation und die davon beeinflussten Attitüden der Kommunikationspartner in Rechnung zu stellen und eine entsprechende Sensibilität zu entwickeln" (Auernheimer 2005, S. 11).

Georg Auernheimer, der deutsche Erziehungswissenschaftler und Mitbegründer der Forschungsstelle für interkulturelle Studien an der Humanswissenschaftlichen Fakultät der Universität zu Köln hat in seinen Untersuchungen folgende Aspekte von Kommunikationsprozessen herausgearbeitet (vgl. Auernheimer 2005, S.7 ff.):

Sach- und Beziehungsebene
Laut Auernheimer verfügen Menschen aus Ländern der Dritten Welt, in den kommunikationspsychologischen Kategorien von Schulz von Thun

formuliert, über ein übersensibles „Beziehungsohr". Er verweist auf den Aspekt, dass eben zurückliegende persönliche und subjektive Erfahrungen des einzelnen oder seines Kollektivs direkte Auswirkungen auf die Kommunikation haben können. Aus bisherigen Diskriminierungserfahrungen können Aspekte von einem generalisiertem Misstrauen, einer Überempfindlichkeit, von Rückzugs- und Abgrenzungstendenzen bis hin zu einer „erlernten Hilflosigkeit" als Reaktionstendenzen resultieren. Insbesondere bei Aggressivität, die nach außen, aber auch nach innen gewendet sein kann sind Fachkräfte allzu leicht versucht, die fremde „Mentalität" dafür verantwortlich zu machen. Auch betreffen laut Auernheimer rein kulturelle Missverständnisse, zum Beispiel wegen Unkenntnis fremder Höflichkeitsformen, meist die Beziehungsebene.

Machtassymmetrien
Auernheimer legt den Fokus in seinen Ausführungen auch auf den Aspekt von Macht in interkulturellen Beziehungen. Er macht deutlich, dass Arbeitsbeziehungen in pädagogischen und sozialen Berufe durch Machasymmetrien gekennzeichnet sind. Machtasymmetrien seien z. B. auch schon dadurch gekennzeichnet, dass es eine Ungleichheit des rechtlichen und sozialen Status gibt. Daraus resultiere ein Wohlstands- und Machtgefälle durch unterschiedlichen Umfang an verfügbaren Ressourcen.

Als eine weitere Machasymmetrie benennt Auernheimer die Sprachkompetenz. Sobald nicht beide Kommunikationspartner*innen der verwendeten Sprache gleich mächtig sind, oder nicht über gleiches Wissen über die üblichen kulturellen Scripts verfügen, besteht ein Ungleichgewicht.
Er verweist in diesem Zusammenhang auch darauf, dass es nicht nur die situativ bedingte Asymmetrie gibt, sondern auch gruppenspezifische Erfahrungen, Erfahrungen von Diskriminierung zum Beispiel. Es sei also wichtig, Empathie und Verständnis auch im Hinblick auf gruppenspezifische Situationen und Erfahrungen des oder der anderen zu haben (ebd.).

Weiterhin weist Auernheimer auch auf folgenden Aspekt hin:
Überlegene, Privilegierte tendieren im Fall von Kommunikationsstörungen schnell zur Ethnisierung. Dadurch entlasten sie sich von der Verantwortung für das Gelingen der Kommunikation. („Mit denen ist es aufgrund ihrer Mentalität schwierig"). Auch auf Seiten der Dominierten pas-

siert rasch eine Zuschreibung, wenn sie ihren Opferstatus betonen wollen (vgl. Weiß 2001 zitiert in Auernheimer 2005, S.5). Dann wird auch hier der Bezug auf das Kollektiv „Die Deutschen..." oder die „Ausländerfeind!-Karte" gezogen (vgl. Kaptiel 3.6).

Projektion
Auernheimer verweist darauf, dass Fremdbilder häufig projektiven Charakter haben. Beide Seiten würden sich als Mitglied einer Fremdgruppe wahrnehmen. „Eigenschaften, die das Selbstbild stören, wie z. B. Aggressivität, werden auf andere projiziert. Sozialpsychologisch ausgedrückt, auf die Out-Group" (Auernheimer 2005, S. 4).

„Zwei Beispiele für historische Kollektiverfahrungen und die Beeinträchtigung der Kommunikation dadurch geben Pierre Bourdieu und Loic D. Wacquant: „Kurz, wenn ein Franzose mit einem Algerier oder ein schwarzer Amerikaner mit einem WASP spricht, dann sind das nicht einfach zwei Personen, die miteinander reden, sondern, über sie vermittelt, die ganze Kolonialgeschichte oder die ganze Geschichte der ökonomischen, politischen und kulturellen Unterdrückung der Schwarzen (...) in den Vereinigten Staaten" (1996, S.178)" (Auernheimer 2005, S. 8).

Welche unterschiedlichen Aspekte Begegnungs- und Austauschprozesse beeinflussen können, wird in folgendem Schaubild dargestellt:

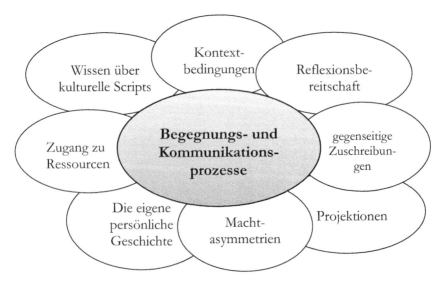

3.5 Der neugierige Blick in die eigene Welt

> Das Verstehen darf nämlich nicht beim Verstehen des Anderen enden.
> (Schellhammer, 2019/2, S. 28)

Jeder, der Begegnungen mit Menschen aus anderen Kulturen und Religionen hat, die eine andere kulturelle Sprache sprechen, weiß, wie schwierig es ist, interkulturelle Kompetenz zu erwerben und zu entwickeln.
Doch was bedeutet interkulturelle Kompetenz eigentlich? Soll interkulturelle Bildung den Ausgebildeten eine Gestaltungsmacht über interkulturelle Interaktionen verleihen? Bedeutet interkulturelle Kompetenz, Fähigkeiten zu erwerben, interkulturelle Situationen für alle Beteiligten befriedigend gestalten zu können (Aydt, 2015, S. 18)? An dieser Stelle möchte ich Ihnen gerne eine Definition von interkultureller Kompetenz und kulturellem Lernen vorstellen.

Definition *Interkulturelle Kompetenz*
Interkulturelle Kompetenz Interkulturelle Kompetenz ist die Bereitschaft und die Fähigkeit, den eigenen kulturellen Kontext und die Grenzen des eigenen Wissens bewusst zu reflektieren und dies als Ausgangspunkt für laufendes, selbstgesteuertes Lernen in Beziehung mit anderen zu verstehen (Aydt, 2015, S. 18).

Definition *Kulturelles Lernen*
Kulturelles Lernen Kulturelles Lernen führt keinesfalls in einen sicheren Hafen. „Durch das kulturelle Lernen als Kennenlernen wird man nie in den Besitz eines ‚Stücks Wissen' kommen" (Aydt, 2015, S. 228). „Das kulturelle Lernen ist wie Tanzen und Spielen. Fragil und kraftvoll. Beim Tanzen und Spielen kann man sich erfreuen, sich verbinden und etwas gestalten. Man kann gestört, beeinflusst und vereinnahmt werden. Es kann gelingen und scheitern, aber wenn die Tänzer/-innen und die Spieler/-innen aufhören, sich zu bewegen, verschwinden auch der Tanz und das Spiel. Man kann über die Erfahrung des kulturellen Lernens als Tätigkeit berichten, aber nicht ‚etwas über Kultur' lernen" (Aydt, 2015, S. 18).

In der Begegnung mit anderen, fremden Kulturen können wir durchaus Irritationen erleben, die wir eventuell nie erleben würden, blieben wir in unseren bekannten Systemen. Interkulturelle Kompetenz heißt deshalb auch die intensive Auseinandersetzung mit sich selbst, seiner kulturellen Prägung, seinen individuellen Grenzen und seinen Vorannahmen. Die Begegnung mit anderen Kulturen erfordert mehr als nur Offenheit und guten Willen. Die interkulturelle Arbeit ist – wie die Soziale Arbeit generell immer auch – Beziehungsarbeit.

Sobald ich mich auf mein Gegenüber einlasse und es verstehen will, muss ich mich zwangsläufig mit Fragen an mich selbst beschäftigen, die durchaus unangenehm sein können. Am Beispiel einer vollverschleierten Frau könnte das vielleicht bedeuten: Kann ich diesen Kleidungsstil gleichwertig neben meinem westlich geprägten Kleidungsstil stehen lassen oder bewerte ich ihn negativ? Und wenn ich ihn negativ bzw. positiv bewerte, sollte ich reflektieren, auf welcher Wissensgrundlage ich dies tue. Sich seine eigenen blinden Flecken bewusst zu machen, ist wohl eine der größten Herausforderungen in der professionellen Arbeit mit Menschen.

Edward Twitchell Hall, ein US-amerikanischer Anthropologe und interkultureller Forscher, hat darauf hingewiesen, dass das Wissen über fremde Kulturen verzerrt aufgenommen wird, wenn die Reflexion der eigenen Kultur ausbleibt (Aydt, 2015, S. 39).

Definition *Der Kulturbegriff*

> Zum Begriff Kultur gibt es unterschiedliche Definitionsansätze. Ich folge der Idee, dass eine Kultur viel zu inhomogen und zu vielfältig ist, als dass man Kultur als etwas Starres, Abgegrenztes, als etwas zeitlich Konstantes beschreiben könnte. Eine scharfe Grenzziehung zwischen Kulturen, die Bezugnahme auf Zugehörigkeiten zu Nationen, Staaten oder Völkern und die implizit immer mitgedachte Abgrenzung von dem Anderen und Fremden bergen stets die Gefahr in sich, dass dieses Kulturverständnis zu unzulässigen vereinfachten Bewertungen und Ethnisierungen führt. Sie bietet Raum für Stereotypen und Aus- und Abgrenzungen und bereitet Rassismus den Weg (Schroer, 2018; zitiert nach Friese, 2019, S. 13).

Kultur wird demnach in diesen Ausführungen prozesshaft begriffen: Subsysteme reiben aneinander, Dinge werden neu miteinander ausgehandelt. Innerhalb von Kulturen existiert daher stets Weiterentwicklung und Veränderung. Kulturen wirken stabilisierend und sind dynamisch sowie lebendig zugleich.

> Interkulturelle Bildung fordert dazu auf, diese eigenen kulturellen Annahmen, die zunächst meist einen blinden Fleck darstellen, aufzudecken und ihnen den Status allgemeiner Gültigkeit zu entziehen (Aydt, 2015, S. 35).

An dieser Stelle sei noch einmal an die Kulturdimensionen von Geert Hofstede im Kapitel 1.8 erinnert. Hier wurde auf die Verengung des Blickes durch die Ausrichtung auf kulturelle Aspekte hingewiesen. Fachkräfte tappen bei interkulturellen Konfliktlagen immer noch zu häufig in die Falle, Differenzen auf verschiedene kulturelle Codes zurückzuführen (vgl. Auernheimer 2005).

Das Hauptgewicht bei der Vermittlung von reflexiver interkultureller Kompetenz liegt,, wie schon erwähnt nicht auf dem Erwerb des Wissens über die kulturellen Hintergründe der Migrant*innen als Klientel, sondern auf der Auseinandersetzung mit den eigenen unhinterfragten Wahrnehmungs-, Deutungs-, und Verhaltensmustern (vgl. Gaitanides 2004, S.11).

„Es gehört inzwischen zum Standard von Fortbildungen zum Erwerb selbstreflexiver interkultureller Kompetenz, sich mit den Fallstricken des Kulturalismus auseinander zu setzen und bei Problemdiagnosen immer auch zu fragen: „Was könnte den Konflikt verursacht haben außer der scheinbar unterschiedlichen kulturellen Orientierung? (…) Die Multidimensionalität der Problemdiagnose gehört zum Standardrepertoire seriöser interkultureller Fortbildungen ebenso wie der Gebrauch eines dynamischen, kontextgebundenen Kulturbegriffs" (ebd.).

Die Reflexion über die eigene individuelle Kultur ist also ein wichtiger Aspekt von der Multidimensionalität in der interkulturellen Arbeit und fordert demnach jeden Menschen auf, sich selbst zu erkennen, indem man in den Spiegel blickt. Dies kann manchmal durchaus schwierig und auch sehr emotional sein.

> **Übung**
>
> Nehmen Sie die Metapher „in den Spiegel blicken" durchaus wörtlich! Wenn Sie das nächste Mal vor einem Spiegel stehen, halten Sie einmal inne, schauen Sie sich an und versuchen Sie, einfach nur wahrzunehmen und nicht zu bewerten. Wie lange schaffen Sie es, sich einfach nur anzuschauen und zu betrachten, ohne sich selbst zu bewerten? Wie geht es Ihnen dabei? Was fällt Ihnen auf? Mögen Sie es, sich selbst anzuschauen oder ist es Ihnen eher unangenehm?

Vielleicht geht es Ihnen wie so vielen anderen Menschen. Sich wirklich anzuschauen und anzunehmen, ist manchmal gar nicht so einfach. Und vielleicht können Sie ja auch die Aussage nachvollziehen, dass der Weg der interkulturellen Bildung oftmals am Rande des Abgrunds stattfindet (Aydt, 2015, S. 40). Das Gefühl des Verlusts an Vertrautheit mit der Umwelt und das Aufbrechen innerer Widersprüchlichkeiten, gepaart mit Hilflosigkeit, rufen nicht selten tiefe Emotionen hervor (Aydt, 2015, S. 40), mit denen wir oftmals nicht gelernt haben, adäquat umzugehen.

Auf dem Weg der interkulturellen Bildung drehen sich viele Fragen und Gedanken um: „Wer bin ich? Wie weit konnte ich und kann ich wählen, wer ich bin? Wer möchte ich sein bzw. wie passe ich mein Selbstbild an, an das, was ich derzeit erlebe" (Aydt, 2015, S. 129)?

Nicht selten erkennt der Fragende, dass er selbst ein kulturelles Wesen ist und stärker von seiner eigenen Kultur geprägt ist, als er jemals angenommen hatte. Sabine Aydt beschreibt ihre persönlichen Erfahrungen so: „Es erschreckte mich, wie tief das sitzt. Ich fühle mich verbunden mit der gesamten Geschichte meiner Kultur" (Aydt, 2015, S. 129).

Der Anspruch eines professionellen Handelns in der interkulturellen Arbeit ist also nicht nur, das Rätsel des Anderen verstehen zu wollen und sich neugierig auf die Suche nach der positiven Absicht und der Sinnhaftigkeit des Verhaltens des Gegenübers zu machen, sondern sich auch stets neugierig auf die Suche nach dem eigenen Anteil in der Wirklichkeitskonstruktion, der eigenen Schablonen, Glaubenssätze und „Filter", also nach der ganz eigenen individuellen Kultur zu begeben. An dieser Stelle lohnt es sich, einen kurzen Ausflug in den Konstruktivismus zu machen.

3.5.1 Die subjektive Wirklichkeitskonstruktion

„In konstruktivistischer Sichtweise gibt es kein objektives allgemeingültiges Wissen, keine objektive Realität. Jeder Mensch erfasst Wissen aus subjektivistischer Sicht, er erfährt und interpretiert Erfahrungen individuell" (Reinhold, Pollak & Heim, 1998, S. 167).

Das Institut für systemische Kommunikation und Veränderung in Münster stellt anhand eines schönen Schaubilds den Vorgang der Wirklichkeitskonstruktion zusammen. Es zeigt auf, dass die Wirklichkeit niemals objektiv erfasst werden kann, sondern wir die Wirklichkeit durch unterschiedliche subjektive Brillen wahrnehmen.

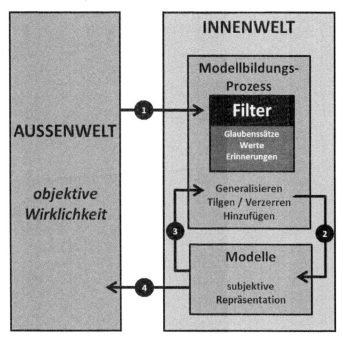

Grundannahmen des kognitivistisch-konstruktivistischen Menschen- und Weltbilds (Wagner, 2020)

Die Wirklichkeit und die Welt als solche ist für uns Menschen nicht objektiv erkennbar. Zwar empfangen wir über unsere fünf Sinne laufend Informationen aus der Außenwelt [s. (1) in Abb. 4.1], diese werden aber im Gehirn zu internen subjektiven Repräsentationen (mehr oder weniger genauen Abbildungen, sogenannten Modellen oder „Landkarten" der Wirklichkeit) weiterverarbeitet [s. (2) in Abb. 4.1]. Was auf dem Weg zwischen Wahrnehmung und dem fertigen Modell geschieht, wird Modellbildungsprozess genannt. Der Modellbildungsprozess unterliegt zwangsläufig Tilgungs-, Verzerrungs- und Generalisierungsmechanismen. Was und wie getilgt, verzerrt und generalisiert wird, hängt einerseits von den grundsätzlichen, organisch-biologisch bedingten Möglichkeiten (und Einschränkungen) der Wahrnehmungsorgane und des Gehirns ab, andererseits von den individuellen Fähigkeiten, Erinnerungen, Werten und Glaubenssätzen (Überzeugungen) des einzelnen Menschen. Der gesamte Modellbildungsprozess kann vom Menschen nur zu einem kleinen Teil bewusst verfolgt werden, das meiste vollzieht sich unbewusst (Wagner, 2020) .

Sie stellen sich vielleicht nun die Frage, was Sie mit diesem Wissen über die großen Herausforderungen auf dem Weg der interkulturellen Bildung anfangen sollen. Vielleicht fragen Sie sich, wie man den professionellen Anspruch der Sozialen Arbeit, nämlich, seine innere individuelle Kultur kennenzulernen, erfüllen kann und welche Methoden es dafür gibt. Ganz allgemein können Begegnungen zwischen Menschen durchaus starke Emotionen hervorrufen. Hierfür steht in vielen sozialen Einrichtungen eine professionelle Begleitung in Form von Supervision bereit. Wenn Fachkräfte allerdings nur auf Teamsupervision und nicht auf Einzelsupervision zurückgreifen können, ist es manchmal gar nicht so leicht, sich mit seinem ganz individuellen Innenleben im Team zu zeigen.

Im Folgenden möchte ich Sie auf zwei Methoden hinweisen, die Sie ganz eigenständig nutzen können, um ihren eigenen persönlichen Innenraum und Ihre Prägungen noch besser kennenzulernen.

3.5.2 Das Werte- und Entwicklungsquadrat von Schulz von Thun

Eine spannende Perspektive auf die eigene innere Landkarte liefert meines Erachtens das Werte- und Entwicklungsquadrat von Schulz von Thun. Dies geht davon aus, dass menschliche Denkstrukturen so angelegt sind, dass es von jeder Eigenschaft immer einen Gegenpol gibt (Eggebrecht, 2013, S. 54). Menschen neigen nach diesem Modell dazu, in Polaritäten zu denken. Jedes negativ bewertete Verhalten beinhaltet daher – je nach Bedeutungszusammenhang – auch positive Aspekte.

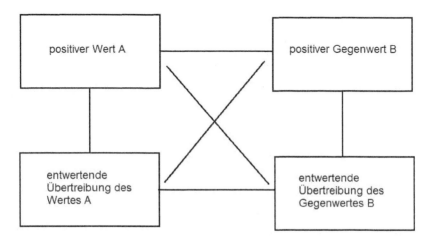

Wertequadrat (Höhne, 2014)

Im interkulturellen Spannungsfeld mit unterschiedlichen Ausrichtungen in der persönlichen Begegnung könnte es in einem Beratungsgespräch durchaus vorkommen, dass die Beziehungsorientierung auf der einen Seite als unsachlich und ineffizient und eine Sachorientierung auf der anderen Seite als unhöflich und respektlos wahrgenommen wird.

Wir Fachkräfte können also demnach in Situationen, in denen wir störende Anteile unseres Gegenübers wahrnehmen, durchaus der Frage nachgehen, ob diese vielleicht direkt mit unseren eigenen blinden Flecken bzw. „Schattenanteilen" zusammenhängen.

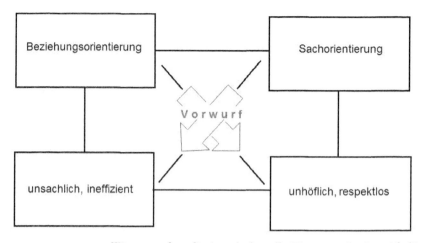

Wertequadrat für interkulturelle Kommunikation (ebd.)

Die zwischenmenschliche Begegnung beschreibt Schellhammer als eine gemeinsame Entdeckungsreise (vgl. Schellhammer 2019/1, S. 12). In dieser Reise gehe es gerade auch darum, mutig zu sein und sich den eigenen Schattenregionen zu stellen (vgl. ebd.). In einer zwischenmenschlichen Begegnung gehe es auch immer darum, Konflikte auszuhalten und den Zwischenraum der aus der „Intererfahrung" entsteht für einen personale sowie soziale Transformationsprozesse zu nutzen (vgl. ebd.).

Nach dem Modell von Schulz von Thun wird eine Verhaltensweise, die uns fremd ist, dann negativ überbewertet und abgewertet, wenn sie in unserem eigenen Schatten (blinder Fleck) liegt. Ist dies der Fall, wird die Wahrnehmung der positiven Aspekte in dem beobachteten Verhalten gehemmt. Schatten bzw. blinde Flecke können von hellgrau bis tiefschwarz gefärbt sein. Je nachdem, welche Färbung unsere eigenen Schatten haben, desto mehr oder weniger können wir noch etwas Positives im fremden Verhalten und den Ansichten des Gegenübers wahrnehmen. Je dunkler unser eigener Schatten ist, desto schwieriger können wir mit dem fremden Verhalten unseres Gegenübers umgehen und desto stärker übertreiben wir selbst auf unserer Wertequadratseite. Wenn jemand kein Gespür dafür hat, dass Individualität und Eigenverantwortung auch positive Werte sind, fehlt ihm das Korrektiv der Gegenseite und er übertreibt im maßlosen Wunsch nach kollektivem Bewusstsein. Umgekehrt wird es für jemanden, der kein Gespür dafür hat, dass in einem Kollektivgedanken auch Positives zu finden ist, schwer sein, nicht in übertriebener Weise den Fokus auf die individuelle Freiheit zu legen (Eggebrecht, 2013).

Lesetipp

> Wenn Sie sich intensiver über dieses Modell informieren möchten, empfehle ich Ihnen folgenden Artikel (Schulz von Thun, 2010): „Das Werte- und Entwicklungsquadrat. Ein Werkzeug für Kommunikationsanalyse und Persönlichkeitsentwicklung"

Eine Grundvoraussetzung für die professionelle Soziale Arbeit – insbesondere mit Menschen aus uns fremden Kulturen – könnte es demnach sein, sich auf die Suche nach den eigenen blinden Flecken zu machen und das Gegenüber als „Spiegel" zu nutzen.

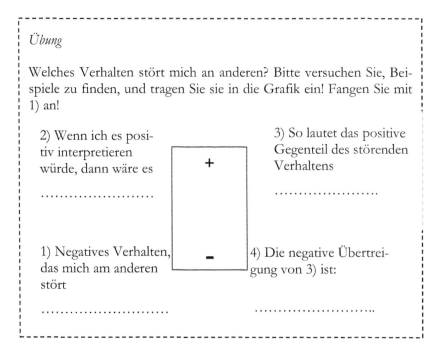

Werte- und Entwicklungsquadrat am Beispiel einer störenden Eigenschaft (Eggebrecht, 2013).

Probieren Sie das Werte- und Entwicklungsquadrat einmal selbst aus! Überlegen Sie bitte, welche Eigenschaften an bestimmten Personen Sie sehr aufregen, und richten Sie Ihren Blick zu sich selbst zurück und stellen Sie sich die Frage, ob diese Eigenschaft irgendetwas mit Ihren Schattenanteilen zu tun haben könnte.

3.5.3 Fremdheitsfähig werden – die Umwendung zum Selbst

> Einem Menschen begegnen, heißt von einem Rätsel wachgehalten werden.
> (Lévinas 2007 zitiert in Schellhammer 2019/2, S. 14)

Die Tatsache, dass in der Entwicklung interkultureller Kompetenzen es nicht ausreicht, sich Wissen über andere Kulturen anzueignen, wurde an den unterschiedlichsten Stellen in den bisherigen Ausführungen deutlich. Das Hauptgewicht bei der Vermittlung von reflexiver interkultureller Kompetenz liegt demnach auf der Auseinandersetzung mit den eigenen unhinterfragten Wahrnehmungs-, Deutungs-, und Verhaltensmustern [Gaitanides 2002]" (Gaitanides 2004, S.11).

Barbara Schellhammer, Professorin für International Social Transformation an der Hochschule für Philosophie in München hat zu dieser Thematik einiges veröffentlicht. Sie legt den Fokus immer wieder auf die Tatsache, dass Fremdheitsfähigkeit eben nicht durch Theorien, Methoden und Techniken entwickelt werden kann. Es reiche in einer Begegnung mit dem Fremden nicht aus, alleine das Rätsel der Fremdheit lösen zu wollen (vgl. Schellhammer 2019/2, S. 15).

> Es geht vielmehr um das, was Lévinas mit dem „Wachgehaltenwerden" meint. Es geht um ein Wachsein für das eigene Denken und Meinen, für die eigenen emotionalen leibhaftigen Regungen und für die bewussten und unbewussten Handlungen, die daraus resultieren. Damit ist vor allem die bewusste Reflexion und aufmerksame Empfindsamkeit für fremde Facetten des Selbst gemeint, die meine Handlungsfreiheit immer wieder anfechten

(ebd.). Kurz: sie wird nicht dadurch erreicht, dass die Andersartigkeit des Anderen „begrenzt", behandelt oder verstanden wird. (...) Fremdheitsfähigkeit wächst aus einer Umwendung zum Selbst und zwar in Formen von Selbstsorge- und Selbstkultivierung (ebd., S.13).

Diese Selbstkultivierung stellt für Schellhammer die Voraussetzung dar, dem Gegenüber in größerer Freiheit und Unvoreingenommenheit begegnen zu können (vgl. Schellhammer 2019/2, S. 36).

Nur derjenige, der einer echten Begegnung mit dem anderen fähig ist, ist einer authentischen Begegnung mit sich selbst fähig, und das Umgekehrte ist ebenfalls wahr. Ein authentischer Dialog ist nur gegeben, wenn man für andere und für sich selbst präsent ist (Hadot zitiert in: Schellhammer 2019/2, S. 26).

Es geht also auch immer stets um ein Wahrnehmen des eigenen inneren Erlebensraums, welcher in einer Begegnung entsteht. Die Wahrnehmung eigener emotionaler Regungen, die in bewussten, aber auch unbewussten Handlungen münden, müssten auf gleicher Ebene wahrgenommen werden, wie die Reaktionen und Handlungen meines Gegenübers. Anders ausgedrückt kann man sagen, dass es in der Entwicklung von Fremdheitsfähigkeit um eine bewusste Reflexion der eigenen Ängste bei der Konfrontation mit fremden Verhaltensweisen geht. Es geht um eine bestimmte Aufmerksamkeit des Blicks, den man von außen nach innen wendet (vgl. Schellhammer 2019/2, S. 37).

3.5.4 Die Selbstfürsorge – das Sokratische Prinzip

> Die Umwendung zum Selbst ist eine Bedingung der Möglichkeit, dem anderen in größerer Freiheit und Unvoreingenommenheit zu begegnen.
> (Schellhammer 2019/2, S. 36)

Schellhammer verweist in ihren Veröffentlichungen immer wieder auf alten griechischen Philosophen, wie z.B. auf Sokrates.

Sokrates behauptete, dass jeder Mensch Umgang nur so mit sich selbst haben kann, so gut wie er Umgang mit anderen hat (vgl. Schellhammer 2019/2, S. 207). Beide Arten von Umgang seien miteinander verwoben und stünden im direkten Zusammenhang zueinander. Mit anderen Worten ausgedrückt folgerte Sokrates also: Nur wer versteht, mit sich selbst zu leben, ist geeignet für das Leben mit anderen. (vgl. ebd) „Sokrates konfrontierte die Menschen stets mit ihrem eigenen Nichtwissen und forderte sie immer wieder auf, sich mit sich selbst zu befassen, anstatt selbstgerecht über andere zu urteilen" (vgl. Schellhammer 2019/1, S. 16).

Die bekannteste Aussage von Sokrates lautet: „Ich weiß, dass ich nichts weiß". Was diese Aussage bedeutet, beschreibt Hannah Arendt, eine jüdische deutsch-US-amerikanische politische Theoretikerin und Publizistin so: „Im Grunde bedeutet es eigentlich nichts anderes als: „Ich weiß, dass ich nicht für jedermann die Wahrheit habe; ich kann die Wahrheit des anderen nur erfahren, indem ich ihn ausfrage und so seine doxa (griech. Meinung) kennenlerne, die sich in ihm und in keinem anderen offenbart" (Arendt 2016 zitiert in: ebd. S. 18).

Und das ist das, was Levinas mit „Einem Menschen begegnen, heißt von einem Rätsel wachgehalten werden" meinte.

Es ist unbestritten, dass die Selbstkultivierung, die Umwendung zum Selbst häufig schwieriger ist, als das Fokussieren meines Gegenübers. Jung betitelt die Umwendung zum Selbst als eine „Mutprobe", vor der viele zurückschrecken, sich dem Fremden im Selbst anzunähern (vgl. Schellhammer 2019/2, S. 153). Freud spricht vom „innere Ausland" (vgl. ebd. S. 147).

Wie schwierig es sein kann, sein eigenes inneres Ausland kennenzulernen, kann man schon alleine dadurch erkennen, dass es für viele Menschen durchaus schwierig ist, sich selbst für längere Zeit im Spiegel anzuschauen.

Die Verantwortung für einen anderen beginnt laut Schellhammer allerdings eben doch immer zunächst mit einer ehrlichen Antwort sich selbst gegenüber (vgl. Schellhammer 2019/1, S. 19). Dies beginne mit einem „Resonanzraum im Eigenen", den jeder in einer Begegnung mit dem Fremd-Sein eröffnen sollte. Dieser sei wichtig, bevor man eine Antwort gäbe oder weitere Handlungsschritte überlege (vgl. ebd., S. 23). Wie dieser Resonanzraum genutzt werden kann und welche Möglichkeiten sich dadurch eröffnen wird im nachfolgenden Kapitel 3.6.5. „Focusing – eine Methode der Achtsamkeit" näher ausgeführt werden.

Martin Buber, ein österreichisch-israelischer jüdischer Religionsphilosoph gab immer wieder zu bedenken, dass ein „Ich" niemals ohne ein „Du" geformt werden kann (vgl. Schellhammer 2019/2, S. 186f.). Und auch er machte auf die Gefahr aufmerksam, dass die Umkehrung zum Selbst als gefährlich erlebt werden kann: „Wenn in Ich-Du nicht nur meine Meinung von der Welt, meine „Begrifflichkeit, Vorwissen und Phantasien" auf dem Spiel stehen, sondern ich mich selbst aufs Spiel setze, kann ich schnell konfrontiert sein mit großen Ängsten vor Selbstauflösung und Weltverlust (Buber 1995, zitiert in: ebd. S.187).

> Gerade im Umgang mit Fremden zeigt sich, wie verhängnisvoll es ist, wenn man es nicht aushält irritiert zu sein und nicht zu wissen, wie man sich verhalten soll. Selbstsorge heißt dann vor allem, sich darin zu üben, die eigene Hilflosigkeit zu ertragen. Denn sonst besteht leicht die Gefahr, dass man überkompensiert, wenn einen die Fremdartigkeit der Situation zu sehr bedrängt. Der Versuch zu begreifen, verkommt dann zu einem Zangen- oder Würgegriff, der bald schon nach einem selbst greift. Die Angst vor „Überfremdung" führt in Selbstentfremdung (Schellhammer 2019/2, S. 190).

Es geht in einer zwischenmenschlichen Begegnung um eine gemeinsame Entdeckungsreise und darum, auch mutig zu sein, den eigenen Schattenregionen zu begegnen, Konflikte auszuhalten, um aus dem „Zwischen" der „Intererfahrung" die Kraft zu schöpfen, personale sowie soziale Transformationsprozesse zu eröffnen, wie auch schon im Kapitel 2.5 die Sichtweise von Francois Jullien angesprochen wurde.

3.5.5 Focusing – eine Methode der Achtsamkeit

Focusing ist ebenfalls eine Methode und dient zum Training der Selbsterkenntnis.

Definition Focusing

> „In einer Focusing-Sitzung wird ein Prozess einer inneren Kommunikation angeregt, der den Übenden zu jeder Zeit in einen di-

rekten Kontakt mit seinen Empfindungen bringt" (Raue-Konietzny, 2005, S. 210).

So wie Jullien mit dem Dazwischen-Raum in der Begegnung von Kulturen bzw. Menschen arbeitet, so arbeitet auch Focusing mit der Idee eines Freiraums, eines Abstands. Focusing arbeitet mit der Idee einer Unterbrechung, einer Pause, eines Anhaltens unserer Routine des üblichen Verhaltens und Fühlens (Hendricks-Gendlin, 2003). Gefühle können uns verengen und einschränken. Denken Sie z.B. an Situationen, wenn Sie wütend sind. Jeder kennt wohl die Anweisung für Situationen, in denen Wut auftritt, erst mal bis zehn zu zählen. Gefühle steuern also unser Handeln und Denken. Und manchmal verhindern Gefühle auch den Blick für die ganze Situation (Hendricks-Gendlin, 2003). Wenn Menschen lernen, ihr Gefühl für eine Situation zu differenzieren, eröffnet sich dadurch ein Raum neuer Erkenntnisse, die auf einer anderen Ebene liegen als allgemeine oder kulturelle Kategorien (Hendricks-Gendlin, 2003).

Focusing ermöglicht einen Freiraum, in dem die eigene Erlebens- und Gefühlswelt zugänglich werden kann und Situationen in ihrer Gesamtheit deutlich werden. Focusing wird manchmal auch als Pause beschrieben. Wenn man sein gewohntes Tun und Denken mit einer Pause, einem Innehalten durchbricht, weitet sich der Blick und Situationen erhalten die Chance, in ihrer Ganzheit wahrgenommen zu werden (Hendricks-Gendlin, 2003). Durch Focusing wird ein Abstand zwischen mir und meiner Erlebenswelt geschaffen. Im Focusing nehme ich eine wohlwollende Haltung ein. Alle auftauchenden Gefühle, Bilder, Körperempfindungen, ob angenehm, ob schmerzlich, werden wertfrei willkommen geheißen. Es geht im Focusing um ein Achtsamsein und ein Mit-sichselbst-in-Kontakt-Gehen. „Achtsamsein bedeutet [sic] einigen tief eingeschliffenen Gewohnheiten nicht mehr nachzugeben: wahrnehmen – ohne zu bewerten, ohne zu analysieren und zu deuten, ohne das Wahrgenommene abzutun und auch ohne es in Sprache bringen zu müssen. Darüber hinaus braucht Achtsamkeit ein Verweilen ohne Absichten, Ziele und Zwecke. Es braucht die Haltung der sogenannten Absichtslosigkeit. Sie sind einfach da, mit dem was Sie wahrnehmen" (Renn, 2013, S. 61).

Lesetipp

Gendlin, E.T. (2012). Focusing: Selbsthilfe bei der Lösung von persönlichen Problemen. Reinbek bei Hamburg: Rowohlt.

Renn, K. (2016). Magische Momente der Veränderung. Was Focusing bewirken kann. Eine Einführung. München: Kösel.

Wiltschko, J. (2018). Hilflosigkeit in Stärke verwandeln. Focusing als Basis einer Metapsychotherapie. Band 1. Holtzbrinck: Berlin.

Der Mystiker und Dichter Dschalal Ad-Din Muhammad ar-Rumi, der im 12. Jahrhundert lebte, hatte, wie auch Gendlin, der Begründer von Focusing, die Idee, dass es gut sei, alles, was in einem selbst auftaucht, willkommen zu heißen und ihm einen Platz zu geben. Rumi vergleicht unsere Emotionen mit Gästen, die wertvolle Botschaften als Geschenk dabeihaben.

Das Gasthaus
Jeden Morgen ein neuer Gast.
Eine Freude, ein Kummer, eine Gemeinheit, ein kurzer Moment der Achtsamkeit
kommt als ein unerwarteter Besucher.
Heiße sie alle willkommen und bewirte sie!
Selbst wenn sie eine Schar von Sorgen sind, die mit Gewalt aus deinem Haus
die Möbel fegt, auch dann, behandle jeden Gast würdig.
Es mag sein, dass er dich ausräumt für ganz neue Wonnen.
Dem dunklen Gedanken, der Scham, der Bosheit –
begegne ihnen lächelnd an der Tür und lade sie ein.
Sei dankbar für jeden, wer es auch sei, denn ein jeder ist geschickt
als ein Führer aus einer anderen Welt.

(Rumi, n.d.; zitiert nach Friesinger, 2012, S. 225)

3.6 Interaktive Ausgrenzungsmechanismen von Seiten der Fachkräfte im interkulturellen Kontext

Welche Zugangsbarrieren Gaitanides aufseiten deutscher Fachkräfte in Bezug auf Migrant*innen als Klientel in seinen Forschungen identifiziert. hat, soll an dieser Stelle kurz aufgelistet werden:

Er benennt hierbei folgende Aspekte (Gaitanides 2004, S.11):

- Überbetonung und klischeehafte Generalisierung kultureller Unterschiede (Verkennung der Individualität und Reduktion der Handlungsspielräume durch defizitäre Zuschreibungen)
- Verunsicherung, Irritation und Auslösung von Ängsten und Ressentiments durch Fremdheit der Wahrnehmungen
- Aktivierung und Abwehr verdrängter kollektiver Schuldgefühle (u.a. wenn die „Ausländerfeind!"-Karte gezogen wird)
- Abwehr durch Kompetenzverlustängste (Annahme, dass im Umgang mit Migranten als Klientel die erworbenen Qualifikationen entwerten werden und die erlernten Methoden versagen)
- Furcht vor Mehrbelastung durch eine besonders „schwierige" und „belastende" Klientel – Entlastung durch Delegation an Sonderdienste.
- Colour-Blindness – Ignorierung der kulturellen Differenz und der sozialpsychologischen und strukturellen Ausgrenzung. „Wir behandeln alle gleich".

3.7 Windows oder Mac?

Vergleichen wir die Sprachen der unterschiedlichen Betriebssysteme von Apple und Microsoft. Wenn ich mich in Windows zurechtfinde und kommunizieren kann, bedeutet dies nicht unbedingt, dass ich mich in der Sprache von Apple zurechtfinde. Versuche ich, mich mit meinen Windows-Kenntnissen in einem Apple-Betriebssystem zu orientieren, werde ich Schwierigkeiten haben, weiterzukommen. Zwangsläufig muss ich mich auf die Suche nach Begrifflichkeiten machen, die Apple benutzt, und die Unterschiede zu Microsoft abgleichen. Wege hin zu gleichen Zielen können sehr unterschiedlich sein. Je nach System werden andere Begriffe verwendet. Um in einem anderen Betriebssystem arbeiten zu können, muss ich mir also die passende Systemsprache aneignen. So ähnlich verhält es sich auch mit der Kommunikation mit Menschen aus unterschiedlichen Kulturen. Und wenn sich ein Mensch nur ungern auf die Handhabung eines neuen Betriebssystems umstellt, dann wird dieser sein altes, ihm bekanntes Gerät möglichst lange benutzen (Aydt, 2015, S. 66

f.). Es sollte tunlichst vermieden werden, davon auszugehen, dass Menschen aus unterschiedlichen Kulturen die gleiche Sprache sprechen. Bevor wir im Beratungskontext in eine Thematik tiefer einsteigen, sind wir aufgefordert, uns die unterschiedlichen Sprachen und die unterschiedlichen kulturellen Brillen bewusst zu machen, um ein Gespür für die Sprache unseres Gegenübers zu bekommen. Begegnungs- und Verstehensprozesse gehen weit über die verbale Ebene hinaus. Für zwischenmenschliche Beziehungen gelten in unterschiedlichen Kulturen teilweise völlig andere Regeln. Wenn Regeln und die Sprache eines Systems nicht bekannt sind, wird es mit großer Wahrscheinlichkeit Irritationen geben. Alle Beteiligten sind also aufgefordert, sich die Tatsache klar zu machen, dass es Zeit braucht, um den anderen zu verstehen. Für die Begegnung im pädagogischen Alltag mit Menschen aus orientalischen Kulturen könnte dies bedeuten, dass wir uns viel Zeit für einen gemeinsamen Prozess der Verständigung und des Verstehens nehmen müssen. Beide Seiten sollten sich in einem systemisch-konstruktivistischen Gesprächsrahmen auf einen offenen Verstehensprozess einlassen, damit die Welt des jeweiligen Anderen erforscht und verstanden werden kann.

Definition *Interkulturelle Kompetenz*

> Interkulturelle Kompetenz ist ein Bündel von Fertigkeiten, Fähigkeiten, Haltungen, Kontext- und Erfahrungswissen, das einer Person zur Problemlösung zur Verfügung steht und in konkreten Situationen aktiviert werden kann (Aydt, 2015, S. 68). Es gilt stets, die Komplexität von Situationen zu erkennen und durch die Fähigkeit zu differenzieren, durch Analysefähigkeit, Selbstreflexion und Kulturverständnis, Orientierung angesichts von erhöhter Komplexität zu schaffen (Aydt, 2015, S. 70).

Arist von Schlippe schlägt in seinem Buch „Multikulturelle Systemische Praxis" Folgendes vor (Schlippe, 2004, S. 66):

- Lass dir Zeit, dich und die Familie miteinander bekannt zu machen!
- Sorge für kompetente Dolmetscher*innen und eine gute Übersetzung!

- Sei sensibel im Aufnehmen und Verwenden der Metaphorik des Klientensystems, frage immer wieder nach, welchen Sinn Begriffe in der jeweiligen Kultur haben!
- Rege an, dass wichtige Aussagen (etwa emotionale Sätze) in der Muttersprache wiederholt werden!
- Sprich langsam, benutze Bilder, Symbole, Zeichnungen und andere Hilfsmittel!
- Sprich die Klienten als Experten ihrer eigenen Kultur an!

3.8 Interkulturelle Kompetenz – eine Zusammenfassung

In den vorherigen Ausführungen schon wichtige Aspekte der interkulturellen Kompetenz angesprochen. Lassen Sie es uns noch einmal zusammenfassen.

Kulturelles Hintergrundwissen anzueignen kann sehr wichtig sein, stellt aber nur ein Aspekt von vielen in der Entwicklung von interkultureller Kompetenz dar.

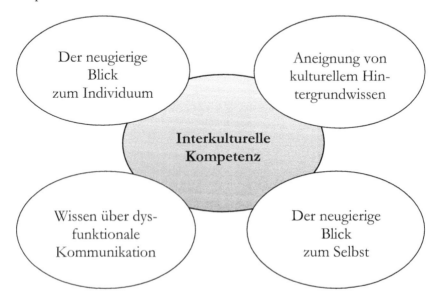

3.9 Die Rolle der Fachkraft in der Unterstützung von muslimischen Kindern und Jugendlichen

Muslimische Kinder und Jugendliche erfahren in ihrem Alltag nicht selten Stigmatisierungen und Diskriminierungen aufgrund ihrer Religionszugehörigkeit. Bestimmte Aussagen und offengelegte Assoziationen und Zuschreibungen bezüglich ihrer Religionszugehörigkeit werden gerade von Kindern und Jugendlichen oftmals als sehr unangenehm empfunden. Kinder erleben häufig, dass ihnen nicht wie anderen Kindern mit Offenheit und Unvoreingenommenheit begegnet wird, sondern mit vielen Annahmen, Vermutungen und Zuschreibungen. Durch das Aussehen, den Namen oder die Religionszugehörigkeit erleben sie schnelle Assoziationen zu ihrer Person bei anderen Menschen. Wenn nicht so sehr direkt von den Fachkräften, werden muslimische Kinder z.T. von anderen Kindern mit solchen Vorurteilen konfrontiert und sind damit häufig überfordert. Allerdings geschieht diese Stigmatisierung und Ausgrenzung auch gegenüber westlich sozialisierten Kindern. In Kontexten mit mehrheitlich migrantisch geprägter Herkunft leiden auch diese Kinder oftmals stark unter den Folgen von Zuschreibungen.

Es gilt also generell: Wenn Kinder und Jugendliche in einem Zuhause aufwachsen, welches mit Kategorisierungen und Abgrenzungen in Kollektiven arbeitet, gibt es auf pädagogischer Seite einen großen Hilfebedarf bei Kindern und Jugendlichen, die sich – unabhängig von ihrer Herkunft – oftmals in einem Dilemma befinden.

Die dritte Identität

Kinder und Jugendliche aus orientalisch geprägten Kontexten befinden sich nicht selten in einer Polarität von Weltanschauungen, Auffassungen und Lebensplänen. Auf der einen Seite befinden sich Eltern, die ihre eigene Kultur und eigene Werte vermitteln wollen, auf der anderen Seite die „westliche Gesellschaft" mit ihren Werten und Normen. Kinder haben oftmals das Gefühl, dass sie sich für eine Seite entscheiden müssten. Dies ist besonders dann der Fall, wenn sich beide Seiten gegenseitig abwerten und mit negativen Assoziationen belegen. Wenn ich als Fachkraft dann noch versuche, das Kind oder den Jugendlichen davon zu überzeugen, dass meine eigene persönliche Lebensauffassung die richtige sei, dann verstärke ich automatisch das Dilemma, in dem sich das Kind oder der Jugendliche befindet.

Und genau das ist die Aufgabe von Fachkräften: Kinder und Jugendliche dahin zu begleiten, ihr eigenes Wertekonstrukt zu finden und sich dabei nicht von den Vorgaben des einen oder anderen Kollektivs zu stark unter Druck setzen zu lassen, sondern sich von diesen konstruktiv leiten zu lassen. Was Fachkräften allerdings manchmal gar nicht so leichtfällt, ist, ihre eigenen Lebensideen zunächst einmal – zumindest als Vorgabe – in den Hintergrund zu rücken und Kinder bzw. vor allem Jugendliche dabei zu begleiten, eigene Lebensentwürfe abwägend zu entwickeln.

Die Aufgabe von Fachkräften wird es hier sein, Kindern und Jugendlichen einen Freiraum, einen Reflexionsraum zu schaffen, in dem sowohl der Wertekanon der Eltern als auch der einer freiheitlich-demokratischen Gesellschaft mit all ihren Vor- und Nachteilen beleuchtet und reflektiert werden kann. Es wäre wichtig, Betroffenen einen Freiraum zur Verfügung zu stellen, in dem innere Konflikte bearbeitet werden können. ElMafaalani und Toprak betonen, dass diese Entwicklung einer eigenen „dritten Identität" für viele Kinder eine große Herausforderung darstelle, da viele Syntheseleistungen des Ichs selbstständig entwickelt werden müssten (El-Mafaalani & Toprak, 2011, S. 35). Und nicht nur für Kinder, sondern auch für Fachkräfte ist dies eine Herausforderung, denn die Begleitung des Suchens und Findens erfordert ein hohes Maß an Selbstreflexion.

Lebensentwürfe auszuhalten, die im Widerspruch zu dem eigenen stehen, und als gleichwertig nebeneinander stehen zu lassen, ist eine der größten Herausforderungen in der Arbeit im interkulturellen Kontext.

> Für eine Wertedebatte, die der gesellschaftlichen Pluralität Rechnung tragen möchte, ist die Bereitschaft nötig, Lebensweisen zunächst anzunehmen, auch wenn sie zunächst dem eigenen Verständnis nicht entsprechen muss. Die Vorannahme, die getroffen werden sollte, ist die, dass bestimmte Formen des Aussehens oder Verhaltens aus einer freien bzw. bewussten Entscheidung heraus entstanden sind. Ansonsten wird von der Prämisse ausgegangen, dass die eigene Entscheidung frei und autonom erfolgt, Menschen anderer kultureller Sozialisation aber nicht frei und autonom, sondern aus Zwang bspw. des Mannes, der Familie, der Re-

ligion usw. entscheiden müssen. Gerade weil bestimmte religiös-kulturelle Vorstellungen [...] immer noch fremd sind, werden aus der eigenen Perspektive und damit den eigenen Annahmen heraus Werteurteile formuliert. Diese idealisierte Form der eigenen Lebenswelt wird dann als Richtmaß für Normalität sowie gelungene und nicht gelungene Integration verwendet. Hier gilt es Idealvorstellungen sowie die Konstitution und Konstruktion der eigenen Ideale und die damit verbundenen Erwartungen sowie Zuschreibung von Idealen zu erkennen und zu reflektieren (Karakaya & Zinsmeister, 2018, S. 21).

Sobald Fachkräfte versuchen, die eigenen Lebensvorstellungen dem Gegenüber schmackhaft zu machen, zerren diese insgeheim schon an der einen Seite und verstärken die Zerrissenheit von Kindern und Jugendlichen zwischen zwei Welten. Fachkräfte müssen es also auch aushalten und wertschätzend begleiten können, wenn sich Kinder zunächst für Lebensentwürfe entscheiden, die zu den eigenen im Widerspruch stehen.

Um unterschiedliche Stimmen und das Durcheinander, das bei Kindern entstehen kann, deutlich zu machen, möchte ich eine Übung aus meinen Fortbildungen vorstellen.

Kinder und Jugendliche im Ramadan

Kinder erleben vonseiten der Familien zum Thema Ramadan viele positive Botschaften. Aufseiten der Mehrheitsgesellschaft sieht es allerdings oftmals anders aus. Hier hören Kinder nicht wenige Befürchtungen und negativ konnotierte Aussagen. Ich führte daher des Öfteren folgende Übung durch, um das innere Erleben der Kinder und Jugendlichen zu veranschaulichen:

Positive Botschaften	Negative Botschaften
Wir werden wieder unsere Ramadanlaterne aufhängen!	Wir werden dann wieder kein Klassenfrühstück machen können
Da bekommst du wieder einen Ramadankalender.	Da wird es wieder viele Fehlzeiten bei den Kindern geben.
Du kannst dann stolz auf das sein, was du geschafft hast.	Die Kinder werden dann wieder so müde sein.
Da können wir uns wieder psychisch und körperlich reinigen.	Das kann doch nicht gesund sein!
Ach, wir freuen uns schon so darauf! Unser Haus und die Straßen werden wunderbar geschmückt sein.	Da wird abends bis zum Umfallen gegessen.
	Ohne Trinken den ganzen Tag!
Nach dem Ramadan gibt es Geschenke. Da werden wir ganz oft eingeladen.	Verminderte Leistungsfähigkeit!
	Ihr Armen, ihr dürft auch nichts trinken!
Da treffen wir wieder ganz viele Leute und essen gemeinsam!	Wie kann Gott so was fordern?
Die Stimmung beim Frühgebet ist so wunderbar friedlich!	
Da haben wir die Chance, möglichst viel Gutes zu tun.	
Da können wir Geduld üben.	
Da werden wir ganz oft eingeladen.	

Die Teilnehmenden des Seminars bildeten einen Kreis, wobei sich einige Personen in der Mitte des Kreises befanden. Die Personen, die den Kreis bildeten, hatten die Aufgabe, die unten aufgelisteten Aussagen immer wieder durcheinander und variantenreich zu den im Kreis befindlichen Personen zu sagen. Die Übungsteilnehmenden innerhalb des Kreises hatten den Auftrag, einmal in sich hineinzuspüren, wie es ihnen in der Situation ergeht.

Die Übung machte immer wieder deutlich, welche Syntheseleistung Kinder entwickeln müssen, die unterschiedlichen, sich zum Teil widersprechenden Aussagen zu ein und derselben Thematik in sich vereinen zu können. Viele erlebten durch die Übung auch Verwirrtheits- und Zerrissenheitsgefühle.

An dieser Stelle soll erwähnt werden, dass es für Kinder und Jugendliche aus religiöser Sicht keine Pflicht zum Fasten gibt. Wenn in der Schule Leistungen erbracht werden müssen oder Kinder in einem Land leben, in dem der Monat Ramadan keine gesellschaftliche Bedeutung hat und der Ramadan in die Sommermonate fällt, in denen 18 Stunden lang nichts zu sich genommen werden darf, schon gar nicht.

Was Fachkräfte tatsächlich kaum wissen, ist die Tatsache, dass das Fasten bei vielen muslimischen Kindern und Jugendlichen durchaus positiv besetzt ist. Sie wollen den Erwachsenen nacheifern. Der Gruppendruck ist allerdings manchmal auch extrem hoch. Mansur Seddiqzai, ein islamischer Religionslehrer an einem Gymnasium in Norddeutschland, erzählt von seinen Erfahrungen im Schulalltag im Ramadan. Er berichtet, dass nicht fastende Schüler nicht selten gemobbt oder subtil unter Druck gesetzt werden. Viele seiner Schüler hielten sich an die strikten Regeln, um sich nicht vor den anderen zu blamieren, die dann als bessere Muslim*innen dastehen könnten. Allerdings weist auch er auf die Tatsache hin, dass Kinder und Jugendliche es sich nach islamischen Regeln durchaus leichter machen dürften, indem sie z.B. den Schulbesuch mit einer Berufstätigkeit gleichsetzen könnten. Sie könnten an Tagen, an denen sie mental oder auch körperlich besonders gefordert werden, mit dem Fasten aussetzen (Seddiqzai, 2018).

Generell könnte es bei all den Konflikten, Widerständen und Bemühungen rund um das Thema Fasten im Ramadan für alle Beteiligten hilfreich und gewinnbringend sein, den Fokus auf den eigentlichen Sinn des Fastens zu legen. Dieser Monat sollte generell als ein „Übungsmonat" verstanden werden, in dem gute Verhaltensweisen und Gepflogenheiten eingeübt werden können. Das Fasten beinhaltet sowohl eine körperliche als auch eine mentale Dimension. Nicht nur für Kinder und Jugendliche könnte dies bedeuten, dass sie sich in dem Monat Ramadan besonders bemühen, nicht zu lästern, über niemanden schlecht zu denken, sich nicht provozieren zu lassen, keine schlechten Wörter zu verwenden. Mobbing oder subtiler Druck, wie beschrieben, würde dem Fastengedanken im Ramadan völlig widersprechen. Ein Kind, welches mobbt oder jemand anderen unter Druck setzt, hat nach islamischem Verständnis sein Fasten dadurch unterbrochen.

Wenn muslimische Eltern dahin kämen, ihren Kindern zunächst das mentale Fasten als Bedingung für das körperliche Fasten zu setzen, wäre der Sinn von Ramadan wohl viel eher erfüllt. An dieser Stelle wird deutlich, dass noch viel Aufklärungsarbeit auf unterschiedlichen Ebenen geleistet werden muss. Sowohl Imame innerhalb der muslimischen Gemeinden als auch islamische Religionslehrer an Schulen stehen hier besonders in der Pflicht.

3.10 Erziehungsrecht und elterliche Pflichten – die juristische Perspektive

In der Arbeit mit Familien aus anderen Kulturen treffen Pädagogen in sozialen Einrichtungen und Schulen manchmal auf Erziehungsideen bzw. -methoden, die ihnen fremd sind. Manchmal stellen sich Betroffene auch die Frage, ob die vorgefundenen Bedingungen Kindern und Jugendlichen zugemutet werden sollten. In der Begegnung mit muslimischen Familien könnten wir mit Tatsachen konfrontiert sein, die uns unangemessen erscheinen. Diese könnten z.B. sein:

- das regelmäßige Wecken des Kindes um 5 Uhr morgens zum Gebet
- das Fasten im Ramadan auch als Pflicht für Kinder
- das Verbot, mit einem üblichen Badeanzug ins Schwimmbad zu gehen

- das Verbot, kurze Hosen zu tragen
- das Verbot, Diskotheken zu besuchen
- das Verbot, Liebesbeziehungen vor der Heirat zu pflegen
- die Pflege von patriarchalischen Strukturen

Nicht nur als Fachkräfte im Kontext Interkulturalität, sondern auch ganz allgemein sollten wir uns, wie oben schon mehrfach erwähnt, mit unseren eigenen Vorstellungen, unsere eigenen Haltungen, aber auch mit dem rechtlichen Rahmen auseinandersetzen, in dem sich die Angebote der Jugendhilfe bewegen.

Seit 1948 genießt das elterliche Erziehungsrecht einen Verfassungsrang des Grundgesetzes. Hierüber „sollte eine Abkehr von einer nationalsozialistisch geprägten und ausgeübten totalitären und kollektivistischen Erziehung durch den Staat, hin zur individuellen Erziehung durch die Eltern realisiert werden" (Milkert, 2009, S. 4). Der Kinderschutz in Deutschland verfolgt daher eher hilfe- und familienorientierte und keine straf- und eingriffsorientierten Leitlinien. Dadurch, dass der Grundsatz „Hilfe vor Eingriff" (Biesel, 2019, S. 98) lautet, kommt der Sozialen Arbeit die Aufgabe zu, Familien zu Lern-, Reflexions-, Veränderungs- und Entwicklungsprozessen anzuregen (Biesel, 2019, S. 93).

Schauen wir einmal, was das Grundgesetz beinhaltet:

Grundgesetz [GG] Art. 6

(1) Ehe und Familie stehen unter dem besonderen Schutz der staatlichen Ordnung.

(2) Pflege und Erziehung der Kinder sind das natürliche Recht der Eltern und die zuvörderst ihnen obliegende Pflicht. Über ihrer Betätigung wacht die staatliche Gemeinschaft.

(3) Gegen den Willen der Erziehungsberechtigten dürfen Kinder nur auf Grundlage eines Gesetzes von der Familie getrennt werden, wenn die Erziehungsberechtigten versagen oder wenn die Kinder aus anderen Gründen zu verwahrlosen drohen.

Eltern haben also nicht nur das Recht, ihre Kinder zu erziehen, sondern auch die Pflicht. Familie als privater Lebensraum erfährt durch das Grundgesetz einen Schutz. Eltern sind in der Gestaltung ihrer Erziehung demnach frei und dürfen durch staatlich verordnete Erziehungsziele oder -mittel nicht eingeschränkt werden. Eltern haben das Recht, ihre Kinder im Sinne einer eigenen Weltanschauung, Religion und Moral zu erziehen. „Unter diese Institutionsgarantie fallen hierbei im Zusammenhang mit der Kindererziehung die Bestimmung des Erziehungsziels und der Erziehungsmittel" (Blank, 2010).

Die Freiheit in der Vermittlung von religiösen und weltanschaulichen Werten und Normen von Eltern gegenüber ihren Kindern wird Eltern im Artikel 4 des GG zugesichert.

> **GG Art. 4**
>
> (1) Die Freiheit des Glaubens, des Gewissens und die Freiheit des religiösen und weltanschaulichen Bekenntnisses sind unverletzlich.
>
> (2) Die ungestörte Religionsausübung wird gewährleistet.

Dies „schließt das Recht der Eltern ein, ihrem Kind die von ihnen für richtig gehaltene religiöse oder weltanschauliche Erziehung zu vermitteln. Ihnen sind in diesem Zusammenhang keine inhaltlichen, festliegenden, kindlichen Rechtspositionen bei der Vermittlung von religiösen Anschauungen vorgegeben" (Blank, 2010).

Doch wo liegen nun Grenzen in der Ausübung des Elternrechts?

Aus juristischer Perspektive ist ein Eingriff in den privaten Lebensraum erst an der Schwelle von Kindeswohlgefährdung zulässig (Biesel, 2019, S. 106).

Die oben genannten Beispiele fallen jedoch nicht unter den Aspekt Kindeswohlgefährdung. In solchen Fällen ist das elterliche Erziehungsrecht, wie Sie jetzt wissen, vorrangig und geschützt gegen staatliche Eingriffe (Blank, 2010).

Diesen gesetzlichen Rahmen sollten sich Fachkräfte stets bewusst machen. Vor diesem Hintergrund sollten wir stets klar zwischen „Kindeswohloptimierung" und „Abwendung von Gefahren" differenzieren. Generell ist der Staat per Gesetz verpflichtet, „bei allen Maßnahmen, die er ergreift, das Elternrecht soweit [sic] wie möglich zu respektieren und immer das mildeste zur Verfügung stehende Mittel einzusetzen. Ein Eingreifen im Interesse eines ‚Erziehungsoptimismus' gestattet Art. 6 Abs. 2 Satz 2 i.V.m. Abs. 3 GG nicht. Ziel des staatlichen Wächteramtes ist die Verhütung von Verletzungen des Kindeswohls. Es geht nicht darum, eine bessere oder optimierte Erziehung für das Kind zu gewährleisten, sondern darum, das Kind vor Schaden zu bewahren" (Blank, 2010).

> Im juristischen Sinne liegt eine Kindeswohlgefährdung vor, wenn ein Schaden des Kindes bereits eingetreten ist oder gegenwärtig eine Gefahr derartigen Ausmaßes vorhanden ist, dass sich mit ziemlicher Sicherheit eine erhebliche Schädigung voraussehen lässt. [...] Auch dann bedarf es aber noch der Feststellung, dass die Eltern nicht gewillt oder nicht in der Lage sind, die Gefahr abzuwenden (Biesel, 2019, S. 43).

Eine nicht geringe Zahl von empirischen Studien der letzten Jahre belegt, dass Hilfsangebote nur dann wirksam und erfolgreich sind, wenn Familien einbezogen werden und diese sich in irgendeiner Weise damit identifizieren können (Biesel, 2019, S. 110).

Die Rolle der Jugendhilfe

Als gleichwertiger Erziehungspartner des Kindes hat nur die Schule Platz.

> Diese hat ebenfalls einen grundrechtlich verankerten Erziehungsauftrag durch Art. 7 GG. Alle sonstigen Miterzieher können nur mittelbar, auf dem Umweg über die Eltern mit deren Zustimmung zur Wirksamkeit gelangen. Dies gilt insbesondere für die Jugendhilfe" (Blank, 2010). Das Elternrecht ist so stark geschützt, dass es faktisch mit einer Art „Herrschaftsrecht" verglichen werden kann.

Das Elternrecht gibt den Eltern das Recht gegenüber dem Kind zur Einwirkung ohne staatliche Störung. Es hat in diesem Bereich durchaus auch Züge eines Herrschaftsrechts. […] Jugendämter und öffentliche Jugendhilfen haben lediglich eine dienende, instrumentale Funktion. Sie sind neben den Eltern als grundgesetzlich geschützte Erziehungsberechtigte, als ergänzende Hilfe des Staates bei der Erziehung zu sehen (Blank, 2010).

Lesetipp

An dieser Stelle möchte ich Sie auf ein sehr wertvolles und lehrreiches Buch aufmerksam machen. Das Buch gibt Einblicke in die derzeitigen Auseinandersetzungen und Entwicklungen im Bereich Kinderschutz in Deutschland. Oftmals haben Fachkräfte in sozialen Einrichtungen keinen intensiven Einblick in die Arbeitsweise von Jugendämtern und wünschen sich manchmal doch einen mehr von Eingriff und Kontrolle geleiteten Kinderschutz.
Das Buch zeigt aber auch auf, wie wichtig im Bereich des Kinderschutzes eine respektvolle und wertschätzende Haltung in jeder Phase der Zusammenarbeit ist.

Biesel, K. (2019). Deutschland schützt seine Kinder! Eine Streitschrift zum Kinderschutz. Bielefeld: transcript.

„In zahlreichen empirischen Studien der letzten Jahre wurde belegt, dass die Hilfe nur dann erfolgreich (d.h. wirksam) ist, wenn sich die Familien mit dieser in irgendeiner Weise identifizieren können. Dazu müssen sie ins Hilfegeschehen einbezogen und daran beteiligt werden. […] Ohne die Mitarbeit der Familien keine gelingende Hilfe. Diese Mitarbeit kann jedoch nicht erzwungen werden. Dann wirkt sie nicht. Unter anderem deshalb ist die in sozialpädagogischen Fachkreisen viel gepriesene Beziehungsarbeit so zentral" (Biesel, 2019, S. 110).

Das Recht des Kindes
Generell könnten sich Fachkräfte nun fragen, ob das Kind nicht auch „Rechte" habe. Wie ist die freie Religionsausübung eines Kindes geschützt? Wo und wann wiegt das Recht des Kindes mehr als das der Eltern?

Seit dem Jahr 2000 haben Kinder in ganz Deutschland ein Recht auf gewaltfreie Erziehung in der Familie (Biesel, 2019, S. 67). Seit 1980 werden Eltern per Gesetz aufgefordert, ihre Kinder in Fragen der elterlichen Sorge altersgemäß in alle Entscheidungen einzubeziehen und ein Einvernehmen anzustreben (§ 1626 Abs. 2 BGB).

Neben dem allgemeinen Persönlichkeitsrecht, dem Recht auf Leben und Unversehrtheit, Art. 1 und 2 des Grundgesetzes, hat das Kind auch ab einem bestimmten Zeitpunkt das Recht auf Religions- und Entfaltungsfreiheit. [...] Bis zur Vollendung des 12. Lebensjahrs ist das Kind religionsunmündig. In dieser Zeit weist die Religionsfreiheit für das Kind noch keinen bestimmten Inhalt aus. Dies bedeutet, dass kein staatlicher Schutz für das Kind möglich ist, wenn Elternrecht und Kindes-Rechtsgut kollidieren. Den Eltern sind, wie bereits ausgeführt, in diesem Zusammenhang keine inhaltlichen, festliegenden kindlichen Rechtspositionen bei der Vermittlung von religiösen Anschauungen vorgegeben. Es kann daher auch kein Eingriff in solche, nicht existente Rechtspositionen geben (,Herrschaftsrecht'). Dies bedeutet grundsätzlich, dass Eltern das Recht haben, ihre neunjährigen Kinder die fünfmaligen Gebete ausführen zu lassen. Eine Grenze ist hier nur dann zu ziehen, wenn das elterliche Einwirkungs- und Wahrnehmungsverhalten die Grenze der ,pluralen Spannbreite' überschreitet und den in unserem Kulturkreis festgelegten Bereich des objektiv ,Kindeswohlwidrigen' erreicht. Wo dieser genau beginnt, ist nicht festgelegt. [...] Innerhalb dieses Rahmens (der ,pluralen Spannbreite') sind die Eltern frei. Auch wenn demnach die Kinder Einschränkungen im Alltag erleben müssen, ihnen versagt wird, Schweinefleisch zu essen, Bikinis anzuziehen oder sie die fünfmaligen Gebete sprechen müssen und auch wenn es einen als Fachkraft betroffen macht und einem die Kinder leidtun. Solange hierdurch nicht wirklich schädliche Auswirkungen auf den körperlichen, seelischen und geistigen Zustand der Kinder hervorgerufen werden, ist kein Einschreiten des Staates möglich. Mit zunehmendem Alter des Kindes, also mit dem Wechsel von der absoluten zur relativen Unmündigkeit, kommt dem kindlichen Persönlichkeitsrecht, welches dem Kindeswillen entspricht, immer mehr Bedeutung zu. Mit Vollendung des

12. Lebensjahres ist bereits gemäß § 5 S. 2 des Gesetzes über die religiöse Kindererziehung ein Wechsel des religiösen Bekenntnisses gegen den Willen des Kindes nicht mehr möglich. Mit Vollendung des 14. Lebensjahres erreicht das Kind den Eintritt in die Religionsmündigkeit. Ab diesem Zeitpunkt kann das Kind selbst sein religiöses Bekenntnis bestimmen. Das heißt, ab diesem Zeitpunkt darf ein Kind den Vorgaben seiner Eltern hinsichtlich Glaubensbekenntnisses und Religionsausübung widersprechen und sich auch gegebenenfalls mit Hilfe des staatlichen Wächteramtes dagegen wehren. Im Einklang mit den Eltern ist dies bereits vor Vollendung des vierzehnten Lebensjahrs möglich. Das Kind kann bereits vorher zusammen mit den Eltern Gebrauch von seiner Religionsfreiheit machen. Elterliches Erziehungsrecht in Religionsfragen endet nicht durch den Eintritt des Kindes in die Religionsmündigkeit, es tritt jedoch hinter dem Recht des Kindes auf Religionsfreiheit mit zunehmendem Alter zurück. Es erlischt mit Eintritt der Volljährigkeit (Blank, 2010).

Migrationssensibler Kinderschutz

In Bezug auf unangebrachte Erziehungsmethoden in Familien mit Migrationshintergrund haben Sie schon im Unterkapitel 3.4 erfahren, dass Fachkräfte derartiges Erziehungsverhalten vorschnell dem kulturellen Hintergrund der Familien zuschreiben (Biesel, 2019, S. 205). Aktuelle Studien verweisen jedoch auf die Tatsache, dass kulturelle Aspekte, im Gegensatz zu den sozioökonomischen Aspekten, eher den geringeren Anteil an Krisen- und Konfliktsituationen haben (Biesel, 2019, S. 205). Die Auswirkungen von Armut, Isoliertheit, Hoffnungslosigkeit und Ohnmacht auf Familiensysteme sind eindeutig: Je länger die Belastungen anhalten, desto wahrscheinlicher ist es, dass Bedürfnisse von Kindern und auch von Eltern nicht mehr hinreichend befriedigt werden können und die Familie in eine Strukturkrise gerät (Biesel, 2019, S. 213 f.). „In der Folge steigt das Risiko kindeswohlgefährdender Zustände in Familien, die im schlimmsten Fall zu Misshandlung und Vernachlässigung führen können (nicht müssen!)" (Biesel, 2019, S. 213 f.).

Familien mit Fluchthintergrund geben als Kernanliegen und als entscheidende Gründe der Flucht oftmals das Wohl und den Schutz der Kinder an (Biesel, 2019, S. 205). So gesehen, stellt dies eine gute Basis für eine Zusammenarbeit mit diesen Familien dar.

4 Ansätze interkultureller Eltern- und Familienarbeit

Im vorhergehenden Kapitel haben Sie unter anderem den juristischen Rahmen bezüglich der Rechte und Pflichten von Eltern kennengelernt. Jedoch: Ausschließlich juristisches Wissen hilft uns in unserer pädagogischen konkreten Arbeit manchmal nicht weiter. Denn wie können wir pädagogisch fachlich handeln, wenn uns Situationen begegnen, die unseren Ansichten so völlig widersprechen? Wie wichtig es ist, den Fokus auch auf uns selbst zu richten und unser gewohntes Denken und Handeln zu unterbrechen, unsere eigenen blinden Flecken, unsere Brillen zu erkennen, wissen Sie an dieser Stelle des Studienhefts schon zur Genüge.

Im Folgenden möchte ich Ihnen einen Gastbeitrag von Michael Ströll, einem systemischen Familientherapeuten, der in der ambulanten Jugendhilfe tätig ist, zur Verfügung stellen. Er knüpft an meine bisherigen Gedanken und Ausführungen in diesem Studienheft an und richtet den Blick bewusst auf die universellen Bedürfnisse von Kindern. Ich möchte mich an dieser Stelle ganz herzlich bei Herrn Ströll bedanken.

4.1 Vom Unterschied zwischen Konsequenz und Orientierung in der Erziehung (von Michael Ströll)

Bei allen Unterschieden zwischen traditioneller muslimischer und hiesiger, sogenannter moderner Kultur gibt es viele Gemeinsamkeiten insbesondere bzgl. der grundlegenden Erziehungsziele von Eltern. Ich werde hier also nicht die kulturell bedingten Unterschiede oder Gegensätze/Meinungsverschiedenheiten fokussieren, sondern den Blick auf unabhängig von Religions- und Kulturzugehörigkeit bestehende, grundsätzliche Bedürfnisse von Kindern richten und auf die daraus entstehenden Herausforderungen an alle Eltern. Auf dieser Basis lassen sich sinnvolle Handlungsstrategien für die Arbeit mit muslimischen Familien entwickeln, genauso wie für die Arbeit mit allen anderen Familien, unabhängig von

Herkunft, Kultur, Religion, Schichtzugehörigkeit, Bildungsstand etc., alle Kinder brauchen Anerkennung und Orientierung, die ihnen ihre Eltern in liebevoller Zuwendung, als Vorbilder, durch Aufzeigen von Regeln und Grenzen geben sollten. Konflikte entstehen, wenn vorgegebene Regeln/Grenzen durch die Kinder nicht beachtet/überschritten werden. Solche Konflikte können sich zuspitzen und völlig aus dem Ruder laufen, bis schließlich Jugendamt und Erziehungsbeistand alarmiert werden. Welche Möglichkeiten haben Eltern im Umgang mit Konflikten? Welche Erziehungsstrategien sind hilfreich? Viele Erziehungsratgeber und Fachkräfte empfehlen „konsequentes" Erziehungsverhalten als das Allheilmittel im Umgang mit Kindern und Jugendlichen: Das Verhalten des Erwachsenen soll für das Kind einschätzbar bleiben und von mehreren Erziehungspersonen (z.B. den beiden Elternteilen, der Schule etc.) getragen werden. Gerade im Umgang mit schwierigen Kindern wird daraus jedoch häufig ein Spiel um Gewinnen und Verlieren. „Wer setzt sich durch – das Kind oder der Erwachsene?" Diese Denkweise schließt die Verunsicherung des Erziehenden Ansätze interkultureller Eltern- und Familienarbeit bereits im Ansatz ein. Die Sicherheit des Erwachsenen, dem Kind etwas zu sagen zu haben, eben weil er der Erwachsene ist, ist in Frage gestellt. Geradezu fatal entwickelt sich die Situation, wenn das Kind aus diesem Spiel immer öfter als der vermeintliche „Sieger" hervorgeht. Dass das Kind der „Sieger" ist, ist ja nur die halbe Wahrheit, denn es verliert dabei etwas ganz Wesentliches: den Respekt vor dem Erwachsenen. Und damit verliert es die Möglichkeit, Orientierung sowie Anerkennung und Zuwendung durch den Erwachsenen zu erhalten. Das Kind ist mit seinen künftigen Entwicklungsaufgaben allein gelassen. Eltern wie Pädagogen sehen sich plötzlich als macht- und hilflose Beobachter am Rande des Geschehens stehen. Aus dieser Hilflosigkeit heraus reagieren die Erwachsenen häufig mit „Notmaßnahmen" in Form von psychischer, physischer und seelischer Gewalt, die nichts mit Pädagogik zu tun haben. Oder die scheinbar hilflosen Eltern geben auf und ziehen sich schrittweise aus der Erziehung zurück. Welche Alternativen gibt es? Ich empfehle statt des beschriebenen „konsequenten" Erziehungsverhaltens ein „Orientierung gebendes" Verhalten. Dem zugrunde liegt eine Denkweise, die sich nicht von den Reaktionen des Kindes auf erzieherische Interventionen abhängig macht. Das „Orientierung gebende" Modell fußt auf der grundlegenden Sicherheit des Erwachsenen, dem Kind etwas zu sagen zu haben einzig aus der Tatsache heraus, der Erwachsene zu sein. Den Unterschied zwischen „konsequenter" und „Orientierung gebender" Erziehung möchte ich an einem Beispiel verdeutlichen: Die Eltern eines 13-jährigen Jungen haben erfahren, dass ihr Sohn heimlich raucht. Sie sind damit nicht einverstanden. Im Modell der „konsequenten" Erziehung verbieten die Eltern ihrem Sohn das Rauchen ausdrücklich. Mögliche Sanktionen drohen. Damit lassen sich die Eltern auf das Spiel „Gewinnen oder Verlieren" ein – der Sohn unterlässt das Rauchen oder er raucht weiter. Je nachdem wie das Kind auf das Verbot reagiert, sind die Eltern „Gewinner" oder „Verlierer". Genau betrachtet, entscheidet hier allein das Kind über den Erfolg des erzieherischen Vorgehens. Anders im Modell der „Orientierung gebenden" Erziehung: Die Eltern bestellen den Sohn zu sich und erklären ihm unmissverständlich: „Wir sind nicht damit einverstanden, dass du rauchst!" Kein „wenn ... dann". Keine Androhungen. Hört das Kind in der Folge zu rauchen auf, ist es gut. Hört das Kind nicht zu rauchen auf, bleibt zumindest die Orientierung gebende Aussage der Eltern bestehen: „Wir sind damit nicht einverstanden!" Die Eltern machen sich nicht von der Reaktion des Kindes abhängig, denn das Wort der Eltern behält sein Gewicht, auch wenn die gewünschte Änderung des Verhaltens zunächst ausbleibt. Welche Handlungsstrategien ergeben sich aus diesen Erkenntnissen für die Arbeit mit Familien in der Jugendhilfe? In meiner Arbeit versuche ich den Eltern immer zu vermitteln: „Ihr habt dem Kind etwas zu sagen, allein weil ihr die Eltern seid. Das Kind hat nur euch beide als Eltern. Es kann auf euch nicht verzichten." Auch die Pädagogen brauchen die Gewissheit, dem Kind etwas zu sagen zu haben und das zu dürfen. „Ja, aber..." werden viele dazu sagen, „in der Arbeit mit muslimischen Familien geht es um ganz andere kulturell bedingte Probleme, wirklich schwierige Situationen." „Wie z.B. verhält es sich bei dem muslimischen Mädchen, das unerlaubterweise in die Disco gegangen ist und deswegen zu Hause geschlagen wird?" Ich möchte hierauf eine differenzierte, aber eindeutige Antwort geben: Das Mädchen verhält sich gegen die in der Familie herrschenden Regeln. Es muss damit rechnen, dass die Eltern dieses Verhalten nicht gutheißen und mit Sanktionen reagieren. Es ist das Recht und sogar die Pflicht von Eltern, ihr Kind nach Ansätze interkultureller Eltern- und Familienarbeit bestem Wissen und Gewissen zu führen und zu erziehen. Dabei gibt es keine Einschränkungen, abgesehen von den Gesetzen des Landes, in dem man sich befindet. Selbstverständlich darf kein Erziehungsziel mit physischer oder psychischer Gewalt durchgesetzt werden. Das ist bei uns gesetzlich verboten. Wie gehe ich nun als Pädagoge damit um? Meine Ziele wären in diesem Fall, die Eltern in der Durchsetzung ihrer Erziehungsziele zu stärken und das Wohl des Kindes nicht aus den Augen zu lassen. Wie bei jeder anderen Familie auch, heißt das im genannten Beispiel: Ich muss dafür Sorge tragen, dass die psychische, physische und seelische Unversehrtheit des Kindes gewährleistet ist. Dafür soll u.a. der § 8a des Kinder- und Jugendhilfegesetzes sorgen. Ich muss die Bedürfnisse und Anliegen des Kindes verstehen und Hinweise (z.B. auf Gewalt) ernst nehmen, ich muss die Anliegen und Ziele der Eltern verstehen. Die Lösung liegt in einem „sowohl ... als auch". „Entweder-oder-Gedanken führen hier nicht zum Ziel. Gelingt es dem Pädagogen nicht, die Beweggründe beider Seiten nachzuvollziehen, kann er der Familie nicht weiterhelfen. Stellt er sich die Frage: „Zu wem halte ich in diesem Konflikt?", sitzt er in der Falle. Der Konflikt verhärtet sich. Voraussetzung für das von mir bevorzugte Modell sind selbstsichere und starke Eltern. Dabei ist die Möglichkeit der Eltern, ihre Kinder „nach bestem Wissen und Gewissen" zu erziehen, von entscheidender Bedeutung. Dieses „beste Wissen und Gewissen" basiert auf der kulturellen Identität der Eltern. Meine kulturelle Identität ist eine andere. Dennoch kann ich die Eltern stärken, wenn ich ihnen mit ihrem kulturellen Hintergrund mit Respekt und Toleranz begegne. Gerade muslimischen Eltern wird in unserer Gesellschaft jedoch häufig suggeriert oder erklärt, ihre Erziehungsvorstellungen seien zu streng, antiquiert oder allgemein nicht das, was man sich unter moderner, weltoffener und liberaler Erziehung vorstellt. [...] Interessanterweise wird in unserem Kulturkreis in letzter Zeit immer häufiger ein „Werteverfall" und Orientierungslosigkeit bei Jugendlichen beklagt. Wer würde katholischen Eltern, die ihre Kinder mit zur Frühmesse nehmen, ihrer Tochter das bauchfreie Shirt oder das Tattoo über dem Allerwertesten verbieten, schädliches Erziehungsverhalten vorwerfen? Ich meine, wir sollten uns öfter die Frage stellen, ob die Kritik am muslimischen Erziehungsstil wirklich auf der Sorge um die Kinder und die vermittelten Werte gründet oder ob hier eigene Ängste vor „dem Fremden" und mangelndes Interesse an der anderen Kultur zugrunde liegen. Die Herausforderung für die mit muslimischen Familien arbeitenden Pädagogen besteht immer wieder darin, die Unterschiedlichkeiten anzuerkennen und diese zu tolerieren. Nur so ist es möglich, auch auf der Erwachsenenebene vom Spiel „Gewinnen und Verlieren" Abstand zu nehmen. Gerade die Pädagogen, die Weltoffenheit und Toleranz predigen, sollten überdenken, was das für ihren Umgang mit Menschen aus anderen Kulturkreisen, mit anderer Religion oder auch Erziehungsvorstellungen bedeutet. Tolerieren kann ich nur das andere, mir fremde Verhalten. Würde ich einer bestimmten Vorgehensweise zustimmen, bräuchte ich sie nicht zu tolerieren. Wie könnte die Arbeit auf dieser Basis in der Praxis aussehen? Ein Beispiel: Sportunterricht. Möglicherweise werden die durch die muslimische Kultur vorgegebenen Regeln dadurch respektiert, dass z.b. der Sportlehrer mit den Eltern abspricht, was im Sport- und Schwimmunterricht zulässig ist und was es zu beachten gilt. Ein Vorgehen, mit dem der Pädagoge den Respekt vor den Eltern Ansätze interkultureller Eltern- und Familienarbeit seiner Schülerinnen und Schüler erkennen lässt und Toleranz zeigen kann. Vielleicht kann er sich auf dieser Basis erfolgreich dafür einsetzen, dass Jugendliche z.B. auf einer Klassenfahrt nicht von Gemeinschaftserlebnissen ausgeschlossen bleiben. Die Forderung an den Pädagogen heißt hier: Genau hinschauen und mit Interesse nachfragen. Warum verbieten z.B. die muslimischen Eltern ihrer Tochter die Teilnahme am Abschlussabend der Klassenfahrt? Geht es den Eltern tatsächlich um den Besuch einer Diskothek? Geht es ihnen darum, dass ihre Tochter nicht raucht, keinen Alkohol trinkt? Oder wollen sie mit allen Mitteln verhindern, dass sie dabei einem Jungen zu nahekommt? Eine Antwort auf diese Frage bekommt der Pädagoge nur, wenn er mit den Eltern im Gespräch ist. Es gibt keine „muslimische" Antwort auf solche Fragen. Meistens sieht die Praxis jedoch anders aus: Die Fachleute begegnen den muslimischen Eltern mit den beschriebenen Vorbehalten. Die muslimischen Eltern reagieren darauf häufig mit Rückzug aus der Kooperation. So kommt es zur Spaltung der Erwachsenen – der Eltern auf der einen und der professionellen Pädagogen auf der anderen Seite. Diese Spaltung eröffnet dem Kind scheinbar grenzenlose Möglichkeiten, sich daneben zu benehmen. Die Eltern bleiben geschwächt und verunsichert. Die Pädagogen sind frustriert, weil ihre Erziehungsarbeit nicht von den Eltern mitgetragen wird. Hierzu ein Beispiel: Eine muslimische Familie hat große Probleme mit dem jugendlichen Sohn: Der Vater, Imam der Gemeinde, reagiert mit besonderer Strenge und zwingt seinen Sohn des Öfteren mit in die Moschee zu gehen, um dort zu beten. Der Sohn wendet sich an das Jugendamt und berichtet von einer starken Einschränkung seiner eigenen Freiheit. Der Fokus richtet sich auf das, was pädagogisch nicht tragbar ist, die körperliche Gewalt und die von uns so definierte „Unterdrückung" in der Familie durch den Vater. Des Weiteren liegt die Vermutung nahe, dass der Vater so handelt, weil er so religiös ist. Stellen wir uns einmal vor, ein evangelischer Pfarrer hätte diese Probleme mit seinem Sohn und würde in seiner Hilflosigkeit mit Gewalt und Unterdrückung reagieren? Stellen wir uns weiter vor, er würde sich Hilfe suchend an das Jugendamt wenden. Ausgangspunkt unserer Überlegungen sollte stets die Hypothese sein, dass die unterdrückenden, gewalttätigen Komponenten im Erziehungsverhalten das Resultat von Hilflosigkeit und Schwächung sind. Wie also würde man mit ihm sprechen? Was würde man den Eltern empfehlen? Wie könnte die Position der Eltern innerhalb der Familie gestärkt werden? Wie kann man dazu beitragen, dass das Wort der Eltern wieder Gewicht erhält? Und wie kann man dadurch letztlich Gewalt verhindern? Das sind Fragen, auf die es keine schnellen Antworten gibt. Diese Fragen können uns Fachleuten aber helfen, die eigene professionelle Haltung zu reflektieren. Um Eltern in ihrer Erziehungsfähigkeit zu stärken, ist es im ersten Schritt notwendig, die Motivation der Eltern zu verstehen, um im zweiten Schritt gemeinsam Lösungsstrategien zu erarbeiten. Im dritten Schritt sollte Unterstützung bei der Umsetzung angeboten werden. Dabei dürfen natürlich nie die eigenen Wertvorstellungen vernachlässigt werden. In der Jugendhilfe erlebe ich häufig, dass man sich über muslimisch-gläubige Eltern stellt mit dem Ziel, das Vorgehen der Eltern an den eigenen kulturellen Wertekanon anzupassen. Da kann es schon einmal passieren, dass muslimische Eltern darauf hingewiesen werden, wie wichtig es für junge Mädchen ist, sexuelle Erfahrungen machen zu dürfen. [...] Dabei wird eine vermeintlich freie, liberale Erziehung propagiert. Die Kehrseite der Medaille ist, dass jungen Mädchen auf diesem Wege die Hilfen zur Orientierung genommen werden. So fühlen sie sich in dieser schwierigen Etappe ihres Erwachsenwerdens allein gelassen. An dieser Stelle Ansätze interkultureller Eltern- und Familienarbeit eine Frage an alle Eltern unter Ihnen: Haben Sie Ihrer (jugendlichen) Tochter schon gesagt, ab wann Sie sexuelle Kontakte für angebracht halten? [...] Gerade wenn uns Fachleuten ihre Erziehungsmethoden veraltet, über die Maßen traditionell und rückständig vorkommen, stellen wir uns Fachkräfte oft als diejenigen hin, die wissen, wie es „richtig" geht. [...] Kooperation, Integration und Zusammenleben können gelingen, wenn wir die Unterschiede zwischen den Kulturen, zwischen den Menschen respektieren und bei den Gemeinsamkeiten anknüpfen. Toleranz ist meines Erachtens eine große Kunst. Verwunderlich, wie leichtfertig dieser Begriff oftmals verwendet wird. (Ströll, 2010)

4.2 Türöffner und Stolpersteine in der Elternarbeit

Dr. Ahmat Toprak, Professor für Erziehungswissenschaften an der Fachhochschule Dortmund, widmet sich seit vielen Jahren intensiv interkulturellen Themen. Im Zusammenhang seiner zahlreichen Untersuchungen und Erfahrungen mit Familien mit orientalischem Hintergrund sammelte er eine Reihe interessanter Ansatzpunkte für die Elternarbeit, die sich in der Praxis als sehr wichtig erweisen.

> Die Erfahrungen in der Praxis und die Ergebnisse unserer Untersuchungen machen deutlich, dass die Arbeit mit muslimischen Eltern meistens deshalb nicht erfolgreich ist, weil die Eltern erst gar nicht erreicht und angesprochen werden können. Oft sind Missverständnisse und unterschiedliche Kommunikationsformen zwischen Beratern und Klientel die entscheidenden Gründe dafür (El-Mafaalani & Toprak, 2011, S. 164).

Die Idee von Toprak, sich mit „Türöffnern" und „Stolpersteinen" im Umgang mit traditionell geprägten muslimischen Familien zu beschäftigen, möchte ich im Folgenden aufgreifen und um eigene Aspekte erweitern und ergänzen.

Türöffner und Stolpersteine strikt voneinander zu trennen, erscheint mir äußerst schwierig zu sein, da bekanntlich eine Medaille immer zwei Seiten hat. Je nachdem, von welcher Seite man einen Aspekt betrachtet, können Stolpersteine immer auch als Türöffner genutzt werden und Türöffner auch zu Stolpersteinen werden. Es kommt also immer auf die Perspektive an, welches Vorwissen man selbst hat und welche Haltung man generell einnimmt. Wie schon in vorhergehenden Kapiteln ersichtlich wurde, werden Dinge, die in Begegnungen zunächst einmal als eine Irritation wahrgenommen werden und denen man mit einem interessierten, neugierigen Blick begegnet, nicht zwangsläufig zu Stolpersteinen und können durchaus auch als Türöffner genutzt werden. Neben den generell bekannten Türöffnern und Notwendigkeiten einer professionellen Sozialen Arbeit sollen im Folgenden wichtige Aspekte angesprochen werden, die speziell in der Begegnung mit Menschen aus dem orientalischen Kulturkreis wichtig sein können.

Verschiedene Höflichkeitskodexe – eine herzliche Begrüßung durch Handschlag?

In unseren westlichen Gesellschaften wird eine Begrüßung durch Handschlag als etwas Normales, Notwendiges, Wichtiges und auch Höfliches angesehen. Bei stark traditionell geprägten orientalischen Familien kann allerdings ein völlig anderes Verständnis von Höflichkeit existieren. So, wie hierzulande die Menschen irritiert sind, wenn muslimische Männer fremden Frauen die Hand nicht reichen wollen, genauso kann auch unser gängiges Verhalten beim Gegenüber eine Grenzüberschreitung darstellen. Aufseiten der weiblichen Fachkräfte erlebe ich in solchen Situationen nicht selten schnelle negative Assoziationen und Zuschreibungen. Nur selten wird das andere Verhalten einfach zunächst als Unterschied wahrgenommen, der die Neugierde weckt. Fachkräfte sitzen oft schon ganz zu Anfang einer Begegnung in der Falle der Missverständnisse. Denn hinter dem „Nicht-die-Hand-Geben" steckt mitnichten der Aspekt von Abwertung, sondern ein Verständnis von Höflichkeit. Die Höflichkeit erlaubt in orientalischen Kulturen einem Mann nicht, einer fremden Frau die Hand zu geben. Vielmehr wird die Hand als Begrüßung auf das eigene Herz gelegt.

Wenn sich eine Fachkraft nun also gleich zu Beginn eines Kontakts mit dem eigenen Verhaltenskodex bezüglich Höflichkeit an orientalische Familien richtet, so kann dies zu Irritationen führen.

Allerdings kann diese Eingangssituation auch als eine gute Möglichkeit genutzt werden, die eigene Grundhaltung in der Begegnung gegenüber der Familie deutlich werden zu lassen. Indem man sich gleich zu Anfang bei der Familie informiert, welches Verhalten für das Gegenüber als höflich und normal gilt, ermöglicht es eine Weichenstellung in Richtung eines guten Kontakts. In Sekundenschnelle wird für Familien ersichtlich, ob deren Gepflogenheiten respektiert und geachtet werden. Fachkräfte erhalten gleich zu Beginn eine großartige Möglichkeit, Familien ihre Grundhaltung von Achtsamkeit und Neugierde in der Begegnung und der weiteren Zusammenarbeit deutlich zu machen. Allein durch die Art und Weise, wie ich mit der Irritation umgehe, können Türen für eine weitere Zusammenarbeit geöffnet oder geschlossen werden.

Hier soll darauf hingewiesen werden, dass viele orientalische Familien die Verhaltenskodexe des Westens oftmals aus reiner Höflichkeit annehmen. „Sollte ein deutscher Pädagoge einer bedeckten Frau die Hand geben, wird die Frau zwar aus Höflichkeit auch ihm die Hand schütteln, aber sie würde das am liebsten vermeiden" (El-Mafaalani & Toprak, 2011, S. 166).

Von außen betrachtet, stellt diese Situation für die Beteiligte scheinbar kein Problem dar. Bei näherer Betrachtung kann es allerdings tatsächlich sein, dass die Beteiligten aus Höflichkeit eigene individuelle Grenzen missachten und sich innerlich durchaus unwohl fühlen.

Ein entspanntes Ankommen (Joining) als Basis einer guten Arbeitsbeziehung
Nicht nur in Gesprächen mit orientalischen Familien hat es sich als positiv erwiesen, dass Fachkräfte das Gespräch nicht sofort mit dem Problem beginnen. So wie auch in anderen Beratungskontexten sollten Fachkräfte zunächst einmal für ein entspanntes Gesprächsklima und eine gute Atmosphäre sorgen. In der Arbeit mit Familien mit einem anderen kulturellen Hintergrund sollte man wissen, dass es in vielen Kulturen eher untypisch ist, schwierige Dinge direkt und klar anzusprechen. Deutsche tendieren dazu, die Dinge, die ihnen wichtig sind, direkt, klar und eindeutig und mit „Undiplomatie" zum Ausdruck zu bringen (Schroll-Machl, 2003; zitiert nach Metzner, 2005, S. 23). Dem eigentlichen Inhalt der Kommunikation wird eine höhere Bedeutung als dem Beziehungsaspekt beigemessen (Markowski, 1995; zitiert nach Metzner, 2005, S. 23). Im Gegensatz dazu werden in orientalischen Kulturkreisen Kritikpunkte und negative Sachverhalte mit viel Lob und positivem Feedback eher beiläufig erwähnt (El-Mafaalani & Toprak, 2011, S. 166). Eine direkte und klare Formulierung von negativen Sachverhalten ist für viele Menschen aus diesen Kulturen eher etwas Ungewöhnliches und könnte als unhöflich und als Konfrontation bzw. Angriff erlebt werden. Aus Höflichkeit und Scheu vor Autoritäten werden insbesondere Menschen aus orientalischen Kulturen die Konfrontation durch Fachkräfte zwar akzeptieren, eine kooperative Zusammenarbeit auf längere Sicht wird dadurch allerdings erschwert werden (El-Mafaalani & Toprak, S. 167). Betroffene drücken eine unkooperative Haltung allerdings häufig nicht direkt aus, sondern lassen es den Berater eher latent, z.B. durch passiven Widerstand, spüren (El-Mafaalani & Toprak, S. 167).

Umso wichtiger ist es, insbesondere im Kontakt mit orientalischen Familien ausreichend Zeit für das sogenannte Joining einzuplanen: Elternarbeit wird erst dann erfolgreich sein können, wenn eine vertrauensvolle Beziehung zu ihnen aufgebaut worden ist. Fachkräfte sollten sich daher besonders am Anfang um eine positive und entspannte Atmosphäre bemühen. Eine interessierte Haltung gegenüber der anderen Kultur, z.B. auch den Verhaltenskodexen bei der Begrüßung, und ein Einlassen auf die Gastfreundschaft (siehe unten) können gute Möglichkeiten bieten.

Eine gute Rahmung ist grundlegend!
Wie auch generell in Gesprächen sollte sich insbesondere in der Arbeit mit orientalischen Familien viel Zeit für die Rahmung eines Gesprächs genommen werden. Es empfiehlt sich, zunächst den Fokus auf die Auftrags-, Rollen- und Kontextklärung zu legen. Viele orientalische Eltern kennen sich mit der „Behördenlandschaft" in Deutschland nicht gut aus und können Beratungsangebote und Gespräche oftmals nicht einordnen (El-Mafaalani & Toprak, 2011, S. 165). Freie Träger können z.B. als Verbündete der Ausländerbehörde oder eine muttersprachliche Beratungseinrichtung als Verbündete des jeweiligen Konsulats angesehen werden, denn Angebote sozialer Einrichtungen in orientalischen, diktatorischen Ländern sind anders als in Deutschland strukturiert (El-Mafaalani & Toprak, 2011, S. 165). Nimmt man sich zu Anfang eines Gesprächs Zeit für das Transparentmachen, also für Erklärungen dazu, in welchem Rahmen der Kontakt stattfindet, bereitet man einen guten Boden für eine weitere Zusammenarbeit und kann bei den Betroffenen Sicherheit und Vertrauen schaffen.

El-Mafaalani und Toprak empfehlen Fachkräften, dass sie Eltern unbedingt deutlich machen sollen, über welche Kompetenzen sie verfügen und worüber sie nicht entscheiden können (El-Mafaalani & Toprak, 2011, S. 168). Denn wenn diese Grenzen im Vorfeld mit den Eltern nicht besprochen würden, würden die Eltern davon ausgehen, dass sie es mit inkompetenten Fachleuten zu tun haben (El-Mafaalani & Toprak, 2011, S. 168). „Institutionen, wie z.B. die Schule, haben in der arabischen und türkischen Bevölkerung einen hohen Stellenwert. Wenn Eltern sich an die pädagogischen und psychologischen Fachkräfte wenden, um Hilfe zu holen, dann haben sie auch höhere Ansprüche an sie" (El-Mafaalani & Toprak, 2011, S. 168).

Schweigepflicht hervorheben
Nicht wenige orientalische Familien sind deutschen Institutionen gegenüber misstrauisch eingestellt. Oftmals sind sie verunsichert, was mit den Informationen, die sie offenbaren, passieren wird. Für Fachkräfte empfiehlt sich daher innerhalb der Rahmensetzung, die Schweigepflicht hervorzuheben. Allerdings sollte der Begriff Schweigepflicht durch Beispiele beschrieben werden, da nicht allen Eltern deren Bedeutung klar ist (El-Mafaalani & Toprak, 2011, S. 165).

Das Verwenden einer einfachen Sprache – die Vermeidung von Fachbegriffen
Eltern, die eine Beratungseinrichtung aufsuchen, kennen sich in der Regel – wie auch viele deutschstämmige Familien – mit sozialpädagogischen Fachbegriffen nicht aus. In Gesprächssituationen sollte generell, aber insbesondere auch bei orientalischen Familien darauf geachtet werden, pädagogische Fachwörter zu vermeiden, auch wenn sie für Fachkräfte noch so alltäglich sind. Aus Höflichkeit und Scham werden viele Eltern nicht von sich aus sagen, dass sie die Begriffe nicht verstanden haben (El-Mafaalani & Toprak, 2011, S. 167). Es empfiehlt sich daher, den Eltern Fachbegriffe, die man nicht vermeiden kann, mit einfachen Worten zu erklären. Auch dies wird Zeit brauchen, die Fachkräfte einplanen sollten.
Die Aktivierung beider Elternteile Es ist in einem Beratungsgespräch häufig der Fall, dass ein Elternteil den aktiven Part im Gespräch übernimmt. Um den passiveren Elternteil einzubeziehen, hat es sich als hilfreich erwiesen, sich mit gezielten Fragen an diesen zu wenden. Auch wenn dies aufgrund mangelnder Sprachkenntnisse manchmal schwierig sein kann, sollte die Beratungsperson deutlich machen, dass beide Elternteile Teil des Gesprächs sind. Beide Elternteile in die Beratung einzubeziehen, bedeutet, dass beide gleichwertige Gesprächspartner für die Beratungsperson sind und gleichberechtigt an der Verbesserung der persönlichen Situation mitwirken sollen und können (El-Mafaalani & Toprak, 2011, S. 165).

Die Anerkennung von Kompetenzen und Ressourcen der Eltern
Der Fokus eines Gesprächs sollte zunächst immer auf Kompetenzen und Ressourcen der Familien gelegt werden, auch wenn Eltern aus der Sicht der Fachkraft Defizite im Erziehungsverhalten haben. Allein die Tatsache, dass die Eltern zu einem Gespräch bereit sind und sich helfen lassen wol-

len, ist eine soziale Kompetenz, die Lob und Anerkennung verdient. Denn oftmals hat die Zuhilfenahme professioneller Hilfe von außen in muslimischen Kontexten einen schlechten Ruf (El-Mafaalani & Toprak, 2011, S. 165).

Hervorheben des gemeinsamen Interesses: eine gute Zukunft für das Kind
Fast alle Eltern wollen, dass ihre Kinder eine gute Schulbildung bekommen und gute Zukunftschancen in Deutschland haben werden. Es kann in manchen Gesprächen daher wichtig sein, den Fokus darauf zu legen, welche Konsequenzen das problematische Verhalten des Kindes für die Schullaufbahn haben kann.

Es empfiehlt sich, bei der Klärung des Problems zu betonen, dass dem Kind (gemeinsam mit den Eltern) geholfen werden soll, das Leben in Deutschland gut meistern zu können. Hierzu ist es immer sinnvoll, die Wahrnehmung der Eltern zu erfragen und auch den Herkunftskontext einzubeziehen. Meist ist es sehr interessant, die Eltern danach zu fragen, wie man mit diesem Problem umgehen würde, befände sich die Familie in ihrem Herkunftsland. So kann man als Fachkraft einen guten Einblick in Lösungsideen der Familie und in gesellschaftlich verankerte Hilfsideen und -konstrukte der Herkunftsländer erhalten. Auch systemische Methoden eignen sich sehr gut, um wichtige Aspekte in der Welt der Familien und des Kindes erfahren und berücksichtigen zu können. Wichtig ist es hierbei immer, nach den Lösungsideen und den Hypothesen der Eltern zu fragen, eigene Hypothesen und Ideen zur Verfügung zu stellen und diese stets hinsichtlich der Realisierbarkeit zu besprechen.

Die Überprüfung der Umsetzbarkeit entwickelter Lösungen
Die Welt des Klienten zu erkunden, ist auch deswegen wichtig, weil Lösungsideen nicht losgelöst vom familiären Kontext erarbeitet werden sollten. Es ist immer wichtig, mit den Eltern zu klären, ob Lösungsvorschläge auch in den Alltag der Familie passen und umgesetzt werden können (El-Mafaalani & Toprak, 2011, S. 166). Hierbei ist es sinnvoll, strukturelle Begebenheiten und Rollen- und Beziehungsdynamiken in Lösungskonstrukte einzubeziehen. Denn:

Deutschstämmige pädagogische und psychologische Fachkräfte repräsentieren ein bestimmtes soziales Milieu und ein bestimmtes Verständnis. Ihre Argumentation repräsentiert in der Regel die Vorstellungen dieses Milieus. [...] Die sozialen, wirtschaftlichen und kulturellen Rahmenbedingungen muslimischer Eltern sind meistens nicht mit denen deutscher Pädagogen und Eltern zu vergleichen (El-Mafaalani & Toprak, 2011, S. 168).

Generell sollte bei der Entwicklung von Lösungen auch immer bedacht werden, dass Familien in kollektivistisch geprägten Systemen, z.B. Moscheegemeinden oder orientalischen Subsystemen, sozial eingebunden sind. Es kann durchaus passieren, dass Familien selbst mit einer Lösungsidee einverstanden sind, diese aber von den kollektiven Systemen, in denen sie sich aufhalten, nicht mitgetragen werden. Für die Beratung könnte es also bedeuten, dass es bei der Ideen- und Lösungsentwicklung sinnvoll ist, auch immer nach möglichen Reaktionen des Umfelds zu fragen.

Die Gewinnung der Eltern als Verbündete
In einem Beratungsprozess ist es grundlegend, Eltern als Verbündete und nicht als Gegner zu gewinnen. Wichtig kann es hierbei sein, der Familie mit Respekt gegenüber ihren Werte- und Normvorstellungen zu begegnen (El-Mafaalani & Toprak, 2011, S. 166) und den Eltern das Gefühl zu geben, dass man sie in der Elternrolle stärken und nicht schwächen möchte. An dieser Stelle sei nochmals auf die pädagogische Sichtweise von Michael Ströll im vorhergehenden Unterkapitel verwiesen.

Die Wahrnehmung und das Sichtbarmachen von religiösen Festen
Für Einrichtungen wie z.B. Kindertagesstätten ist es für einen Vertrauensaufbau sehr hilfreich, wenn alle Feste der verschiedenen Religionen bekannt sind und als etwas Normales gelten. In einigen Kindergärten ist es schon gängige Praxis, sowohl muslimische Feste als auch Feste anderer Religionen in den Jahresablauf zu integrieren. In einem mir bekannten Kindergarten werden wichtige Begebenheiten der Kinder in einem großen Kalender am Eingang sichtbar, in dem die Feste und Feiertage aller Religionen vermerkt sind. Kindergärten, die Feste anderer Religionen aufgreifen und thematisieren, berichten von sehr positiven Reaktionen der Eltern. Es wird als große Wertschätzung wahrgenommen, wenn eigene Fes-

te auch in Beratungseinrichtungen gesehen, wahrgenommen und thematisiert werden.

Vermeidung von Schuldzuweisung
Das Thema Schuld taucht in Beratungskontexten immer wieder auf. Toprak benennt die Schuldzuweisung als einen klassischen Stolperstein in der Elternarbeit:

> Gegenüber Kritik an der eigenen Person und den eigenen Fähigkeiten sind arabische und türkische Migranten besonders empfindlich. Die meisten Eltern haben das Gefühl, besonders in der Migration gut funktionieren zu müssen und intakte Familienverhältnisse nach außen präsentieren zu müssen, weil sie einerseits im „Heimatland", andererseits in Deutschland unter besonderer Beobachtung stehen. Schuldzuweisung in Bezug auf Erziehungsdefizite wird als persönlicher Angriff und Inkompetenz interpretiert und erschwert die Arbeit (El-Mafaalani & Toprak, 2011, S. 167).

Da die Schuldfrage generell viel zu komplex ist und niemals linear beantwortet werden kann, sollten Fachkräfte daher möglichst versuchen, diese zu vermeiden bzw. aufzuzeigen, dass nicht nur ein Faktor einen Anteil an einer Situation hat.

Weiterhin ist zu beobachten, dass Eltern Kritik am Verhalten des Kindes als einen persönlichen Angriff erleben und mit dem Vorwurf der eigenen Inkompetenz gleichsetzen (El-Mafaalani & Toprak, 2011, S. 167). Die Kritik am Kind impliziert für Eltern das eigene Versagen. Viele orientalische Eltern verteidigen ihr Kind gegenüber Personen außerhalb der Familie oftmals in extremer Weise. Solange Fachleute oder „fremde" Menschen anwesend sind, stehen Eltern oftmals schützend vor ihren Kindern, verteidigen sie und zeichnen ein positives Bild von ihrem Kind. Anschließend im häuslichen Rahmen erfahren Kinder allerdings manchmal durchaus harte Kritik und Konsequenzen, die man sich als Fachkraft niemals hätte vorstellen können, da man Eltern eben schützend und in der Verteidigungsposition gegenüber ihrem Kind erlebt hatte.

Terminvergabe an Freitagen und im Ramadan in der Nachmittagszeit
Generell ist es ratsam, an muslimische Familien keine Freitagstermine zu vergeben. Sehr viele muslimische Eltern besuchen das Freitagsgebet in einer Moschee. Der Freitag ist der Feiertag für Muslim*innen so wie der Sonntag für Christen. Auch im Monat Ramadan wird es besonders am Nachmittag schwierig sein, mit muslimischen Familien Termine zu vereinbaren. Fastende haben dann manchmal Schwierigkeiten, die notwendige Konzentration in schwierigen Gesprächen aufzubringen.

Betreten der Wohnräume ohne Schuhe?
Mittlerweile ist vielen Fachkräften bekannt, dass die Wohnungen von orientalischen Familien nicht mit Straßenschuhen betreten werden sollten. Bei Hausbesuchen wird von Besucherseite demnach mittlerweile nachgefragt, ob Schuhe ausgezogen werden sollen. Meist wird die Frage allerdings von dem Gastgeber aus Höflichkeit verneint (El-Mafaalani & Toprak, 2011, S. 174). Orientalische Familien sind häufig äußerst höflich. Gastfreundschaft steht weit oben auf der Tugendliste. Man möchte den Gast nicht vor den Kopf stoßen. Das Wohl des Gastes wird als äußerst wichtig betrachtet. Fachkräfte, denen es nichts ausmacht, sich ohne Schuhe in der Wohnung zu bewegen, sollten aus diesem Grund ihre Schuhe ohne weitere Nachfragen ausziehen. Meist bekommt man dann sofort Hausschuhe angeboten, die für Gäste sowieso bereitstehen.

Essenseinladungen, Tee und süßes Gebäck
Unabhängig davon, in welchem Kontext ein Hausbesuch stattfindet, bleibt es häufig nicht aus, dass der Besucher etwas zum Essen oder Trinken angeboten bekommt. Im häuslichen Bereich kann die Trennung zwischen privatem und dienstlichem Besuch daher manchmal nicht scharf gezogen werden. Als Berater*in sollte man bedenken, dass sich Eltern beleidigt fühlen könnten, wenn das Angebot zum Essen, vor allem aber zum Trinken abgelehnt würde (El-Mafaalani & Toprak, 2011, S. 175). Es ist daher ratsam, bei Hausbesuchen mehr Zeit als üblich einzuplanen und sich eventuell auf eine spontane und unkonventionelle Vorgehensweise einzustellen (El-Mafaalani & Toprak, 2011, S. 176). Fachkräfte sollten das Angebotene annehmen und es dann – wenn man es partout nicht probieren möchte – vor sich stehen lassen. Meist sind es selbst gebackene Leckereien, die köstlich schmecken.

Lassen sich Fachkräfte auf diese Gastfreundschaft ein und nehmen sich Zeit, so bietet dies eine Chance, eine gute Arbeitsbeziehung aufzubauen und für ein entspanntes Gesprächsklima zu sorgen.

Die Anwesenheit beider Elternteile
Bei Hausbesuchen in traditionell-religiösen Familien könnte es wichtig sein, sich zu vergewissern, ob beide Eltern bei einem Hausbesuch anwesend sind. Termine mit einem Berater allein mit der Mutter oder Termine mit einer Beraterin allein mit dem Vater können für orientalische Familien durchaus ein Tabu darstellen, da es durchaus äußerst kritisch gesehen werden kann, wenn sich eine fremde Frau und ein fremder Mann gemeinsam in privaten Räumlichkeiten aufhalten.

4.3 Kulturelle und religiöse Dolmetscher*innen

Das Einsetzen von kulturellen und religiösen Dolmetscher*innen
Finden Fachkräfte trotz aller Bemühungen keinen Zugang zu Menschen aus dem orientalischen Kulturkreis, dann könnte es durchaus hilfreich sein, kulturelle Dolmetscher*innen hinzuzuziehen. Der Nutzen der Idee hat sich in vielen Kommunen bestätigt, diese Möglichkeit wird demnach an vielen Orten schon angeboten.

Religiöse Dolmetscher*innen werden allerdings meines Wissens bisher noch kaum in den professionellen Kontext einbezogen. In manchen Beratungsprozessen stellen aber genau bestimmte religiöse Aspekte die Basis für ein Stocken des Beratungsprozesses dar. Bei sehr verschärften Konflikten befinden sich die Beteiligten manchmal aufgrund eines religiösen Verständnisses in einer Sackgasse. Betroffene muslimische Eltern benennen in solchen Situationen dann durchaus die Dynamik, die ihre religiöse Auffassung auf Alltags- und Erziehungsfragen haben kann. Dann wird vonseiten der Betroffenen beispielsweise nicht mehr mit kulturellen Besonderheiten argumentiert, sondern mit religiösen Geboten. Aus meiner Erfahrung stellt dies für Fachkräfte einen zusätzlichen unsicheren Faktor in der Beratung dar, da das Sprechen über Religiosität für Fachkräfte, die in freien Trägern oder der Kommune arbeiten, eher etwas Ungewöhnliches ist. Eine Ausnahme bilden sicherlich die kirchlichen Träger, in denen aufgrund ihres Selbstverständnisses religiöse Aspekte im Beratungskontext mit aufgegriffen werden. Vor dem Hintergrund, dass wir Fachkräfte stets darum bemüht sein sollten, ins Stocken geratene Prozesse wieder zu beleben, ist ein Einbezug des religiösen Aspekts durchaus ein Faktor, der in der Sozialen Arbeit mit Muslim*innen aus meiner Sicht noch viel zu wenig mitgedacht und in Erwägung gezogen wird. Der Ansatz mag manchen Fachkräften der Sozialen Arbeit zunächst einmal fremd und ungewohnt erscheinen. Ich habe allerdings selbst die Erfahrung gemacht, dass Hodschas und Imame Dilemmata von Eltern im Konfliktfall immer wieder auflösen konnten. Denn diesen war es möglich, oftmals kulturell missverstandene religiöse Verbote zu entlarven und einen weiteren Prozess mit den Beteiligten zu ermöglichen, in dem sie den Eltern andere Sichtweisen zur Verfügung stellten und sich somit der Blick der Betroffenen erweiterte. Diese Eltern stecken ja tatsächlich selbst in einem Dilemma. Nicht selten stehen eigene Bedürfnisse im Widerspruch zu religiösen Geboten. Diese religiöse Sackgasse bzw. Ambivalenz, wie ich sie nennen möchte, müssen wir als Fachkräfte ernst nehmen. Meines Erachtens wäre es wichtig, diesen Aspekt in die Beratung einzubeziehen, sobald er als Blockade, von wem auch immer, wahrgenommen wird. Als Fachkraft könnte man beispielsweise darauf hinweisen, dass man selbst auch eine sehr barmherzige und offene Seite innerhalb des Islam kennengelernt hat und man wisse, dass es eine große Vielfalt an Auslegungsmöglichkeiten im Islam gibt. Man könnte betroffenen Kindern, Jugendlichen oder Eltern die Frage stellen, ob es vielleicht eine Idee wäre, sich vertraulich an einen Imam bzw. an eine Imamin zu wenden, um mit ihm bzw. mit ihr ein Gespräch über religiöse Aspekte zu den bestehenden Überlegungen zu führen.

Die Idee, sich an einen Geistlichen bzw. eine Geistliche zu wenden, ist natürlich nur dann sinnvoll, wenn man sich im Vorfeld Informationen über religiöse Autoritäten vor Ort eingeholt hat. Religiöse Autoritäten, die eine Ressource für die professionelle Soziale Arbeit sein können, werden sicherlich fast überall zu finden sein.

Hinweis
Hier sei noch auf einen weiteren wichtigen Aspekt hingewiesen: Da viele muslimische Eltern durchaus auch in muslimischen Internetforen nach Antworten auf ihre Fragen suchen, kann es

sinnvoll sein, diese Ebene digitaler Informationsbeschaffung ebenfalls zu thematisieren. Hier reicht meist der Hinweis, dass es von Vorteil sein kann, einen persönlichen Kontakt zu einem Imam zu suchen, der die Herausforderungen von Familien kennt, die ihren Lebensschwerpunkt in einem westlichen, beispielweise europäischen Land haben. Viele Imame, die im Internet mit Meinungen und Informationen präsent sind, leben selbst nicht in westlich geprägten Gesellschaften.

In meiner interkulturellen Arbeit habe ich bei Themen, bei denen sich eine religiöse Bearbeitung anbot, immer wieder mit unterschiedlichen Imamen bzw. Imaminnen zusammengearbeitet. Themen, wie z.B. Eigenverantwortlichkeit, gewaltfreie Erziehung oder Gleichbehandlung der Geschlechter, konnten dadurch nochmals in einem größeren und anderen Rahmen, z.B. der Freitagspredigt, behandelt und ohne Bevormundung von außen angenommen werden.

Imame bzw. Hodschas sind meist selbst bestrebt, ihre Gemeindemitglieder zu motivieren, sich aktiv und positiv in eine Gesellschaft zu integrieren. Viele Gemeinden sind schon jetzt um eine intensive Aufklärungs- und Integrationsarbeit bemüht und hochmotiviert, mit sozialen Einrichtungen zusammenzuarbeiten.

Die Situation in Moscheegemeinden

Da es in Deutschland noch immer keine Ausbildungsstätten für Imame gibt, sind Gemeinden gezwungen, Imame aus muslimischen Ländern anzuwerben. Diese sind dann oftmals der deutschen Sprache nicht mächtig. In Herausforderungen, mit denen orientalische Familien hier in Deutschland konfrontiert sind, haben sie keinen intensiven Einblick, da ihnen Erfahrungen in einer demokratisch-westlichen Kultur fehlen. Wenn z.B. die größte türkische (vom türkischen Staat unterstützte) Moscheeorganisation DITIB Imame immer nur für eine geringe Zeit nach Deutschland sendet, wird es einem Imam schon aufgrund dieser Struktur gar nicht möglich sein, tiefer in Themen, die die Integration betreffen, eindringen zu können. So wird es einem Imam sehr schwerfallen, Familien in Deutschland gut zu begleiten. Meist herrscht in türkischen Gemeinden auch ein einheitlicheres Islamverständnis als in anderen sogenannten internationalen Moscheegemeinden.

In den internationalen Moscheegemeinden halten sich meist nicht türkischstämmige Muslim*innen auf, da in diesen z.B. die Predigten neben der arabischen Sprache auch auf Deutsch gehalten werden. Aufgrund der vielen Nationalitäten gibt es eine größere Vielfalt von kulturellen Ausprägungen eines Islamverständnisses. Durch die Tatsache, dass unterschiedliche Auffassungen und Auslegungen dort aufeinanderprallen, sind Gemeindemitglieder gezwungen, in einen demokratischen Prozess des Miteinanders zu gehen. Unterschiedlichkeiten müssen gleichwertig nebeneinander stehengelassen werden, da es eben keine Wahrheitshoheit gibt.

Ich möchte an dieser Stelle betonen, dass es mir nicht darum geht, bestimmte Moscheegemeinden zu bewerten. Mir geht es darum, auf Strukturen hinzuweisen, die demokratische Prozesse begünstigen, und auf solche, die sie eher verhindern.

Wenn man sich also auf die Suche nach kulturellen Brückenbauern macht und sich an Imame wendet, kann es sein, dass diese der deutschen Sprache nicht mächtig sind. Dann kann es gut sein, dass man den Kontakt zu Vorständen und aktiven Menschen in Gemeinden sucht. Es gibt in sehr vielen Moscheegemeinden aktive Menschen, die für die Aufklärungs- und Integrationsarbeit auch außerhalb der Gemeinden bereitstehen. Allerdings werden diese Kontaktmöglichkeiten kaum oder nur sehr zaghaft genutzt. Ich empfehle jedem, der sich diese Ressourcen zunutze machen möchte, sich in interkulturellen Strukturen in seiner Stadt umzuhören. Man wird sehr schnell erfahren, mit welchen Personen und Einrichtungen man gute Erfahrungen gemacht hat und welche Personen sich schon jetzt außerhalb der Gemeinden für die Integrationsarbeit einsetzen.

Ich persönlich erlebte bei meinen Fragen zur intensiven Zusammenarbeit stets eine sehr große Aufgeschlossenheit und Dankbarkeit aufseiten der Gemeinden. Sie bekamen dadurch die Möglichkeit, tiefer in soziale wie pädagogische familiäre Thematiken einzutauchen, die orientalische Familien in einer westlichen Gesellschaft bewegen. Gleichzeitig bekamen sie auch Anregungen von pädagogischer professioneller Seite und erhielten die Möglichkeit, wichtige Themen auch in ihren Räumlichkeiten zu diskutieren. Im Gegenzug hatte ich stets die Unterstützung auf religiöser Seite,

Familien in schwierigen Situationen zu unterstützen und Bewegung zu ermöglichen. Es war daher für beide Seiten eine „Win-win-Situation".

Teil 2

Religiöse Quellen als Integrationsinstrument
in der Interkulturellen Sozialen Arbeit
mit Muslim*innen

Einleitung

Der zweite Teil des Buches ermöglicht einen Einblick in religiöse Quellen des Islams. Eventuell wird an dieser Stelle eventuell die Frage auftauchen, wieso religiöse Bezüge für Fachkräfte im Kontext „Interkulturalität" wichtig sein könnten.
Wieso ist es wichtig, sich eingehender mit religiösen Quellen des Islams zu beschäftigen? Hat der Glaube meines Gegenübers überhaupt eine Bedeutung in der Begegnung im pädagogischen Alltag? Könnte man den Glauben nicht einfach auch ausklammern und ihn in den „privaten" Bereich verschieben?
Genau mit diesen Fragen im Rahmen der Sozialen Arbeit wird sich dieser Teil des Buches beschäftigen. Und um es vorwegzunehmen: „Ja, es könnte durchaus sehr wichtig sein, ein fundiertes Hintergrundwissen in diesem Bereich zu haben!" Es wird sich daher im Folgenden mit dem religiösen Hintergrund gläubiger Muslim*innen beschäftigen. Es werden Einblicke in islamische religiöse Quellen ermöglicht, die Themen rund um Familie und Erziehung betreffen.

Das erste Kapitel wird auf die eingangs erwähnte Fragestellung eingehen und deutlich machen, aus welchen Gründen es für uns Fachkräfte wichtig sein könnte, einen guten Einblick in das Thema „Islam" zu haben.

Das zweite Kapitel befasst sich mit den Grundlagen im Islam, den drei Hauptquellen, aber auch der Problematik der Koranübersetzungen und dem islamischen Recht und es wird auf dessen Interpretationsspielraum, den Scharia-Begriff sowie auf die Pluralität im Islam eingehen.

Das dritte Kapitel wird in die Grundzüge des muslimischen Glaubens unterschiedlicher Bereiche einführen.

Das vierte Kapitel widmet sich dem Blick auf Christen und Andersgläubige aus Sicht des Islams. Anhand verschiedener religiöser Quellen erhält der/die Leser*in die Möglichkeit, aus der muslimischen Innenperspektive heraus einen Blick auf Andersgläubige und auf Themen, die den christlichen Glauben streifen, zu richten.

Im fünften Kapitel werden die zwei muslimischen Hauptfeste näher beleuchtet und auch Ideen zu Gestaltungsmöglichkeiten in sozialen Einrichtungen gegeben.

Das sechste Kapitel widmet sich den Thematiken „Die Frau im Islam" und „Sexualität im Islam".

Das siebte Kapitel wird Einblicke in religiös geprägte Ideen in der Kindererziehung im Islam ermöglichen. Neben allgemeinen Erziehungsinhalten wird es darum gehen, die im Islam verankerten verschiedenen Altersphasen und ihre Bedeutung für die Kindererziehung näher zu betrachten.

Als Koranübersetzung habe ich, soweit nicht anders angegeben, die Übersetzung der Azhar-Universität Ägypten des Obersten Rates für islamische Angelegenheiten, „Al-Muntakhab", von Prof. Dr. Moustafa Maher aus dem Jahr 1999 verwendet. Die Überlieferungen habe ich, wenn nicht anders angegeben, aus den Sammlungen „Riyad us-Salihin – Gärten der Tugendhaften" (1996 und 2002) von Abu Zakariya an-Nawawi übernommen.

1 Chancen religiöser Quellen in der interkulturellen Arbeit

1.1 Die Religion als lebensgestaltendes Element

In der Arbeit im interkulturellen Kontext ist es keine Seltenheit, dass Fachkräfte auf Menschen treffen, die sich selbst als praktizierend religiös beschreiben und die sich in Gesprächen auch direkt auf ihre Religion beziehen. Ich möchte an dieser Stelle auf eine Aussage von Dr. Ibrahim Rüschoff und Malika Laabdallaoui hinweisen, dass aus der Sicht praktizierender gläubiger Muslim*innen Konflikte und Problemlagen keineswegs beliebig und individuell lösbar seien, sondern der Einbeziehung religiöser Aspekte bedürften (vgl. Laabdallaoui & Rüschoff, 2005, S. 17). Praktizierende Muslim*innen versuchen stets ihre Handlungen im Einklang mit Gott zu gestalten.

> Für Muslime gibt es keinen Raum, in dem Gott nicht wirkt. Kein Aspekt des täglichen Lebens ist daher zu gering, um nicht als Gottesdienst verstanden zu werden. Jede Handlung, die Muslime im Bewusstsein der Gegenwart Gottes vollziehen, ist damit eine religiöse Handlung, egal ob sie beten, ein Auto kaufen, fasten, einem Beruf nachgehen oder den Hof fegen (ebd.).

Nach diesem Selbstverständnis des Islams gibt es also keinen Lebensbereich, der nicht im Bewusstsein der Gegenwart Gottes gelebt wird. Man könnte durchaus sagen, dass sich praktizierende Muslim*innen in allen Lebensbereichen auf religiösem Gebiet bewegen (ebd.). In Gesprächen mit muslimischen Familien könnte es also sein, dass einige Dinge, bei denen wir Fachkräfte niemals auf die Idee kämen, für unser Gegenüber durchaus in den Kontext von Religiosität eingebettet sind. Bei praktizierenden Muslim*innen können Bereiche wie z. B. die Kindererziehung und das Eheleben nicht selten dieselbe religiöse Bedeutung und Relevanz haben wie das Gebet und das Fasten (ebd.).

Es kann daher durchaus vorkommen, dass sich praktizierende Muslim*innen bei familiären Konflikten zunächst eher an religiöse Vertreter*innen, wie z. B. Imam*innen in Moscheegemeinden, wenden und nicht an Institutionen, in denen sie auf nicht-muslimische Berater*innen treffen (ebd., S. 15).

Viele soziale Einrichtungen versuchen daher seit geraumer Zeit kulturelle Dolmetscher*nnen oder muttersprachliche Mitarbeiter*innen einzustellen. Rüschoff und Laabdallaoui geben allerdings zu bedenken, dass dies im Hinblick auf muslimische Familien nicht automatisch bedeute, dass Religion als lebensweltgestaltendes Element ausreichend mitberücksichtigt werde. „Erfahrungsgemäß ist kaum jemand der Berater praktizierender Muslim, teilweise findet sich sogar eine aggressive Ablehnung des Islams als Integrationshindernis" (Laabdallaoui & Rüschoff, 2005, S.15). Auch Gaitanides äußert sich hierzu: Vor enthnisierenden Vorannahmen seien auch Fachkräfte mit Migrationsgeschichte nicht immer gefeit. Insbesondere dann nicht, „wenn sie sich stark abwertend von ihren (sozio)kulturellen Wurzeln distanzieren und sich an die dominanten Einstellungen der Mehrheitsgesellschaft demonstrativ anpassen um das abwertende Stigma des Andersseins abzuschütteln" (Gaitanidis 2019, S. 115).

1.2 Sind Interkulturelle Schulungen ausreichend?

Interkulturelle Trainings, Schulungen und Fortbildungen für Fachkräfte können eine Sensibilisierung und eine Reflexion der eigenen Gedankenkonstrukte und Fallstricken von kulturellen Zuschreibungen bewirken. Mit interkultureller Achtsamkeit können Fachkräfte Unterschiedlichkeiten aufgreifen und als gleichwertig nebeneinander stehenlassen.

Allerdings geben interkulturelle Weiterbildungen oft keine Lösungsideen für Situationen, wenn sich gläubige Menschen, aber auch wir Fachkräfte im folgenden Dilemma befinden: Das Beratungsgespräch gerät ins Stocken, wenn Eltern auf verpflichtende Gebote in ihrer Religion verweisen und Fachkräfte ihnen deutlich machen, dass in Deutschland andere Gesetze gelten, die mit diesen Geboten nicht vereinbar seien. Dies könnte schließlich zu einem Abbruch der Beratung führen, womit niemandem gedient wäre. Oftmals haben dann sowohl gläubige Muslim*innen als auch die Fachkräfte an dieser Stelle das Gefühl, dass die Religion eine unüberbrückbare Barriere zwischen den Welten darstelle. Ich erlebe durchaus Menschen mit folgendem Konflikt: Auf der einen Seite will man sich integrieren, auf der anderen Seite ist man aber der Meinung, dass einem die Religion gewisse Dinge vorschreibe und man sich von gewissen religiösen Normen distanzieren müsse, um diese Integration zu erreichen.

Hier müsste viel Aufklärungsarbeit auf Seiten der Religionsgemeinden geleistet werden.

> Die Unkenntnis der religiös-kulturellen Vorstellungen kann dazu führen, dass eigene Annahmen und Perspektiven als Grundlage zur Werturteilsbildung herangezogen werden, die zu kurz greifen und dem Gegenüber nicht gerecht werden können. Gleichzeitig machen polarisierende Konstruktionen von „Wir und die Anderen", die Vielfalt und die tatsächlichen Gemeinsamkeiten auf beiden Seiten unsichtbar. Positiv gewendet wird hier ein Bedarf an Selbstreflexion der eigenen Bewertungskategorien und Prämissen festgestellt. In einer Gesellschaft, die religiös und kulturell vielfältiger wird, benötigen alle Akteure Kompetenz in interreligiöser Sprachfähigkeit und Differenzierungssensibilität (Karakaya & Zinsmeister, 2018, S. 5).

Personen mit solchen Kompetenzen bräuchte es demnach nicht nur in sozialen Einrichtungen und Schulen, sondern auch in muslimischen Gemeinschaften.

Wenn wir Fachkräfte Menschen in dem oben genannten Dilemma unterstützen möchten, könnte dies eine Chance bieten, uns mit der Zuschreibung zu befassen, der Islam selbst verhindere Integration, und wir könnten diese Zuschreibung im Hinblick auf ihren Wahrheitsgehalt überprüfen.

Dies würde allerdings in letzter Konsequenz bedeuten, dass sich Fachkräfte mit pädagogisch relevanten Themen des Islams auseinandersetzen und über religiöses Hintergrundwissen verfügen müssten. In Situationen von vermeintlicher religiöser Fremdbestimmtheit oder in verdeckten schwierigen Situationen könnten dann Impulse gesetzt werden, die die Chance von Bewegung, Weiterentwicklung und einen Weg hin zur Überprüfung der eigenen Mindmap eröffnen würden.

1.3 Die Falle des Nichtwissens: das Hauptproblem von Muslim*innen

Für Fachkräfte ist in diesem Kontext Folgendes wichtig zu wissen: Oftmals stehen von Muslim*innen angeführte angebliche religiöse Argumente selbst im Widerspruch zu den koranischen Prinzipien. Denn allgemein ist die Vermischung von kulturellen und religiösen Aspekten im Alltag von Muslim*innen extrem hoch und eine kulturabhängige Auslegung des Korans äußerst verbreitet. Vergleicht man die unterschiedlichen kulturellen Einflussfaktoren der verschiedenen muslimischen Länder, wird schnell ersichtlich, dass die islamische Religion vielfältig interpretiert und umgesetzt wird. Das islamische Selbstverständnis von chinesischen Muslim*innen hat mit dem Selbstverständnis der indonesischen, bosnischen oder senegalesischen Muslim*innen nur sehr wenig zu tun. Und auch innerhalb der kulturellen Gruppierungen gibt es wiederum zahlreiche Strömungen und Ausformungen des Religionsverständnisses. Diese Vielfalt und Pluralität werden allein schon durch die Tatsache begünstigt, dass es in der muslimischen Tradition keinen Papst oder keine vergleichbare übergeordnete Instanz gibt, die allgemeingültig für eine bestimmte Auslegung des Korans oder dessen Überlieferungen sprechen könnte. Vergleichen Sie hier auch Kapitel 2.4 „Pluralität im klassischem Islam".

Nach Laabdallaoui und Rüschoff ist die Durchmischung von Kultur und Religion gepaart mit Bildungsferne eines der Hauptprobleme von Muslim*innen. Sie behaupten, dass viele der ursprünglich als Arbeitsmigranten eingereisten Muslim*innen über eine nur unzureichende allgemeine und religiöse Bildung verfügten und ihre oft seit Jahrhunderten unveränderte Lebensweise für islamisch hielten und deren Verquickung mit ihren heimatlichen Traditionen nicht reflektierten. Nicht der Islam an sich erweise sich als größtes Integrationshindernis, sondern die unreflektierte Vermischung von Tradition und Religion. Die Menschen hätten einfach Angst, gegen die Gebote Gottes zu verstoßen, wenn sie ihre Lebensweise änderten und sich an eine nicht-muslimische Umwelt anpassten (Laabdallaoui & Rüschoff, 2005, S. 19). Diese große Unkenntnis der eigenen religiösen Quellen gepaart mit geringem Eigenverantwortungsgefühl und der Angst vor der Freiheit bilden nicht selten die Basis von Konflikten.

In der Begegnung mit Familien aus orientalischen Kulturkreisen könnte es also, wie oben schon erwähnt, eine wirkliche Chance sein, ihre Religiosität aufzugreifen und diese als Integrationsunterstützung anzusehen. Und wie im Folgenden sichtbar werden wird, bieten der Koran und auch die Überlieferungen zahlreiche geeignete Verse und Aussagen, die Brücken zu unseren Denkweisen und Vorstellungen von Freiheit, Familie und Kindererziehung bauen können. Oftmals kennen Muslim*innen ihre eigentlichen Quellen, insbesondere bei pädagogisch-familiären Themen, nicht, sondern haben seit Generationen eher traditionelle Verhaltensweisen als vermeintlich religiös vermittelt bekommen.

In der Begegnung mit gläubigen Muslim*innen sollte es uns Fachkräften bewusst sein, dass es gut sein kann, dass das Gegenüber Verhaltensweisen als von Gott gewollt definiert und vorgegeben erlebt. Eine solche Sichtweise hat dann oft zur Folge, dass der eigene individuelle Entscheidungsspielraum durchaus eingeschränkt ist. Wenn ein gläubiger Mensch von der Tatsache überzeugt ist, dass sein Verhalten gottgewollt ist, wird dieses Gebot für ihn handlungsleitend sein. Ansonsten würde er nach dieser Auffassung Gottes Gebote übertreten. Eine weltliche Sicht auf Dinge, wie z. B. Ideen oder Lösungsvorschläge von Fachkräften, steht für diesen Menschen keinesfalls höher als Gottes Gebote. Kein gläubiger Muslim und keine gläubige Muslimin wird sich für Dinge öffnen, die für ihn eine Missachtung der Gebote Gottes darstellen könnten. Wenn ein Beratungsprozess ins Stocken geraten ist, könnte es eine Chance sein, Menschen, die ihre Religion als Hindernis einer Annäherung sehen, die eigenen Kenntnisse über islamische Quellen, die zu einem demokratischen, eigenverantwortlichen Handeln aufrufen, zur Verfügung zu stellen, indem man z. B. auf die Informationen und Quellen dieses Buches verweist bzw. darauf hinweist, dass man selbst auch eine sehr barmherzige und offene Seite innerhalb des Islams kennengelernt hat und man wisse, dass es eine große Vielfalt an Auslegungsmöglichkeiten im Islam gibt. Man könnte betroffenen Kindern, Jugendlichen oder Eltern die Frage stellen, ob es vielleicht eine Idee wäre, sich vertraulich an einen Imam bzw. einer Imamin zu wenden, um mit ihm bzw. ihr ein Gespräch über religiöse Aspekte zu den bestehenden Überlegungen zu führen.

An dieser Stelle möchte ich folgende Aussage von Herrn Herwig-Lempp im Sozialmagazin 05/2012 zitieren:

> Jede Profession hat ihre eigene Sprache, die von den anderen nicht immer und von den Klienten häufig überhaupt nicht verstanden wird. Aufgabe der Sozialen Arbeit ist es, bei Bedarf für ihre Klienten zu übersetzen (wie auch, den Bedarf rechtzeitig zu erkennen): die speziellen Begriffe und Formulierungen, aber häu-

fig auch die Regeln und Gesetze, die für die jeweilige Profession gelten und von Laien häufig nicht verstanden werden" (Herwig-Lempp, 2012, S. 50).

Ich persönlich habe den fachlichen Anspruch, die Sprache des Klienten zu sprechen, in meinen zahlreichen Elternbildungsveranstaltungen in Moscheegemeinden in unterschiedlichen Städten angewendet, indem ich religiöse Texte und Aussagen des Propheten Muhammad stets in die Informationsvermittlung und die Reflexion über Erziehungsthemen miteinfließen ließ. Mit diesem Ansatz erlebte ich oftmals Verblüffendes: Verwunderung über eigene religiöse Quellen und Aussagen, aber auch manchmal ein erleichtertes Aufatmen der Teilnehmer. Manche waren tatsächlich irritiert über die Inhalte ihrer Religion bezüglich Kinder und familiären Themen, die sich häufig als doch viel offener, als es selbst angenommen wurde, darstellten. Das Aufgreifen religiöser Quellen in der interkulturellen Elternarbeit ermöglichte vielen Eltern, den leider manchmal noch existierenden Widerstand gegenüber „westlichen Erziehungsideen" abzulegen und zu erkennen, dass es zwischen „diesen" und „ihren" (religiösen) Ideen bezüglich Kindererziehung an sich sehr viele Gemeinsamkeiten gibt. So war es mir und den Teilnehmer*innen häufig möglich, sich mit einem offenen Blick auch auf teilweise sehr schwierige Themen, wie z. B. die Jugendphase ihrer Kinder und die dazugehörigen Herausforderungen auf Seiten der Eltern, einzulassen. In meinem zweiten Buch zum Thema „Professionelle Kompetenzen in der Interkulturellen Sozialen Arbeit mit Muslim*innen" werden Sie im Kapitel „Islamische Kindererziehung – der Siebenjahr-Rhythmus in der Erziehung" mehr über die Ideen des Propheten Muhammads über die Rolle der Eltern in der Erziehung erfahren.

2 Grundlagen des Islams und deren Schwierigkeiten

Generell sollte sich jeder, der sich mit „dem Islam" und „den Muslimen" beschäftigt, zunächst bewusst machen, was man unter den Begrifflichkeiten versteht. Es kann von großem Vorteil ein, sich erst einmal darauf zu verständigen, was man mit den verwendeten Begriffen assoziiert und mit welchen Inhalten und Zuschreibungen man diese füllt. Ein Anspruch von sozialen Fachkräften ist es ja durchaus nicht nur im interkulturellen Kontext, sehr sorgsam und differenziert mit Begriffen und Bedeutungszuschreibungen umzugehen. Eine professionelle Arbeitsweise wird stets die Auswirkung negativer Zuschreibung und Pauschalisierungen im Blick haben.

Einen Menschen auf nur eine Identität, wie z. B. die Religionszugehörigkeit, zu reduzieren, verengt den Blick und verkennt die Realität. „Der Islam" und „die Muslime" als Kollektiv mit gemeinsamen Attributen wird es faktisch in der Realität niemals geben. Oftmals wird in Diskussionen, die den Islam und die Muslim*innen betreffen, davon ausgegangen, dass muslimische Menschen aufgrund ihrer Religionszugehörigkeit ähnlich seien.

Die Tatsache, dass Menschen ihr Leben äußerst unterschiedlich und individuell gestalten, wird leider oft vernachlässigt. Von „dem Islam" zu sprechen ist aufgrund seiner äußerst pluralistischen Ausprägung nicht möglich. Vergleicht man die unterschiedlichen kulturellen Einflussfaktoren der verschiedenen muslimischen Länder, wird schnell ersichtlich, dass die islamische Religion vielfältig interpretiert und umgesetzt wird. In diesem Studienheft wird der Fokus daher auf die ursprünglichen Quellen des Islams gelegt und es werden die Stimmen in den Vordergrund gestellt, die diese Quellen aus einer Perspektive heraus betrachten, die für eine westlich-demokratische Gesellschaft kompatibel ist.

2.1 Die Problematik der Koranübersetzungen

Der Koran ist in einer Sprache überliefert worden, die eigentlich viel zu diffizil ist, um übersetzt werden zu können. Der Koran ist voller unvollendeter Sätze und Sprachsplitter. An vielen Stellen wirkt das Verkündete wie ein „Stammeln", ein sprachlich verfasstes „Traumgewirr" oder wie ein Versuch, „gegen die Unmöglichkeit, etwas Unsagbares zu sagen", anzukommen (Stoll, zitiert nach Gogos, 2019, S. 40). Er besitzt eine große Metaphorik, eine hohe klangliche Dichte und eine Deutungsoffenheit (Weidner, zitiert nach Gogos, 2019, S. 46).

Der Koran wurde auf reinem Alt-Hocharabisch verfasst, das eine sehr schöne, klangvolle und bedeutungsvolle Sprache ist. Für Menschen, die den Koran lesen und verstehen wollen, bedeutet dies, sich intensiv mit Wörtern, Versen und Suren auseinandersetzen zu müssen. Manche Verse sind klar und eindeutig, manche mehrdeutig und nur kontextbezogen verständlich. Im Koran heißt es hierzu:

Er ist es, der dir das Buch herabgesandt hat. Es enthält eindeutige, grundlegende Verse, die den Kern des Buches bilden und Verse, die verschieden gedeutet werden können" (Sure 3, Vers 7).

Und selbst hohe Gelehrte schreiben aus Demut und entsprechend der Erkenntnis Sokrates „Ich weiß, dass ich nichts weiß" unter ihren Erklärungsversuchen des Korans immer den Zusatz: „Gott weiß es besser". Gelehrte sind sich einig, es kann immer nur der Versuch einer Annäherung an das unternommen werden, was Gott den Menschen durch den Koran mitteilen will. „Den" Koran an sich kann es gar nicht geben, denn eigentlich ist er immer eine Interpretation. Muslime richteten sich demnach also nie nach dem Koran, sondern immer nur nach dem, wie der Koran verstanden wurde (Weidner, zitiert nach Gogos, 2019, S. 5).

Wer sich Gott intellektuell über den Koran nähern möchte, kommt nicht daran vorbei, sich sowohl mit der Sprache des Korans als auch mit den damaligen Kontexten der Verse auseinanderzusetzen. Für viele Verse im Koran kann man daher verschiedene Auslegungen finden. So wie in allen Bereichen ist eine Auslegung bzw. eine Übersetzung eines Textes immer vom Übersetzer selbst geprägt. „Zugleich ist Interpretation aber auch eine kreative Verarbeitung und Interpretation des Angeschauten. Folglich ist das Verständnis von der Offenbarung für den Exegeten zunächst einmal immer nur ein Verständnis für ihn, niemals aber ein Verständnis für alle" (Murtaza, 2015, S. 9). Der Koran selbst fordert jeden Einzelnen auf, ihn für sich selbst zu lesen und ihn in seiner „besten Bedeutung" zu interpretieren (Barlas, 2008, S. 9).

Interessanterweise wird die Tatsache, dass Menschen zu bestimmten Begebenheiten miteinander diskutieren und versuchen, sich der Wahrheit anzunähern, im islamischen Verständnis als Gnade angesehen.

Es gibt zahlreiche Hadithe zu dieser Thematik. „Die Meinungsvielfalt in meiner Gemeinde ist eine (besondere) Gnadenbezeugung Gottes." oder „Die Meinungsverschiedenheit führt zur Vollkommenheit" (Hartmann; zitiert nach Augustin, Wienand & Winkler, 2006, S. 150).

Wer die Koransprache nicht studieren und einen eigenen Zugang zu den mehrdeutigen Versen bekommen möchte, muss sich zunächst dann doch erst einmal an Deutungen und Interpretationen von Gelehrten orientieren und es nachfolgend bestenfalls mit der eigenen inneren Stimme abgleichen. Heutzutage gibt es zahlreiche Übersetzungen des Korans ins Deutsche. Viele von diesen wurden von Nicht-Muslim*innen übersetzt. Manche Übersetzungen von Nicht-Muslim*innen nutzen eine erschreckend negative Sprache. Vergleicht man zum Beispiel die 1959 bei Goldmann erschienene Version eines Nicht-Muslims mit der von der Azhar-Universität in Kairo herausgegebenen deutschen Bedeutung des Korans, so werden sehr große Unterschiede deutlich. Heißt es in vielen von Nicht-Muslim*innen in Deutschland übersetzten Versionen der Sure 4, Vers 43 *„Schlagt eure Frauen"*, findet man in der von Muslim*innen übersetzten Version die Übersetzung: *„Beratet eure Frauen."* An einer anderen Stelle der Goldmann-Ausgabe heißt es

„Die Mutter (...) soll ihre Kinder zwei volle Jahre säugen, wenn der Vater will, dass die Säugung die volle Zeit dauere" (Sure 2, Vers 234; Ullmann, 1959).

Hingegen ist in der Übersetzung der Azhar-Universität nicht die Rede davon, dass die Entscheidungshoheit beim Mann liegt, denn hier lautet die Übersetzung:

„Die Mütter haben ihre neugeborenen Kinder zwei volle Jahre zu stillen, wenn sie das Stillen zu Ende führen wollen."

Liest man gängige Übersetzungen, wie z. B. die Goldmann-Ausgabe, die in deutschen Buchläden erhältlich sind, so ist es verständlich, dass der Islam dem Leser in einem Licht erscheint, in dem Ungerechtigkeiten und Unterdrückung an der Tagesordnung sind.
Wer sich intensiver mit den Versen des Korans beschäftigt, nimmt sich die zahlreichen Erläuterungsbücher zur Hilfe. Dort findet man zu jedem Vers seitenweise Erläuterungen zum Kontext sowie unterschiedliche Übersetzungs- und Interpretationsmöglichkeiten. Wie schwierig es ist, die Sprache des Korans zu übersetzen, sieht man auch daran, dass viele Wörter verschiedene Bedeutungen tragen und es oftmals kein geeignetes treffendes deutsches Wort dafür gibt. Selbst studierte arabische Mutter-

sprachler können viele Wörter im Koran nicht wirklich verstehen, da die Sprache des Korans heute so nicht mehr gesprochen wird.

Das Zentrum für islamische Frauenforschung (ZIF) in Köln hat z. B. ein ganzes Buch über ein einziges Wort des Korans herausgegeben. In dem Buch „Ein einziges Wort und seine große Bedeutung" wird eine bestimmte Stelle im Koran untersucht, die für besonders viele Diskussionen sowohl unter Muslim*innen als auch unter Nicht-Muslim*innen sorgt. Angeblich soll Sure 4, Vers 34 den Vorrang der Männer gegenüber den Frauen belegen und den Männern die Erlaubnis zur körperlichen Züchtigung ihrer Ehefrauen geben. Das Wort, welches untersucht wurde, ist das Wort „daraba", das in einigen deutschen Ausgaben des Korans, wie unter anderem auch in der Goldmann-Ausgabe, als „schlagen" übersetzt wird. Die Autorinnen verweisen auf vielfältige Stellen im Koran, in denen das Wort „daraba" vorkommt. Im koranischen Kontext erhalte dieses Wort an unterschiedlichen Stellen eine Bedeutung im Sinne von Entfernung, Isolierung, Trennung, Fernhaltung und Zurückziehen (ZIF, 2005, S. 57). Allerdings werde dieses Wort an der einen Stelle im Koran, in der es um den Umgang mit Frauen gehe, oftmals mit „schlagen" übersetzt. Interessanterweise wird im Koran der Begriff für die körperliche Züchtigung nicht durch das Wort „daraba", sondern mit dem Begriff „aglada" beschrieben (ebd., S. 58). „Aus alle dem wird ersichtlich, dass diejenigen, die an einer Übersetzung mit „schlagt die Ehefrauen" festhalten wollen, ein Frauenbild und auch ein Männerbild verinnerlicht haben, welches dem qur'anischen Menschenbild nicht gerecht wird, ja ihm gänzlich widerspricht" (ebd., S. 62).

2.2 Das islamische Recht und sein Interpretationsspielraum

Nicht wenige muslimische Eltern begründen bestimmte Verhaltensweisen und Überzeugungen mit dem Islam und behaupten etwas, was gänzlich im Widerspruch zur eigentlichen islamischen Lehre steht. Manche Muslim*innen beziehen sich dabei auf ein eingeengtes oder subjektives Verständnis vermeintlicher Gelehrter oder auf über Generationen vermitteltes Wissen. Viele Muslim*innen selbst wissen wenig über den großen Interpretationsspielraum in ihrer Religion. Insbesondere das islamische Recht verfügt, wie im Weiteren ersichtlich sein wird, über eine enorme Flexibilität. Wie sehr viele Verse im Koran wurden auch die Verse mit rechtlichen Inhalten schon immer unterschiedlich ausgelegt. Durch den im islamischen Recht vorzufindenden großen Meinungspluralismus gab es so gut wie keine eindeutigen und klaren rechtlichen Regelungen. Es gab vielmehr einen großen Raum für eine verstandesgestützte Rechtsfindung, die stets die individuellen Umstände mitberücksichtigte (Rohe, 2001, S. 25). Abdallah Laroui, ein marokkanischer Schriftsteller und Denker der Moderne, vergleicht die große Meinungsvielfalt der Rechtsgelehrten daher mit einem Konzert der Interpretationen (ebd., S. 31). Die heutzutage in der Öffentlichkeit stattfindenden Diskussionen über bestimmte religiöse Themenbereiche in säkularen Gesellschaften sind keine neuen Diskussionen. Innerislamische theologische Diskussionen zwischen verschiedenen Strömungen gibt es schon sehr lange. Es ist also keine Auseinandersetzung der Kulturen zwischen „dem Westen" und „dem Islam", sondern eine innerislamische. „In der islamischen Welt sind nicht nur die fundamentalistischen Kräfte erstarkt, sondern auch die Gegenkräfte, die ein säkulares Gesellschaftsmodell vertreten oder es sogar religiös begründen" (Kermani, 2009, S. 31).

In der islamischen Geschichte wurde der Koran schon immer interpretiert und aus unterschiedlichen mystischen, philosophischen und rationalistischen Glaubensverständnissen heraus unterschiedlich ausgelegt. Beispielsweise war der erste Imam Ali der Schia im 7. Jahrhunderts folgender Auffassung:

„Der Koran ist eine Schrift, die zwischen zwei Buchdeckeln versteckt ist. Er spricht nicht. Es bedarf eines Übersetzers, und wahrlich, es sind die Menschen, die ihn zum Sprechen bringen" (zitiert nach Amirpur, 2013, S. 33).

Wie in dem oben zitierten Koranvers Sure 3, Vers 7 geht der Koran sowohl von interpretierbaren Versen als auch von nicht verhandelbaren Versen aus. Die Verse, die die Glaubensgrundsätze an sich betreffen, werden als nicht verhandelbar angesehen und könnten demnach als Dogmen bezeichnet werden. „Im Gegensatz dazu ist das islamische Recht wandelbar; es ist nicht mehr als die Anwendung von Prinzipien, die im Koran enthalten sind. Diese Prinzipien werden immer nur auf bestimmte, sich ständig verändernde Verhältnisse angewendet. Ändern sich die Umstände, so wandeln sich auch die Gesetze" (ebd., S. 22).

Von einem einheitlichen „Islamischen Recht" kann in vielerlei Hinsicht weniger denn je gesprochen werden. Zwar finden sich einige Aussagen insbesondere zu familien-, erb- und strafrechtlichen Fragen im Koran selbst. Die Auslegung hat sich aber sehr weit auseinanderentwickelt. (...) Damit wird deutlich, daß Lebensverhältnisse und Denken der Muslime nicht von einem in allen Einzelheiten einheitlichen Islam beherrscht werden. (...) Wichtigstes Ergebnis ist die Erkenntnis, daß auch der Islam und das Islamische Recht mit den ihnen eigenen Mitteln eine Anpassung an die Bedürfnisse der Gegenwart bewältigen können. Es ist davor zu warnen, Reformen pauschal als „Verwestlichung" zu interpretieren. Solche Reformen hat es zu vielen Zeiten gegeben, auch als der „Westen" noch weit davon entfernt war, als mögliches Vorbild zu fungieren. Wer Reform mit Verwestlichung gleichsetzt, konserviert das falsche Bild vom Islam und seiner Rechtsordnung als unbewegliches und rückständiges Gebilde. Zudem macht man sich zum Bundesgenossen der Islamisten, die Reformen eben mit dem Vorwurf des „Westimports" zu diskreditieren versuchen. Solche unheiligen Allianzen müssen vermieden werden (Rohe, 2001, S. 43).

2.3 Die Scharia

„Scharia ist eines der am häufigsten missverstandenen Schlagworte und Konzepte im Islam" (Kaddor, 2012). Im Koran selbst findet sich die Erwähnung des Begriffs Scharia nur ein einziges Mal. Allerdings wird hier das Wort Scharia als ein gerader Weg übersetzt. *„Wir haben dir einen geraden Weg gewiesen."* (Sure 45, Vers 18) Der Begriff bezeichnete in der vorislamischen Zeit einen Weg, der in der Wüste zu einer Tränke führt (Kaddor, 2012). „Ihn zu kennen, ist also überlebenswichtig. Davon ausgehend bezeichnet der Begriff im übertragenen, theologischen Sinn einen Weg durch das Diesseits, der durch die Pforte des Todes geradewegs zu Gott ins Paradies führt" (ebd.).

In den ersten drei Jahrhunderten des Islams war der Begriff der Scharia sowohl bei den Theologen als auch auf dem Gebiet der Rechtslehre keineswegs verbreitet (Idriz, 2011, S. 116). Bis in die Hälfte des 19. Jahrhunderts waren die Juristen davon überzeugt, dass Gottes Gesetz nicht eindeutig erkennbar sei. Das Strafrecht ist das im islamischen Recht am wenigsten ausgearbeitete Rechtsgebiet. Man bemühte sich daher stets, drastische Leibstrafen zu vermeiden (Bauer, 2018, S. 37). Ähnlich verhält es sich damit bei den Hadithwissenschaften.

> Was die Hadithe betrifft, die zweitwichtigste Quelle für Muslime gleich nach dem Koran, so enthält die 18-bändige Sammlung *kutub-i sitte* mit ihrem über 9500 Seiten reichenden Umfang insgesamt nur 8-mal das Wort Scharia. (In einem 70-seitigen Bericht des Bayerischen Verfassungsschutzes für das Jahr 2009 hingegen finden wir es in der Kategorie „Islamismus" genau 14-mal!) (Idriz, 2011, S. 116f.).

Im Laufe der Geschichte haben muslimische Gelehrte immer wieder versucht, Regeln, Bestimmungen und Antworten auf Fragestellungen, die sich im Leben von Muslim*innen ergaben, zu entwickeln. Jede Epoche und jede Kultur haben allerdings einen eigenen Geist, eigene Herausforderungen, Begebenheiten und Fragestellungen. Ein unveränderliches Rechtssystem, das für alle Zeiten gültig sein soll, ist daher per se schon nicht möglich. Allerdings vertritt ein Teil der Muslim*innen eine andere Auffassung.

> Nicht nur Fundamentalisten, sondern auch konservative Muslime vertreten in abgeschwächter Form die Meinung, dass etwas, was vor eintausend Jahren im Zusammenleben der Menschen geboten war, auch heute noch geboten sein muss. Sie sind davon überzeugt, dass das damalige Gedankengebäude erhalten zu bleiben hat und jede Änderung daran eine Verfälschung des Glaubens darstellt (Kaddor, 2012).

Soll der Koran einem zeitlosen Anspruch gerecht werden, müssen sich also auch Antworten auf Fragen des 21. Jahrhunderts darin finden lassen. Dies wird also nur durch eine zeitgemäße Auslegung des Korantextes und einer Interpretation der Scharia möglich sein.

> Auffassungen von der Scharia können also zum Problem werden. Die Scharia selbst kann es nicht. Denn Gott hat den Muslimen einen idealen Dienst erwiesen: Unausweichlich hat er – wie bereits erwähnt – vor das Verständnis der Scharia die Interpretation

gesetzt. Erst dieses Erfordernis einer Interpretation verleiht ihr die nötige Orts- und Zeitunabhängigkeit, die sie braucht, damit sie durch die fortschreitenden Jahrhunderte hindurch Gültigkeit behalten kann (ebd.).

Lamya Kaddor geht dem Gedanken nach, dass, wenn sich Gott heute, in einer völlig veränderten Welt – verglichen mit der der Arabischen Halbinsel vor 1.400 Jahren – den Menschen noch einmal bspw. in Deutschland mit den Formulierungen mitteilen würde, in der er sich im Koran mitgeteilt habe, die Menschen ihn kaum verstünden. „Warum sollte er auch heute vor dem Übel warnen, das von Leuten ausgeht, die auf Knoten spucken wie es im Koran 113/4 heißt? (...) Wenn Gott im Hier und Jetzt sprechen würde, müsste er sich adäquat ausdrücken, damit wir ihn überhaupt verstehen könnten" (ebd., S. 5).

Der Korantext muss vor dem Hintergrund gelesen werden, dass Gott zu den Arabern nicht nur in ihrer Sprache sprach, sondern auch kulturelle Denkweisen berücksichtigte. Und gerade deshalb fordert Gott, wie im Kapitel „Der Islam eine Vernunftreligion?" noch ersichtlich werden wird, den Menschen an sehr vielen Stellen im Koran auf, sich der Vernunft zu bedienen, um dadurch universelle Wahrheiten zu erkennen. Nach Benjamin Idriz ist der Islam allerdings

> von den Mechanismen der Vernunft maßgeblich entfernt worden, obwohl der Koran auf diese Fähigkeit des Menschen setzte" (Idriz, 2011, S. 129).

Unterschiedliche Erkenntnisse verschiedener Gelehrten waren und sind im Islam also durch alle Jahrhunderte immer schon die Realität gewesen.

Steinigung und Hinrichtung?

„In über 1000 Jahren vor dem späten 20. Jahrhundert gab es so gut wie keine Steinigung von Ehebrechern und schon gar keine Hinrichtungen wegen einvernehmlicher gleichgeschlechtlicher sexueller Handlungen. Wenn Taliban, al-Qa´ida und IS heute solche Hinrichtungen geradezu zu ihrem Markenzeichen machen, ist das kein „Zurück ins Mittelalter", sondern umgekehrt die Neuerfindung einer modernen, totalitären Islamideologie" (Bauer, 2018, S. 37).

Es gibt und gab keine alleinige, universell gültige Version der Interpretation.

Schließlich kann ein Gebot oder ein Verbot, das zur Zeit des Propheten absolut gerecht war, unter gänzlich veränderten soziokulturellen Bedingungen plötzlich in ihr Gegenteil umschlagen und in Ungerechtigkeit münden. Ein provokanter Gedanke! Jedoch warnte Abduh [Muhammad Abduh, 1899 Großmufti in Ägypten – Anm. d. Verf.] davor, dass der Text des Qur'ān zu einem Idol, einem Götzen werden könnte, wenn man die Offenbarung von ihrem historischen Kontext losgelöst, also insgesamt als einen präexistenten Text betrachtet. Die rechtlichen Bestimmungen der Offenbarung seien nicht das Ziel an sich, sondern sie seien lediglich ein Mittel, um Gerechtigkeit zwischen den Muslimen und zwischen ihnen und den Nichtmuslimen zu etablieren (Murtaza, 2015, S. 5).

Die Scharia ist nicht kodifiziert. Sie ist nicht der festgefügte Gesetzestext, für den sie so viele Menschen halten. Es gibt keine Paragrafen, unter denen man allgemeinverbindlich nachschlagen könnte. Die Scharia ist eine Form, die immer wieder neu befüllt werden muss (Kaddor 2012).

Einige aus dem Kreis der Fundamentalisten und Konservativen behaupten aber genau dies. Sie ziehen sich auf ein starres Gerüst aus Regeln und Verboten zurück und machen aus der Religion eine Ideologie (vgl. ebd.).

> Politischer Islam und Fundamentalismus sind wesenhaft etwas anderes als eine traditionell gelebte Religiosität.
>
> (Bauer, 2018, S. 33)

2.4 Pluralität im klassischen Islam

Thomas Bauer stellt in seinem Buch „Die Kultur der Ambiguität" die Ergebnisse seiner Studie zum Thema Ambiguitätstoleranz im Islam dar. Er kommt zu dem Ergebnis, dass Pluralität und die Varianten der Koranlesearten und Interpretationen durchaus lange Zeit in der islamischen

Geschichte als eine Bereicherung angesehen, praktiziert und umgesetzt worden seien. Bauers Untersuchungen zufolge hat sich dieser Aspekt allerdings in den letzten Jahrhunderten drastisch verändert: von einer nachweislich „relativ hohen Toleranz hin zu einer bisweilen extremen Intoleranz gegenüber allen Phänomenen von Vieldeutigkeit und Pluralität" (Bauer, 2016, S. 15).

Definition: *Die Bedeutung von Ambivalenz- bzw. Ambiguitätstoleranz*

> Das Konzept der Ambivalenz- bzw. Ambiguitätstoleranz bezeichnet, zunächst vereinfacht gesagt, die Fähigkeit, „Vieldeutigkeit und Unsicherheit zur Kenntnis zu nehmen und ertragen zu können". Beides sind Toleranzen, die zum einen das Erleben und die Verar-beitung widersprüchlicher Anforderungen moderieren und sich folglich positiv auf das Aushalten der Spannung auswirken und zum anderen das Erkennen der Existenz widersprüchlicher Aussagen überhaupt erst möglich machen. Toleranzkonzepte resultieren aus der psychologischen Forschung über die Fähigkeit von Menschen, einem anderen Menschen oder einer Sache gegenüber zugleich positive und negative Eigenschaften wahrzunehmen und diesbezüglich gleichzeitige ambivalente Gefühle wie Zuneigung und Ablehnung auszuhalten (Geiger, o. J., S. 39).

Definition: *Ambiguitätstoleranz und interkulturelle Kompetenz*

> Die Ambiguitätstoleranz stellt somit eine wesentliche Eigenschaft von interkultureller Kompetenz dar, da sie dabei hilft, interkulturelle Irritationen in produktiver Weise auszuhalten. Fehlende oder nicht ausreichende Ambiguitätstoleranz kann dagegen in interkulturellen Situationen ein Auslöser für Verwirrung oder sogar für Abwehr sein, d.h. dass entweder alle Widersprüche verdrängt werden oder dass sie betroffene Person zu stark auf den eigenen Bedürfnissen und Ansichten beharrt (IKUD, n. d.).

Für Thomas Bauer stellt sich der Wandel der islamischen Kultur von der Vergangenheit zur Gegenwart in ihrem Modernisierungsprozess als ein Prozess der Vernichtung von Pluralität und Ambiguität dar.

„Während Gelehrte des 14. Jahrhunderts die Varianten des Korantextes als Bereicherung empfanden, ist die Existenz verschiedener Koranlesearten heutigen Muslimen vielfach ein Ärgernis. Während die Gelehrten des traditionellen Islams die Vielfalt der Auslegungsmöglichkeiten des Korans zelebrierten, glauben heutige Koraninterpreten, ob in West oder Ost, ob fundamentalistisch oder reformorientiert, ganz genau zu wissen, welches die einzig wahre Bedeutung einer Koranstelle ist" (Bauer, 2016, S. 15) .

> Wenn as-Suyuti (849-911/1445-1505), ein durch und durch arroganter und rechthaberischer Großgelehrter, ausgerechnet eine Abhandlung über das Prophetenwort: „Die Meinungsverschiedenheiten ist eine Gnade für meine Gemeinde" schreibt, dann tut er dies nicht, um sich damit tolerant und dialogbereit zu geben, sondern weil er damit einen der wichtigsten Wesenszüge des klassischen Islams erfassen kann (ebd., S. 45).

Bauer zeigt auf, dass traditionell islamische Gelehrte bis ins 19. Jahrhundert hinein das tiefe Bewusstsein hatten, dass „restlose Eindeutigkeit etwas der menschlichen Natur Widersprechendes ist" (ebd., S. 78). Sie sahen die Pluralität als ein göttliches Geschenk an, durch welches sie Ansporn erfuhren, dem ursprünglichen Kern von Gottes Ideen so nahe wie möglich zu kommen. Werke über Interpretationen der verschiedenen Koranlesearten und Kommentare waren teilweise durchdrungen von Freude über die Vielfalt des Textes und vom Stolz auf die Wissenschaft (ebd.).

Nachdem die Pluralität und Wissenschaften im Laufe der Zeit einen Niedergang erlebt hatten, entstanden neue islamische Reformgedanken. Einer dieser Gründungsväter war Muhammad Abduh (1849-1905), der 1899 zum Großmufti von Ägypten ernannt wurde. Er wollte die islamische Ausbildung reformieren, indem er eine „stärkere Einbindung der modernen Wissenschaften" forderte (Amirpur, 2013, S. 21). Er kritisierte die „Rückständigkeit der islamischen Welt" und beschrieb deren Religionsverständnis als statisch, unflexibel und als blinde Nachahmung ihrer Vorväter (ebd., S. 18). Der Islam sei nicht nur vereinbar mit Vernunft und Fortschritt, sondern schreibe dies sogar vor (ebd., S. 21). Schon damals forderte er eine Rückbesinnung auf die wahre, unverfälschte Religion, die alle Antworten auf die Fragen der Moderne beinhalte (ebd., S. 18). Er forderte sowohl eine Verbesserung der Bildungssituation als auch eine Neuinterpretation der religiösen Quellen sowie des islamischen Rechts. In seinem Traktat über das Einheitsbekenntnis beschreibt er den Islam als einen „weltaktiven, universellen Vernunftglauben", der es dem Gläubigen ermögliche, auch in der modernen Welt ein frommer Muslim zu bleiben (ebd., S. 21).

Tatsächlich gab es in der islamischen Kultur jahrhundertelang eine innerislamische Debatte zwischen verschiedenen Denkern und Strömungen. Das Nichtvorhandensein einer Definitionshoheit im Islam hatte folgende Auswirkung: Die Religion ist „ein Faktor, der in jedem der verschiedenen Teilsysteme auf seine eigene Weise aufgefaßt und gestaltet wird, ohne daß die jeweilige Auffassung und Gestaltung von Religion für die jeweils anderen Teilsysteme maßgeblich wäre" (Bauer, 2016, S. 200).

Im Laufe der Zeit wurde der Islam daher in jedem Land, in das er gelangte, von den vorherrschenden kulturellen und politischen Begebenheiten beeinflusst. So kann man auch heute starke Unterschiede in der Ausgestaltung, Interpretation und im Alltag in den verschiedenen Ländern erleben. Vergleicht man Länder wie Saudi-Arabien, die Türkei, Bosnien, Nigeria, Iran und Malaysia miteinander, wird man viele Gemeinsamkeiten, allerdings auch sehr viele Unterschiede feststellen. Das Glaubenssystem bietet in den unterschiedlichen Systemen in Bezug auf moralische und religiöse Normen und Regeln einen gemeinsamen sich ähnelnden Rahmen. Auslegung und Interpretation dieser Prinzipien sind allerdings von der kulturellen Struktur und soziopolitischen Konstellation eines Systems abhängig.

> Die Sympathie oder Empathie, die in Europa einer muslimischen Gesellschaft entgegengebracht wird, verhält sich proportional zur geografischen bzw. kulturellen Nähe dieser Gesellschaft zu Europa. Wenn in der europäischen Presse in letzter Zeit oft davon die Rede ist, dass die bosnische Ausprägung des Islams in Europa auf das größte Verständnis stößt, so liegt es an der geografisch-kulturellen Nähe dieses Landes (Idriz, 2011, S. 47).

Soheib Bencheikh, ehemaliger Großmufti von Marseille, hat zu den innerislamischen Entwicklungen Folgendes zu sagen:

Das größte Gut einer Religion liegt in ihrer Theologie, aber ihr größtes Übel kommt ebenfalls aus ihrer Theologie – wenn sie stagniert. Die Angst vor dem Islam ist vollkommen berechtigt. Im Namen dieser Religion werden die schrecklichsten Verbrechen begangen. Im Namen dieser Religion geschieht derzeit eine ungeheure Barbarei. Wenn die Menschen Angst vor dem Islam haben, so ist das völlig normal. Auch wenn ich kein Muslim wäre, würde ich mich fragen, was das für eine Religion ist, auf die sich Verbrecher berufen. Die Tiefe und die geistige Dimension des Korans wurden verschüttet. Stattdessen hat man millimetergenau nachgeäfft, was eine menschliche Person, nämlich der Prophet, getan haben soll. Man läuft Gefahr, den Islam auf dem Niveau der damaligen Beduinengesellschaft festzuschreiben und ihn für immer im sechsten Jahrhundert nach Christus festzunageln. Die himmlischen Heerscharen sind nur damit beschäftigt, Bekleidungs- und Nahrungsregeln zu erlassen – wie eine himmlische Hausordnung! Wahrhaftig eine platte, ausgetrocknete Vorstellung von der Religion! In der Welt der Moscheen herrscht oft noch die Dummheit, die Unwissenheit. Niemals ein Wort der Selbstkritik. Niemals! Die ganze Welt hat Unrecht, und wir ruhen uns auf unserer kleinen Wahrheit aus. Das zeigt eine Denkfaulheit, wie sie typisch ist für das Ende großer Dynastien. Die Intelligenz der Muslime ist in Ketten gelegt. Es ist deswegen falsch zu behaupten, wer den Islam angreife, greife die Muslime an. Für den Islamforscher liegt die beste Möglichkeit zur Bekämpfung des Terrorismus darin, „die religiösen Texte und archaischen Interpretationen und Diskurse anzugreifen, die immer noch Terrorismus hervorbringen und ihn rechtfertigen (zitiert nach: Kilic, 2017).

Lesetipp

Bauer, T. (2018). Die Vereindeutigung der Welt: Über den Verlust an Mehrdeutigkeit und Vielfalt (11. Auflage). Ditzingen: Reclam.

Geiger, C (2017). Die Ganzheit der Gegensätze! – Bedeutung von Gegensätzen und insbesondere Polaritäten für ganzheitliche Entwicklung [PDF]. Verfügbar am 18.11.2019 unter https://metatheorie-der-veraenderung.info/wp-

content/uploads/2017/12/Die-Ganzheit-der-
Gegens%C3%A4tze_Chr.Geiger.pdf

2.5 Trennung Staat und Religion

Ali Abd ar-Raziq, ein Islamgelehrter, Scharia-Richter und der Vater des islamischen Säkularismus, legte 1925 in seinem Buch „Der Islam und die Grundlagen der Herrschaft im Islam" anhand der Biografie des Propheten das Verhältnis von Staat und Politik im Islam dar. Er behauptet darin, dass im Islam von Anfang an politische Herrschaft und religiöse Botschaft getrennt gewesen seien. Der Prophet selbst habe keine Herrschaft, sondern nur eine prophetische Sendung ausgeübt (Amirpur, 2013, S. 22). Diese Tatsache ist im Koran in Form einer klaren Botschaft an den Propheten selbst an unterschiedlichen Stellen zu finden:

„Wenn sie sich abwenden, so haben Wir dich nicht zum Wächter über sie gemacht. Dir obliegt nur, die dir offenbarte Botschaft zu verkünden" (Sure 42, Vers 48).

Auch Nasr Hamid Abu Zaid, einer der bedeutendsten islamischen Denker der Gegenwart, setzt sich für diesen Gedanken ein.

> Die Verbindung von Staat und Religion ist nicht zwingend, mehr noch: sie ist für den einzelnen Gläubigen gefährlich: Falls sein Verständnis von Religion von dem Verständnis abweicht, das dem Staat zupaß kommt, kann er seinen Glauben nicht ausüben. In einem solchen Staat wird allein das religiöse Verständnis der Herrschenden akzeptiert, alle anderen Lesearten werden zur Häresie erklärt. In einem solchen Staat verwandelt sich der Staat in eine Kirche. Die Islamisten wollen die Menschen bevormunden, um sicherzugehen, dass diese Gottes Gesetze befolgen. Dabei ist es die Verantwortung eines jeden Muslims, die Gesetze Gottes zu befolgen, und nicht die Verantwortung einiger weniger, die an der Macht sind (Abu Zaid, 1999, S. 64).

„Keine Religion ist auf die Autorität des Staates und die Macht seiner Organe angewiesen, damit ihre Prinzipien und Normen durchgesetzt werden. Der Glaube ist eine Angelegenheit zwischen Gott und dem Individuum." (ebd., S. 63) Diese individuelle Beziehung gehört geschützt. Der Säkularismus kann diesen Schutz bieten. Er ist ein Garant dafür, dass die herrschenden Schichten die Religion nicht für ihre Zwecke missbrauchen. Denn diese regieren das Volk auf der angeblichen Grundlage einer heiligen Macht. Sie verkaufen ihre Ideen als Weg, Gott zu verehren und sich für die Einhaltung des Gehorsams gegenüber Gott, des Verbotes von Unerlaubtem einzusetzen (Rohe, 2001, S. 41).

> Ihr eigentliches Ziel ist es, das Volk zu Gunsten der eigenen Schichten und Gruppierungen zu regieren, sich des gesamten gesellschaftlichen Potentials zu bemächtigen und ihre Privilegien auszunutzen. Das wichtigste Ziel der Säkularisierung ist, den Missbrauch der Religion zu unterbinden. Sie ist nicht notwendigerweise gegen die Religionen, sondern entlastet diese in dem Bemühen, sich von den Auslegungen des Herrschaftsapparates und der an das System gebundenen Gelehrten zu befreien. Die arabischen Länder bedürfen dringend der Säkularisierung und nicht des Imports von Vorstellungen aus dem Ausland (ebd.).

Säkularismus verstehen viele Muslime schon lange nicht mehr als Krise der Religion. Muslime in der Diaspora heben hervor, dass es gerade der Verdienst der Säkularisierung sei, der ihnen als religiöse Minderheit Religionsfreiheit garantiere (Rohe, 2001, S. 42).

In den vorangegangenen Ausführungen deutlich, dass ein gelesener bzw. übersetzter Text immer auch stark von dem Leser/ der Leserin bzw. dem Übersetzer/der Übersetzerin abhängt. Genauso verhält es sich mit religiösen Textstellen. Der Koran ist in zahlreichen Sprachen übersetzt worden – von nicht-muslimischen Menschen sowie von muslimischen Menschen. Und auch innerhalb der muslimischen Koranexegeten haben wir gesehen, dass es große Unterschiede in der Interpretation des Korans gibt. Die unterschiedlichen Koraninterpretationen gab es schon immer und die Meinungsvielfalt wurde als Gnade Gottes angesehen. Anstatt sich an den Gelehrten des traditionellen Islams zu orientieren, die die Vielfalt der Auslegungsmöglichkeiten des Korans zelebrierten, glauben die heutige Koraninterpreten ganz genau zu wissen, welches die einzig wahre Bedeutung einer Koranstelle sei.

3 Grundzüge des Glaubens

3.1 Die drei Hauptquellen im Islam

Die erste Quelle: der Koran

Der Islam basiert auf drei Hauptquellen. Die erste Quelle, die alle Muslim*innen miteinander vereint, ist der Koran, das heilige Buch des Islams. Muslim*innen glauben, dass Muhammad nicht von sich selbst heraus den Koran verfasst habe, sondern ihm diese Verse und Inhalte durch den Erzengel Gabriel überbracht und übermittelt worden seien. Es wird davon ausgegangen, dass der Prophet Muhammad nur das wiederholte, was er in Begegnungen mit dem Erzengel Gabriel von diesem gehört und erfahren habe. Im Johannesevangelium findet sich aus Sicht der Muslim*innen diese Auffassung bestätigt:

„Jesus sprach: „Noch vieles habe ich euch zu sagen: aber ihr könnt noch nicht alles tragen. Wenn jener aber kommt, der Geist der Wahrheit, wird er euch zur vollen Wahrheit führen. Denn er wird nicht von sich aus reden, sondern er wird reden, was er hört, und das Zukünftige wird er euch verkünden" (Die Bibel, 2017, Johannesevangelium 16:12,13).

Muslim*innen betrachten den Erzengel Gabriel also als Übermittler göttlicher Botschaften. Nach muslimischer Auffassung war es auch der Erzengel Gabriel, der die zehn Gebote an Moses auf dem Berg Sinai überbracht habe.

Der Koran selbst ist also die Sammlung der Offenbarungen und Eingebungen, die Muhammad in einem Zeitraum von 23 Jahren vom Erzengel Gabriel übermittelt bekam. Diese Offenbarungen erhielt Muhammad sowohl in tiefer Meditation als auch in direkten Eingebungen in alltäglichen Situationen. „Laut Angelika Neuwirth [Inhaberin des Lehrstuhls für Arabistik an der Freien Universität Berlin – Anm. d. Verf.] entstand er in einer Art „Zickzackbewegung": Einem Geben und Nehmen, wo Nachfragen der Zuhörer wieder in neue Mitteilungen oder „Offenbarungen" des Propheten münden" (Stoll, zitiert nach Gogos, 2019, S. 10). Im Koran lassen sich viele Verse finden, die im Zusammenhang mit der Gestaltung zwischenmenschlicher Beziehungen stehen. Oftmals wurden sie als Antworten auf Situationen herabgesandt, in denen Muslime den Propheten um Rat gefragt hatten, weil Anliegen und Probleme eine Klärung erforderten (Laabdallaoui & Rüschoff, 2005, S. 25).

Muhammad wird im Koran als Auserwählter beschrieben, der die göttliche Botschaft verkünden soll und sich in die Prophetenreihe des Juden- und Christentums einreiht. Der Koran selbst beschränkt seine Funktion eindeutig auf eine Verkünderrolle und negiert unmissverständlich ein „Wächteramt" über übermittelte Inhalte bzgl. Geboten und Verboten.

„Wir senden die Gesandten nur als Verkünder froher Botschaft oder als Warner" (Sure 18, Vers 56).

„Wenn sie sich abwenden, so haben Wir dich nicht zum Wächter über sie gemacht. Dir obliegt nur, die dir offenbarte Botschaft zu verkünden" (Sure 42, Vers 48).

„Wer glauben will, möge glauben, und wer ablehnen will, möge ablehne." (Sure 18, Vers 29).

Der Koran bringt keine neue Religion in die Welt. Er versteht sich als Bestätigung der vorhergehenden Religionen sowie als Korrektur der im Lauf der Zeit erfolgten Verfälschungen und knüpft an die Idee eines Urmonotheismus an (Neuwirth, zitiert nach Gogos, 2019, S. 12).

Hinweis
Die folgende Übung führen Sie bitte durch, bevor Sie im Text weiterlesen. Überlegen Sie sich bitte, welche Auswirkungen die daraufolgende Wissensvermittlung auf Ihre Reaktion hat.

Übung

Welche inneren Stimmen würden sich bei Ihnen regen, wenn Ihnen ein muslimisches Kind voller Stolz erzählte, dass es den ganzen Koran auswendig könne und dies jedes Wochenende mit seinem Vater übe?

Ein ästhetischer Zugang zum Koran
Ein weiteres Merkmal des Korans ist, dass er große Poesie in sich trägt. Der Originaltext ist voll wohlklingenden Klangs, Rhythmus, Melodie,

Takts und Reimes (Karimi, 2015). Der Islamwissenschaftler Bernard Uhde hat den Koran mit einer Oper verglichen, „weil Text, Stimme, Melodie, Spiel, Rhythmus, Klang, Gesang, Poesie, Theatralik wie in einem Gesamtkunstwerk aufgeführt werden. So dass die Zuschauer von Emotionen, zarten Berührungen, von der Tragik und zuweilen auch Komik, Vertrautheit und Fremdheit ergriffen würden" (Stoll, zitiert nach Gogos, 2019, S. 43).

Muslim*innen gehen davon aus, dass sich der Islam an erster Stelle wegen der Unwiderstehlichkeit, der Schönheit und der Anmut und Süße des Korans verbreitet habe und nicht, wie häufig angenommen, aus politischen, weltanschaulichen und militärischen Gründen (ebd.). Einen uns oft verwehrten Einblick in diese poetische Welt des Korans ermöglicht uns die Koranübersetzung von Friedrich Rückert, der im 19. Jahrhundert versuchte, die im arabischen Originaltext vorhandene Reimform ins Deutsche zu übertragen.

Ein Beispiel gibt folgender Vers:

„Sprich: Gott ist Einer,
Ein ewig reiner,
Hat nicht gezeugt und ihn gezeugt hat keiner,
Und nicht ihm gleich ist einer"
(Sure 112; Bobzin, 2001).

Im europäischen, protestantischen und intellektuellen Kontext erscheint uns eine ästhetische und sinnliche Herangehensweise an heilige Texte, so wie sie in orientalischen Kreisen häufig zu finden ist, oftmals fremd. Es gibt jedoch nicht wenige Muslim*innen, die von der poetischen Sprache des Korans fasziniert sind und ihren Kindern von klein auf eine Rezitation des Korans beibringen. Das Auswendigkönnen des Korans bzw. Stücke daraus ist hoch angesehen und wird oftmals als ein Zeichen der Frömmigkeit bewertet. „In Ägypten sind die berühmten Koranrezitatoren wahre Pop-Stars" (Stoll, zitiert nach Gogos, 2019, S. 44). „Besonders in der mystischen Tradition sind Geschichten darüber beliebt, wie die Rezitation des Korans regelrecht ekstatische Reaktionen hervorruft, Erfahrungen des Hingerissenseins, der Verzückung, der Selbstvergessenheit und Entwerdung, von Zusammenbrüchen, von Tränen fast erstickt" (ebd., S. 42).

In der Untersuchung über Bedarfsfeststellung zu einer kommunalen Beratung zu islambezogenen Themen von Karakaya und Zinsmeier berichtete ein Lehrer, dass er sehr erschrocken über einen muslimischen Schüler gewesen sei. Dieser habe ihm begeistert von seinem Cousin berichtet, der den ganzen Koran auswendig könne (Karakaya & Zinsmeister, 2018, S. 20).

Aus Sicht des Lehrers, für den ein kritischer Umgang mit heiligen Texten grundlegend ist, könnte eventuell der Eindruck entstanden sein, dass das Kind etwas unhinterfragt bzw. unkritisch übernimmt und durch die Familie eventuell religiös indoktriniert werde. Eine Unkenntnis über religiös-kulturelle Vorstellungen führt in dieser Situation dazu, dass eigene Annahmen und Perspektiven als Grundlage zur Werturteilsbildung herangezogen werden. Diese greifen allerdings viel zu kurz und können dem Gegenüber nicht gerecht werden. An diesem Beispiel wird deutlich, wie wichtig eine interreligiöse Sprachfähigkeit und Differenzierungssensibilität bei allen Beteiligten ist (ebd., S. 5).

Der Koran im kontextbezogenen Licht

„Grundsätzlich ist der Koran geprägt von Metaphern, Analogien, Gleichnissen, Sprachbildern, Erzählungen, Fragmenten, Andeutungen etc." (Karimi, 2015) Viele Koranverse sind zudem nur dadurch verständlich, dass man die Begebenheiten und Situationen berücksichtigt, in denen die Verse herabgesandt wurden. Zahlreiche muslimische Denker*innen, Gelehrte und Wissenschaftler*innen sind der Meinung, dass die Verse immer kontextbezogen gelesen werden müssten und nicht einfach in unsere heutige Zeit übertragen werden könnten.

> Durch das Eintreten der Offenbarung in unser Raum-Zeit-Gefüge bleibt ihr metaphysischer, spiritueller und ethischer Gehalt unangetastet, jedoch nimmt die Offenbarung eine zeitliche und lokale Färbung an, denn wie hätten die Propheten sonst zu ihren Völkern und damit ersten Adressaten sprechen können. Die Offenbarung ist stets sprachlich imprägniert und in einen Kontext eingebettet (Murtaza, 2015, S. 4).

Weiterhin ist der Koran „leider weitgehend zusammenhangslos angeordnet worden und besteht aus einzelnen Versatzstücken. Zudem erfolgen die Aussagen in den einzelnen Versen überwiegend indirekt, selten sind sie präzise und mitunter sogar rätselhaft (Kaddor, 2012). Der Koran ist kein Buch, welches man von vorne nach hinten lesen kann. Er folgt keinerlei Chronologie und keinem Erzählverlauf, sondern ist nach der Länge der Suren angeordnet (Weidner, zitiert nach Gogos, 2019, S. 8). „Der Koran ist also alles andere als ein Gesetzbuch im modernen juristischen Sinn. In der Regel findet der Muslim im Koran daher keine klare Antwort auf seine Fragen" (Kaddor, 2012, o. S.).

Und doch definieren viele gläubige Muslim*innen den Koran als eine Gebrauchsanweisung für das Leben der Menschen auf Erden. Manchmal wird der Koran sogar als ein persönlicher und direkter Brief Gottes an jeden einzelnen Menschen empfunden. Einige Muslim*innen sind der Auffassung, dass jeder Mensch darin eine Anleitung für sein Leben auf Erden im Einklang mit Gottes Geboten finden könne. Analog zu der christlichen Auffassung von „Jesus als Inkarnation Gottes auf Erden" spricht man im Islam daher vom „Koran als Inliberation" (Kaddor, 2012, o. S.).

Die zweite Quelle: die Hadithe

Und da der Koran nicht einfach zu verstehen ist, greifen nicht wenige Muslim*innen auf die zweite Quelle, die Hadithe, zurück. Hadithe sind Sammlungen von Verhaltensbeobachtungen und Aussagen des Propheten Muhammads. Im 9. Jahrhundert entwickelte sich eine Hadith-Wissenschaft mit einer großen Anzahl von Hadith-Wissenschaftlern. Ziel dieser Arbeit war es, jeder Überlieferung eine lückenlose Reihe ihrer Überlieferer zuzuordnen, die bis zum ursprünglichen Erzähler bzw. bis zur ursprünglichen Erzählerin zurückreicht. Al-Bukhari z. B. wählte aus einer Menge von über 600 000 Überlieferungen 7275 aus und stellte den Muslimen diese in seinem Buch „Gärten der Tugenden" zusammen (Iman Abu Zakariya, 1996). Hierbei wurden die Überlieferungen in drei Stufen von Glaubwürdigkeit unterteilt: echt, gut und schwach.
Einige Muslim*innen stehen der Sammlung und Verwendung von Hadithen allerdings äußerst kritisch gegenüber. Wer sich intensiver in muslimische Kontexte begibt, wird die innerislamische Diskussion über die Aussagefähigkeit von Hadithen erleben können. In muslimischen Kreisen taucht immer wieder die Geschichte vom Propheten Muhammad auf, in der er den Menschen verboten haben soll, etwas über ihn niederzu-

schreiben. Demnach soll er den Menschen die Fehleranfälligkeit solcher Niederschriften dadurch erklärt haben, dass er selbst auch nur ein fehlbarer Mensch sei und auch der Aufschreibende niemals objektiv sein könne.

Allerdings waren schon sehr bald nach dem Tod des Propheten Überlieferungen im Umlauf. „Viele Aussprüche und Handlungen, die der Prophet angeblich so getätigt haben soll, waren frei erfunden. Das geschah deshalb, da von Hadithen eine große Macht ausging, denn wer wollte – vor allem damals – schon widersprechen, wenn sich jemand auf den Propheten höchst selbst berufen konnte" (Kaddor, 2012, o. S.). All diese genannten Tatsachen führten dazu, dass sich innerislamische Strömungen entwickelten, die die Hadithe als Quelle der Erkenntnis komplett ablehnen.

Dennoch muss hier betont werden, dass die Überlieferungen des Propheten Muhammads für sehr viele Muslim*innen eine Quelle darstellen, die sie für ihre Suche nach Antworten nutzen. Es ist nicht selten der Fall, dass Muslim*innen Überlieferungen dem Koran vorziehen. Dies hat den vorher schon genannten Grund: Der Koran ist oftmals schwer zu verstehen. Geschichten werden nicht chronologisch erzählt, sondern finden sich zerstreut im ganzen Text. Hinzu kommt noch die Tatsache, dass die originale Sprache des Korans äußerst schwer zu verstehen ist und eine Übersetzung in andere Sprachen immer auch subjektiv vom Übersetzer und von der Übersetzerin geprägt ist. Manche Muslim*innen glauben, der prophetischen Lebensweise (Sunna) und den Geboten und Verboten im Islam (Fiqh) umso näherzukommen, je intensiver sie die Hadith-Bücher als Rechtsquellen studieren. Allerdings verhält es sich laut Murtaza genau anders herum: „Sollten wir unser Fiqh direkt auf den Hadithbücher [sic!] aufbauen, glauben wir, näher an der prophetischen Sunna zu sein. In Wirklichkeit entfernen wir uns von ihr" (Murtaza, 2017, S. 26). In Überlieferungen finden sich häufig widersprüchliche Aussagen zu ein und demselben Thema. Oft gäbe es zu beiden Positionen Texte, „die zugleich das andere ausschließen" (ebd., S. 24).

Im Gegensatz zum Koran sind Hadith-Sammlungen in bestimmte Themengebiete unterteilt. Man kann somit, anders als im Koran, im Inhaltsverzeichnis nach Schlagwörtern suchen und relativ schnell und einfach nachlesen, was der Prophet in bestimmten Situationen gesagt oder getan haben soll. Diese Hadith-Sammlungen bieten für suchende Menschen einen Reichtum an detaillierten Beschreibungen und Informationen zu zahlreichen Themen. Und wer sich in muslimischen Kontexten aufhält, der wird auch immer wieder Muslim*innen begegnen, die versuchen, die darin beschriebene Gebote, Verbote und Verhaltensweisen so gut wie möglich zu befolgen. Dieses Nacheifern resultiert aus dem Wunsch heraus, ihrem großen Vorbild Muhammad zu folgen und näherzukommen. Im Koran wird an vielen Stellen der Prophet als Vorbild für die Menschen bezeichnet.

„Ihr habt im Propheten ein schönes Vorbild (…)" (Sure 33, Vers 21).

„Sprich: „Wenn ihr Gott liebt, folgt mir; so wird Gott euch lieben und euch eure Sünden vergeben. Gott ist voller Vergebung und Barmherzigkeit" (Sure 3, Vers 31).

Aufgrund dieser Hinweise im Koran wird es immer wieder Muslim*innen geben, die danach streben, Verhaltensweisen von Muhammad in ihrem Alltag umzusetzen. Dies kann dann z. B. soweit führen, dass nicht wenige Muslim*innen darauf achten, bei den verschiedensten Aktivitäten, beispielsweise beim Anziehen, zunächst mit der rechten Seite zu beginnen. Dieses Verhalten basiert auf einem Hadith, laut dem Muhammad immer mit der rechten Seite angefangen haben soll.

„Der Prophet, Allahs Segen und Friede auf ihm, hatte es immer gern, mit rechts zu beginnen, wenn er sich wusch oder kämmte, und wenn er seine Schuhe anzog" (Sahih Al-Bukhari, Nr. 5854).

Um einen Einblick zu ermöglichen, welche Themengebiete diese Sammlungen beinhalten und wie detailliert darin Alltagsthemen beschrieben sind, werden im Folgenden die Inhalte der beiden Bände der Sammlung von Bukharis „Gärten der Tugenden" von Riyad-us-Salihin aufgelistet.

In Band 1 (Iman Abu Zakariya, 1996) geht es u. a. um:
- *Gebote allgemein*, wie z. B. Aufrichtigkeit, Geduld, Reue, Gutes gebieten und Schlechtes verbieten, den Umgang mit Waisen, Schwachen, Armen und Hoffnungslosen, aber auch um das Verbot des Ungehorsams den Eltern gegenüber und den Ansporn, lieber von der eigenen Hände Arbeit zu leben als zu betteln;

- *Gebote des Benehmens*, wie z. B. den Vorzug der Schamhaftigkeit, das Bewahren von Geheimnissen, das Halten von Versprechen, die Aufforderung zu deutlicher Sprache und danach, dem Zuhörer das, was man sagen will, falls nötig, zu erklären, auseinanderzusetzen und zu wiederholen, das Gebot, dem Gesprächspartner zuzuhören oder den Gast zu ehren;
- *Gebote beim Essen*, wie z. B. Gottes Namen, zu Beginn des Essens und am Ende des Essens zu nennen, Gott zu danken, das, was man sagen soll, wenn man zum Essen eingeladen ist, das Gebot, vom Rand der Schüssel zu essen und das Verbot von der Mitte aus zu essen oder das Verbot ins Getränk zu blasen;
- *Fragen der Bekleidung*, wie z. B. die Aufforderung, aus Demut auf teure Kleidung zu verzichten, das Verbot für Männer, Seide zu tragen, die Erlaubnis, in Fällen von Juckreiz Seide zu tragen, Segenswünsche beim Anziehen neuer Kleidung oder die Aufforderung, beim Anziehen mit der rechten Seite zu beginnen;
- *Aussagen bezüglich der Träume und Schlafsitten* und alles, was damit zu tun hat, sowie die Sitten des Liegens und Sitzens;
- *Gebote beim Grüßen*, wie z. B. Art und Sitte des Grüßens, Begrüßen von Kindern, Begrüßung der Ehefrau durch den Ehemann oder der Frauen, die mit ihm eng verwandt sind, sowie fremder Frauen oder das Verhalten einem Niesenden gegenüber.

In Band 2 (Iman Abu Zakariya, 2002) geht es u. a. um:

- *Gebote beim Krankenbesuch*
- *die Teilnahme am Begräbnis und das Verweilen am Grab*
- *Fragen des Reisens*
- *Gebote von tugendhaften Taten*
- *die Reise nach Mekka*
- *das Gedenken an Allah*
- *Bittgebete*
- *verbotene Dinge* (z. B. das Verbot der üblen Nachrede und der Verleumdung, das Gebot, sich ernsthaft dessen zu vergewissern, was man hört, was man weitererzählt, das Verbot, einen Menschen

oder ein Tier zu verfluchen oder das Verbot von Arroganz und Ungerechtigkeit)

Die dritte Quelle: der Idschtihad

Die dritte Quelle im Islam ist der Idschtihad. Idschtihad ist das intensive eigene persönliche Bemühen um Erkenntnis. Diese persönliche Suche nach individuellen Antworten auf eigene Lebensfragen kann durch die eigene geistige Arbeit, durch das eigene „In-sich-hinein-Lauschen" und durch das Wahrnehmen einer inneren Stimme geschehen. Der Islam kennt diese dritte Quelle der Erkenntnis im Sinne einer ganz eigenen individuellen Erkenntnisquelle im eigenen Herzen bzw. einer persönlichen Beziehung zur „geistigen Welt" an. Jeder Mensch kann eine Beziehung zu dieser Welt ganz persönlich aufbauen – sei es durch Meditation, sei es durch Kontaktaufnahme mit Engeln und anderen geistigen Wesen oder sei es durch die Kontaktaufnahme mit dem eigenen Herzen. Islamischen Quellen zufolge hat jeder Mensch immer und zu jeder Zeit Zugang zu seiner eigenen göttlichen Erkenntnisquelle. Im Koran ist dazu Folgendes zu finden:

„Wir haben den Menschen erschaffen und (...). Wir sind ihm näher als seine Halsschlagader" (Sure 50, Vers 16).

Der Mystiker und Dichter Dschalal Ad-Din Muhammad ar-Rumi drückt dies im 12. Jahrhundert mit folgenden Worten aus:

> Ich habe die ganze Welt auf der Suche nach Gott durchwandert und ihn nirgends gefunden. Als ich wieder nach Hause kam, sah ich ihn an der Türe meines Herzens stehen. Und er sprach: „Hier warte ich auf Dich seit Ewigkeiten." Da bin ich mit ihm ins Haus gegangen (Ad-Din Muhammad ar-Rumi; zitiert nach: Burggrabe, 2018, S. 8).

Diese dritte Quelle im Islam basiert auf einem hohen Grad an Eigenverantwortlichkeit im Tun, Sein und Denken. In vielen innerislamischen Strömungen bildet diese Erkenntnisquelle eine grundlegende Basis der islamischen Lehre. Der Koran fordert die Menschen immer wieder auf, keiner Aussage eines Gelehrten und keinem Gebot blind zu folgen und Personen und Gebote, denen man folgt, kritisch zu überprüfen. Der Koran vermittelt die Idee, dass niemand zwischen dem einzelnen Menschen und Gott stehe. Eine Priesterschaft, ein Vermittler- oder Erlösergedanke widerspricht dem islamischen Grundgedanken der absoluten Eigenverantwortlichkeit. Wie im Kapitel „Der Islam eine Vernunftreligion" noch deutlich werden wird, fordert der Koran an sehr vielen Stellen dazu auf, Dinge für sich selbst zu prüfen und dafür den Verstand einzusetzen. Ein blindes Befolgen wird unmissverständlich abgelehnt.

An dieser Stelle sei erwähnt, dass einige hundert Jahre nach dem Tod des Propheten Muhammads die Möglichkeit, den Idschtihad als eine Quelle der Erkenntnis zu nutzen, abgeschafft wurde. „Hintergrund war der Gedanke, dass alle wesentlichen rechtlichen Fragen diskutiert und geklärt waren und es daher keinen Raum für weitere durch Idschtihad getroffene Meinungen geben könne (…)" (Kirchhof, 2018, S. 207). Durch „das Schließen des Tores zum Idschtihad" sollten die gefundenen Interpretationen abgesichert werden (Rohe, 2011, S. 59ff.).

Wer sich in muslimischen Kreisen aufhält, wird das Unsicherheitsgefühl, seiner eigenen inneren Stimme zu vertrauen, noch weitverbreitet vorfinden. Die Methodik von Diktaturen ist bekannt: Menschen werden mental und spirituell bewusst klein gehalten, um sie politisch lenkbarer zu machen. So ist es auch in Bezug auf religiöse Auffassungen. Das blinde Befolgen von vorherrschenden Geboten und Verboten ist leider in solchen Gesellschaftssystemen weitverbreitet und eine Kultur des Hinterfragens von vorherrschenden Meinungen und Gepflogenheiten noch stark unterentwickelt.

Erkenntnis durch Betrachten und Erforschen der Natur
Der Koran erwähnt noch eine andere Art der Gotteserkenntnis, nämlich das Betrachten und Erforschen der Natur selbst. Im Koran werden die „Verse heiliger Bücher" verglichen mit den „Zeichen in der Schöpfung" selbst.

> Im Koran werden die „Verse heiliger Bücher" verglichen mit den „Zeichen in der Schöpfung" selbst. „Im Koran wird die Natur häufig als göttliches Zeichen (aya) beschrieben, wobei das arabische Wort (aya) zugleich auch den Vers eines heiligen Buches (zum Beispiel Bibel, Koran) bezeichnet. Ein Mensch, der die

Schöpfungswerke betrachtet, kann in ihnen ein Zeichen für das Wirken Gottes erkennen (…). Anders ausgedrückt kann man sagen, dass die Natur so etwas wie das aufgeschlagene Buch Gottes ist, in dem man die Zeichen lesen und verstehen kann wie die Verse eines heiligen Buches (Bobzin, 2017, S. 97).

Aus islamischer Perspektive wird dadurch das Forschen der Wissenschaftler*innen mit einem Lesen im Buch Gottes gleichgesetzt. Viele Muslim*innen sind der Meinung, dass der Koran das Erkennen durch die Wissenschaft einfordere. So kann möglicherweise auch erklärt werden, wieso die islamische Welt jahrhundertelang der europäischen Geisteswelt wissenschaftlich, kulturell und auch technologisch weit überlegen gewesen ist (vgl. Blume, 2016). Wieso das Verhältnis von Wissenschaft und Islam heutzutage ein völlig anderes ist und was dies mit einer verhängnisvollen Fehlentscheidung im Jahre 1485 zu tun haben könnte, ist Gegenstand des im Jahre 2017 erschienenen Buches „Islam in der Krise" von Dr. Michael Blume, einem deutschen Religionswissenschaftler.

3.2 Die sechs Glaubensgrundsätze

Der Koran selbst fasst die Glaubensgrundsätze wie folgt zusammen:

„Ihr Gläubigen! Glaubt an Gott, Seinen Gesandten, das Buch, das er ihm herabgesandt hat, und an die davor offenbarte Schrift! Wer Gott, Seine Engel, Seine Bücher, Seine Gesandten und den jüngsten Tag leugnet, der ist weit abgeirrt" (Sure 4, Vers 136).

Erster Glaubensgrundsatz: der Glaube an die Göttlichkeit

Der Glaube an eine Göttlichkeit wird als erster Glaubensgrundsatz betrachtet. Die 112. Sure im Koran beschreibt die Gottesvorstellung im Islam und grenzt sich dadurch von dem Glauben an die Trinität Gottes des Christentums ab. Der schon an anderer Stelle durch Friedrich Rückert übersetzte Vers macht dies wie folgt deutlich:

„Sprich: Gott ist Einer,
Ein ewig reiner,
Hat nicht gezeugt und ihn gezeugt hat keiner,

Und nicht ihm gleich ist einer" (Sure 112; Bobzin, 2001).

Muslim*innen glauben also an eine einzige und unvergleichliche Göttlichkeit, die keinen Sohn, keine Tochter und keine Partner neben sich hat. Niemand außer dieser Göttlichkeit selbst darf angebetet werden.

Zweiter Glaubensgrundsatz: der Glaube an die Engel

Der zweite Glaubensgrundsatz im Islam ist der Glaube an die Existenz von Engeln. Engel sind aus Licht erschaffen und werden als Diener Gottes bezeichnet.

„Die Engel, die die Diener des Barmherzigen sind, (…)" (Sure 43, Vers 19).
Muslim*innen glauben daran, dass jeder Mensch stets von zwei persönlichen Engeln umgeben sei:

„Die beiden buchführenden Engel, der eine zur Rechten, der andere zur Linken sitzend, zeichnen auf, und er bringt kein Wort heraus, das nicht vom genauen Wächter verzeichnet wird" (Sure 50, Vers 17-18).

„Er hat eine Reihe von Engeln, die jeden gemäß Gottes Verfügung von vorn und von hinten beschützen" (Sure 13, Vers 11).

Dritter Glaubensgrundsatz: der Glaube an alle bisherigen Offenbarungen (aus den vorhergegangenen Religionen)

Der dritte Glaubensgrundsatz im Islam stellt den Glauben an alle bisherigen Offenbarungen dar. Sowohl die heiligen Bücher der Juden als auch der Christen sind nach islamischem Glauben verschiedene Offenbarungsschriften, die der gleichen Tradition wie der des Korans angehören. Der Koran versteht sich als eine Bestätigung der früheren Offenbarungen und betont seine grundlegende Übereinstimmung mit diesen Schriften. Muslime gehen davon aus, dass Juden und Christen ihre Schriften geändert und verfälscht hätten und dass der Koran die echte ursprüngliche Offenbarung wiederbringe (vgl. Schimmel, 2012, S. 62).

„Auf ihre Propheten ließen Wir Jesus Christus, Marias Sohn, folgen, der die vor ihm offenbarte Thora bestätigt. Ihm gaben wir das Evangelium, das Rechtleitung und Licht enthält und die Wahrheit der vorhandenen Thora bekräftigt" (Sure 5, Vers 46).

„Dir haben Wir das Buch (den Koran) mit der Wahrheit geschickt. Es bestätigt die davor offenbarten Schriften und bewahrt sie" (Sure 5, Vers 48).

Vierter Glaubensgrundsatz: der Glaube an die Propheten und die Gesandten Gottes

Als vierter Glaubensgrundsatz im Islam wird der Glaube an die Prophetenlinie angesehen. Muslim*innene glauben an alle Propheten, die Gott jemals zu den Menschen gesandt hat. Beginnend mit Adam, Noah, Abraham, Ismael, Isaak, Jakob, Moses und Jesus, wird die Prophetenreihe aus muslimischer Perspektive mit Muhammad abgeschlossen. Im Koran selbst steht:

„Wir haben vor dir Gesandte geschickt. Über einige haben Wir dir berichtet und über andere nicht (....." (Sure 40, Vers 78).

Fünfter Glaubensgrundsatz: der Glaube an den Tag der Wiedererweckung

Als fünfter Glaubensgrundsatz wird der Glaube an den Tag des Gerichts angesehen. Nach islamischer Auffassung werden am Tag des Gerichts alle Menschen in die göttliche Gnade eintreten. Der Koran betont, dass nicht Gott über einen richte, sondern dass er den Menschen selbst befähigen werde, indem er die Schleier von den Augen der Menschen entferne, sodass sie sehen könnten, was und wie sie auf Erden gewirkt hätten.

„Lies deine Schrift, die alles über dich enthält. Du genügst dir heute selbst zur Abrechnung" (Sure 17, Vers 14)!

„Nun nehmen wir deinen Schleier von den Augen, so dass dein Blick heute scharf ist" (Sure 50, Vers 22).

Sechster Glaubensgrundsatz: der Glaube an die Bestimmung in ihrem Guten und Bösen

Der sechste und letzte Glaubensgrundsatz im Islam ist der Glaube an eine göttliche Vorherbestimmung, an eine Art karmischer Zusammenhänge. Diese göttliche Vorherbestimmung bedeutet allerdings nicht, dass der Mensch keinen freien Willen besitzt. Der Mensch hat einen eigenen Willen, mit dem er zwischen richtig oder falsch auswählen kann. Denn nur dadurch erhält der Mensch die Möglichkeit, Eigenverantwortung für seine Entscheidungen zu übernehmen.

„Was dir Gutes geschieht, kommt von Gott und was dir Schlimmes geschieht, kommt von dir selbst (wegen deiner Taten." (Sure 4, Vers 79).

3.3 All inclusive? Die Propheten im Islam

Jede Religion hat ihre Propheten und zumindest das Judentum, das Christentum und der Islam glauben an Offenbarungen, die durch Propheten an die Menschheit gesandt wurden. Im Judentum werden alle Propheten vor Jesus akzeptiert. Das Christentum konzentriert sich auf Jesus Christus und lehnt Muhammad als Propheten ab. Im Islam haben alle Propheten, die im Alten und Neuen Testament erwähnt werden, und andere, die nicht genannt werden, eine Bedeutung. Es gibt zahlreiche Geschichten über unterschiedliche Propheten im Koran. Für Muslim*innen hört es allerdings nicht bei Jesus auf, sondern Muhammad stellt das Siegel des Prophetentums dar.

„Abraham schenkten Wir Isaak und Jakob. Beide haben Wir rechtgeleitet. Lange davor leiteten Wir Noah recht. Von seinen Nachkommen haben Wir David, Salomo, Hiob, Joseph, Moses und Aaron rechtgeleitet (...). Rechtgeleitet haben wir auch Zacharias, Johannes, Jesus und Elias. Sie alle gehören zu den Rechtschaffenden. Rechtgeleitet haben wir Ismael, Elisa, Jonas und Lot" (Sure 6, Vers 84-86).

Der Islam geht davon aus, dass es schon immer nur eine „Urreligion" gegeben habe, die auf einem einfachen Prinzipien basiere: Gott, der Erschaffer der Welt schickte immer wieder Gesandte zu den Menschen, um sie an wichtige Dinge für das Leben auf Erden zu erinnern.

„Euch hat Er als Religion verordnet, was er Noah geboten hatte, was dir offenbart worden ist und was wir Abraham, Moses und Jesus geboten haben. Ihr sollt die Religion aufrechterhalten und nicht darüber streiten (…)" (Sure 42, Vers 13).

Da es aus dem islamischen Selbstverständnis heraus nur eine Göttlichkeit gibt, hatten alle Propheten dieselben Inhalte zu verkünden, allerdings zu verschiedenen Zeiten und an verschiedenen Orten.

„(…) Wir glauben an die Gesandten, ohne Unterschiede zwischen ihnen zu machen" (Sure 2, Vers 285).

Im Islam wird also kein Unterschied zwischen den Propheten gemacht. Keiner steht über einem anderen, keiner ist wichtiger als ein anderer. Für Muslim*innen ist daher die Person Jesus genauso wichtig wie die Person Muhammad. Gottes Gebote, Verbote und Verhaltensvorschriften werden den Menschen durch seine Propheten mitgeteilt. Sie sind „die Überbringer des Wortes, also Gefäße" (Schimmel, 2012, S. 62).

Der Koran sagt den Gläubigen, dass nicht nur die bekannten Propheten geschickt worden seien, sondern auch zahlreiche unbekannte.

„Wir haben vor dir Gesandte geschickt. Über einige haben Wir dir berichtet und über andere nicht (…)" (Sure 40, Vers 78).

Es gibt unterschiedliche Überlieferungen, wie viele Propheten es gegeben haben soll. Einige nennen eine Zahl von 124.000. Buddha z. B. gehört zu den Personen, von denen Muslim*innen vermuten, dass sie Propheten gewesen sein könnten. Von ihm hätten die Menschen lernen können, auf die innere Stimme und die Wahrheit in jedem Einzelnen selbst zu lauschen.

3.4 Das rituelle Gebet der Muslim*innen

> *Übung*
>
> Bevor Sie das Kapitel lesen, lade ich Sie ein sich zu überlegen, was Sie mit dem Gebet der Muslim*innen assoziieren und welche Gefühle bei Ihnen diesbezüglich auftauchen. (Zweite Übung folgt)

Vom eigentlichen Sinn

Das rituelle Gebet (arabisch: Salāt) hat vielfältige Aspekte. Es kann der eigenen geistigen und spirituellen Entwicklung dienen, zu innerer Reinigung und Erneuerung verhelfen, aber auch trösten und den Weg des Herzens stärken. Es kann für Muslim*innen eine Möglichkeit darstellen, den Alltag für eine kurze Zeit zu unterbrechen, innezuhalten und fünfmal am Tag zur Ruhe zu kommen und seinen Alltag zu entschleunigen. Viele Muslim*innen beschreiben diesen Rückzug als eine Pause vom Alltag, in der man still wird und auf sich selbst fokussiert bzw. sich auf Gott ausrichtet.

Die fünfmaligen Gebetszeiten sind abhängig vom Sonnenstand und verschieben sich zeitlich im Jahreslauf. Ein Gebet kann immer in einer Zeitspanne verrichtet werden. Ist man auf Reisen oder anderweitig verhindert, kann man einzelne Gebete zusammenfassen oder nachholen.

Die fünf Gebete sind rituell, d. h., es findet eine Waschung davor statt, um einen möglichsten hohen Grad an Reinheit zu erlangen. Aus einer spirituellen Perspektive heraus betrachtet, soll der/die Betende einen möglichst reinen Kanal für die Aufnahme göttlicher Energie darstellen. In den fünf Gebeten soll sich der/die Betende im Gegensatz zu den normalen Zwiesprachen mit Gott in einen spirituellen Zustand begeben. Das Gebet sollte daher einen meditativen Charakter haben. Der Prophet selbst vergleicht das rituelle Gebet mit einer fünfmaligen Waschung in einem Fluss:

„Was meint ihr, wenn vor der Haustür von einem von euch ein Fluss wäre, von dessen Wasser er sich täglich fünfmal wäscht, würde dann noch von seinem Schmutz etwas (an ihm) haften?" (Hadith Nr. 1042)

> Wenn ein Muslim oder ein Gläubiger seine rituelle Waschungen vollzieht und sein Gesicht wäscht, spült das Wasser bis zum letzten Tropfen alle Sünden fort, die durch seine Augen begangen wurden, wenn er seine Hände wäscht, spült das Wasser die Sünden fort, die von seinen Händen begangen wurden, und wenn er seine Füße wäscht, wäscht das Wasser alle Sünden weg, zu denen seine Füße ihn gebracht haben, bis er daraus hervorgeht, gereinigt von allen seinen Sünden." (Hadith Nr. 129)

Das Gebet im Islam im Vergleich zum Gebet im Christentum

Wenn man sich mit christlich geprägten Menschen über das Gebet im Islam unterhält, so taucht nicht selten die Sichtweise auf, dass man allein durch das „christliche Gebet" bemerke, dass Gott dem Menschen im Christentum näher sei, als er dies für Muslim*innen sei. Im Gegensatz zum muslimischen Gebet könne man sich im christlichen Gebet mit seinen persönlichen Wünschen und Danksagungen an Gott richten. Dies sei im rituellen Gebet im Islam nicht vorgesehen. Meist liegt in dieser Sichtweise ein Missverständnis der Begrifflichkeiten vor. Denn natürlich können sich Muslim*innen während, aber auch unabhängig und parallel zu rituellen Gebeten immer und zu jeder Zeit an Gott wenden. Das rituelle Gebet ist aus muslimischer Sicht bei Weitem nicht die einzige Zugangsmöglichkeit zu Gott und das einzige Gebet im Islam. Vielleicht könnte diese Form des Gebetes eher als „Anbetung" definiert werden. Wie in jeder anderen Religion auch gibt es neben dieser Anbetung Gottes auch eine offene und freie Gesprächsmöglichkeit mit Gott. Im muslimischen Sprachgebrauch werden diese beiden unterschiedlichen Gebete differenziert. Das rituelle Gebet wird als „Salat", das freie Gebet als „Dua" bezeichnet.

Das Gebet als Hilfestellung für eine innige Beziehung mit Gott

Wer sich in muslimische Kontexte begibt, wird höchstwahrscheinlich eine oftmals sehr stark ausgeprägte persönliche Beziehung der Gläubigen zu Gott wahrnehmen können. Die regelmäßige Kontaktaufnahme zu Gott durch das rituelle Gebet schafft für viele Muslim*innen eine intensive emotionale Verbindung mit Gott. Diese persönliche Gottesbeziehung ist in der muslimischen Lebensweise gewünscht und im Alltag präsent und integriert. Man könnte auch die Metapher einer Tankstelle verwenden, an der sich die Gläubigen fünfmal am Tag mit Energie und Kraft auftanken. Wer sich in einem islamisch geprägten Land aufhält, wird die Selbstverständlichkeit der fünf Gebete erleben können. Überall im öffentlichen Raum wird man Menschen beobachten können, die ihr rituelles Gebet verrichten. Auf Straßen, in Parkanlagen, egal, wo man sich gerade befindet, begeben sich Menschen in eine vom Alltag abgeschirmte meditative Stille, in der sie den Kontakt zu Gott suchen.

Und selbstverständlich wird es immer auch Muslim*innen geben, die das rituelle Gebet aus reinem Pflichtgefühl heraus verrichten. Wie auch in allen anderen religiösen Strömungen gibt es unter Muslim*innen Menschen, die ihre religiösen Gebote nur äußerlich befolgen, aber den eigentlichen Sinn nicht verstehen. Yusuf Ali, ein bekannter Korankommentator, schreibt hierzu:

> Wir dürfen nicht vergessen, dass Allah der Lobpreisung nicht bedarf. Er ist über jedes Lob erhaben; vor ihm bedarf es nicht des Bittens, denn Er kennt unsere Bedürfnisse besser als wir selbst; (…). Das Gebet ist zu unserer eigenen geistigen Entfaltung, zur Tröstung und Festigung bestimmt (Yusuf Ali, 2017, S. 3f.).

Aus dieser Perspektive wird ersichtlich, dass nicht Gott es ist, der die Gebete der Menschen braucht, sondern es die Menschen selbst sind, die das Gebet brauchen und nutzen können, mit Gott bzw. aus Rumis Betrachtung heraus „mit dem eigenen Herzen" in Kontakt zu sein.

Die Mantren im Islam

Das rituelle Gebet verbinden sehr viele Muslim*innen mit einer meditativen Übung. Hierbei erfolgen bestimmte Rezitationen von bestimmten göttlichen Aspekten. So wie es in östlichen Religionen aus dem Sanskrit Mantren gibt, gibt es auch im Islam sogenannte Energiewörter. Diese Wörter sollen den Menschen, der sie rezitiert oder singt, mit bestimmten Energien verbinden. Allerdings wird in muslimischen Kreisen nicht der Begriff „Mantra" verwendet, sondern Dhikr. Für sehr viele praktizierende Muslim*innen ist Dhikr ein fester Bestandteil nach dem rituellen Gebet. So werden z. B. verschiedene Energiewörter und Attribute Gottes rezitiert, die im Kapitel „Die 99 Wesenheiten Gottes" noch näher beschrieben werden. Vielen ist diese Form der Kontemplation mithilfe der muslimischen Gebetskette bekannt, die der des Rosenkranzes ähnelt. Immer wieder kann man Muslim*innen auch im Alltag mit dieser Gebetskette in der Hand erleben. Hier werden solche Energiewörter 99-mal wiederholt, so oft wie Perlen an der Kette vorhanden sind.

Übung

Was assoziieren Sie nach dem Lesen des Unterkapitels mit dem rituellen Gebet der Muslim*innen? Vergleichen Sie dies mit ihren Assoziationen aus der vorhergehenden Übung.

3.5 Barmherzigkeit im Islam

> *Übung*
>
> Bevor Sie das Kapitel lesen, lade ich Sie ein, auch jetzt einen Moment inne zu halten und den Blick nach innen zu richten. Was taucht in Ihnen auf, wenn Sie die Überschrift „Barmherzigkeit im Islam" lesen? (Zweite Übung folgt)

Vielleicht werden viele Leser von der Tatsache erstaunt sein, dass Barmherzigkeit die wichtigste und grundlegendste Eigenschaft Gottes im Islam ist. „Die Eigenschaft Gottes, mit der Gott sich im Koran am häufigsten beschreibt, ist die Barmherzigkeit" (Khorchide, 2015, S. 37). Zudem beginnen 113 von 114 Suren mit dem Hinweis auf die Barmherzigkeit Gottes. Mouhanad Khorchide deutet dies als einen Hinweis darauf, dass der Leser sich vor dem Lesen des Korans eine Brille der Barmherzigkeit aufsetzen solle (Khorchide, zitiert nach Gogos, 2019, S. 13). Khorchide hat der Barmherzigkeit im Islam ein ganzes Buch gewidmet. Zahlreiche andere Bücher und Broschüren zur Barmherzigkeit im Islam sind auf dem Markt zu finden. Khorchide zeigt in seinem Buch auf, dass Gott dem Menschen ein Angebot macht. „Er will die Beziehung zu uns Menschen nicht als Herr-Knecht-Beziehung, wie wir sie aus der Sklaverei kennen, gestalten, sondern als Freundschaftsbeziehung, ja als Liebesbeziehung" (Khorchide, 2015, S. 35).

Wie man eine tiefe Liebesbeziehung zu Gott erfahren kann, drückt auch Rumi, der persische Mystiker und Dichter des 12. Jahrhunderts, in seinen zahlreichen Gedichten und Schriften aus:

> Schließe ich die Augen, erblicke ich Dich in ganzer Schönheit.
> Schließe ich den Mund, trinke ich Deinen berauschenden Wein.
> Ich entsage dem Gespräch mit den Geschöpfen dieser Welt, doch mein Liebesgeflüster mit Dir will kein Ende nehmen.
> (Rumi, zitiert nach Barth, 2008, o.S.)

Auch der Koran selbst beschreibt sich als Barmherzigkeit für die Menschen.

„(...) Er hat sich selbst Barmherzigkeit vorgeschrieben (...)" (Sure 6, Vers 12).

„(...) Meine Barmherzigkeit umfasst alles (...)" (Sure 7, Vers 156).

„Wir haben ihnen ein Buch gegeben, das Wir mit Wissen klar darlegten, als Rechtleitung und Barmherzigkeit für die Gläubigen" (Sure 7, Vers 52).

„(...) Gott ist voller Vergebung und Barmherzigkeit" (Sure 3, Vers 31).

„Dies impliziert, dass jede Auslegung des Korans, die nicht mit dem Prinzip der Barmherzigkeit vereinbar ist, im Widerspruch zum Koran selbst und der Intention seiner Verkündung steht und daher abzulehnen ist" (Khorchide, 2015, S. 41).

Neben vielen weiteren Versen im Koran beschreiben auch viele Hadithe die Barmherzigkeit Gottes und rufen Muslim*innen dazu auf, barmherzig zu sein.

> Gott hat seine Barmherzigkeit in hundert Teile geteilt. Auf die Erde hat er nur einen Teil davon geschickt, das ist der Teil, der seinen Ausdruck in der Liebe zwischen Eltern und ihren Kindern sowie der zwischenmenschlichen Liebe findet. Die anderen neunundneunzig Teile hat er für den Tag der Wiederauferstehung aufgehoben (Muslim; zitiert nach Khorchide, 2015, S. 55).

Ein weiteres Hadith beschreibt die Aussage des Propheten Muhammad, der eine stillende Mutter sieht:

> Denkt ihr, dass diese Mutter ihr Neugeborenes jemals ins Feuer werfen würde? Gott ist noch barmherziger zu den Menschen als diese Mutter zu ihrem Kind (Al Bukhari; zitiert nach Khorchide, 2015, S. 67).

Übung

Jetzt haben Sie einiges über Barmherzigkeit im Islam erfahren. Können Sie sagen, wie Sie Ihre Reaktion aus der vorhergehenden Übung jetzt erleben. Hat sich etwas verändert? Wenn ja, was? Ist ihre Reaktion gleich geblieben oder hat sich eventuell noch verstärkt? Wenn ja, wieso? Und: was würde Ihnen helfen, die neuen Information in Ihr Wissen zu integrieren?

Hinweis

Ich lade Sie dazu ein, mehr über sich selbst und ihre Reaktionen zu ergründen! An dieser Stelle möchte ich die Focusing Methode erwähnen, die für mich eine wunderbare Möglichkeit darstellt, mit einem sehr wohlwollenden und offenen Blick auf die Suche, nach seinen inneren Regungen zu machen und sich somit selbst näher kennenzulernen und zu ergründen.

Lesetipp:

Wiltschko, Johannes: Hilflosigkeit in Stärke verwandeln.

Renn, Klaus: Dein Körper sagt dir, wer du werden kannst. Focusing – Weg der inneren Achtsamkeit.

Definition: *Focusing*

Die Bezeichnung „Focusing" steht für den von Eugene T Gendlin erforschten Prozess der Persönlichkeitsentwicklung, aber auch für die von ihm beschriebene Selbsthilfetechnik zur Lösung persönlicher Probleme. Focusing kann als Hilfe zur Selbsthilfe in schwierigen und belastenden Lebenssituationen zum Einsatz kommen. (vgl. Gendlin, 2012) „In einer Focusing-Sitzung wird ein Prozess einer inneren Kommunikation angeregt, der den Übenden zu jeder Zeit in einen direkten Kontakt mit seinen Empfindungen bringt" (Raue-Konietzny, 2005, S. 210).

3.6 Karma im Islam?

Die Vorstellung, was sich nach dem Tod abspielen wird, ist im Leben eines Muslims/einer Muslimin stets lebendig. So wie Buddhist*innen von einem Karma ausgehen, glauben auch Muslim*innen an eine direkte Auswirkung des eigenen Wirkens sowohl im Hier und Jetzt als auch im Jenseits. Im Koran ist die Aussage zu finden, dass all das Gute im Leben eines Menschen von Gott selbst komme und all das Leid von den Menschen selbst verursacht werde.

Auswirkungen des Handelns im Diesseits:

„Was dir Gutes geschieht, kommt von Gott und was dir Schlimmes geschieht, kommt von dir selbst (wegen deiner Taten)" (Sure 4, Vers 79).

„Wer gute Werke verrichtet, tut es zu seinem eigenen Vorteil und wer böse Taten begeht, tut es gegen sich selbst" (Sure 45, Vers 15).

„Gott verändert den Zustand eines Volkes nicht eher, bis die Menschen ihren Zustand selbst geändert haben" (Sure 13, Vers 11).

„Was euch an Unheil geschieht, rührt von euren bösen Taten her (...)" (Sure 42, Vers 30).

Wie in allen anderen Religionen auch wird das Sterben auch im Islam als ein Hinübergleiten in einen anderen Zustand des Seins angesehen. Gott beschreibt sich im Koran selbst nicht als Richter, sondern befähigt den Menschen, sich selbst zu erkennen.

„Jedem Menschen haben wir seine Taten wie eine Kette um den Hals gelegt. Am jüngsten Tag werden wir ihm eine Schrift zeigen, die er ausgebreitet sehen wird. Lies deine Schrift, die alles über dich enthält. Du genügst dir heute selbst zur Abrechnung" (Sure 17, Vers 13-14)!

„An jenem Tag eilen die Menschen einzeln hin, wo sie ihre Werke zu sehen bekommen. Wer ein gutes Werk im Gewicht eines Stäubchens verrichtet hat, wird es dann sehen. Und wer ein böses Werk im Gewicht eines Stäubchens verrichtet hat, wird es dann sehen" (Sure 99, Verse 6-8).

„Am jüngsten Tag wird jede Seele alle ihre Taten vorfinden, die guten und die bösen. Dann würde sie gerne von den bösen Taten durch einen weiten Abstand getrennt sein. Gott warnt euch vor Sich selbst. Doch Gott ist höchst barmherzig gegenüber den Ihm dienenden Menschen" (Sure 3, Vers 30).

3.7 Paradies und Hölle

> *Übung*
>
> Wenn Sie möchten, können Sie die Übung wiederholen: Schauen Sie, was die Überschrift in Ihnen bewirkt und verschriftlichen Sie dies.

Rabia Al Adawiya, eine islamische Mystikerin des 8. Jahrhunderts, sagte: „Ich würde so gerne das Höllenfeuer löschen und das Paradies mit Feuer anzünden, damit die Menschen nicht aus Angst vor der Hölle bzw. Hoffnung auf das Paradies handeln." (Rabia Al Adawiya; zitiert nach Khorchide, 2015, S. 66). Sie rief dazu auf, die Liebe zu Gott als wichtigsten Motivator für das Handeln und Tun zu sehen.

Dennoch ist es unumgänglich, darüber nachzudenken, was mit Paradies und Hölle gemeint sein könnte. Der Koran stellt detaillierte Bilder von Paradies und Hölle zur Verfügung. Das Paradies wird an sehr vielen Stellen äußerst sinnlich beschrieben. Vor dem Hintergrund, dass Gott mit dem Koran Menschen des siebten Jahrhunderts auf der Arabischen Halbinsel erreichen wollte, schafft er eine Perspektive, die sehr viele Muslim*innen teilen. Die verwendeten Bilder und Szenen sollten die Menschen, deren Leben damals sehr einfach und voller Entbehrungen war, ansprechen.

> Der Traum von grünen Gärten, von Wein, Essen und Trinken und von körperlichen Vergnügen war für Beduinen, die jeden Tag von Neuem ums Überleben kämpfen mussten, ein greifbares Motiv dafür, langsam ihr archaisches Leben mit seinen Bräuchen und Traditionen kritisch zu reflektieren (ebd., S. 70).

Wer sich eingehender und tiefer mit dem Koran auseinandersetzt, wird nach Wilhelm Maas schnell eine andere Idee als der sinnlich-weltlichen Versprechungen im Paradies finden.

> Die koranische Paradiesbeschreibung wird in der Regel, oft dazu mit einem gewissen Augenzwinkern, als lustern-sinnlich

(ab)qualifiziert und dies dazu mit einer bestimmten exzessiven Veranlagung des Propheten Muhammad in Verbindung gebracht. Wer so schreibt, beweist damit nur zu deutlich, dass er nicht willens oder fähig ist, den Text des Koran genau zu lesen, geschweige denn sich mit dem arabischen Text auseinanderzusetzen, was aber in vielen Fällen unumgänglich ist. Denn wer den Korantext hinsichtlich der Paradies- und Höllen-Hermeneutik Wort für Wort studiert, wird den für die Hermeneutik solcher Aussagen fundamentalen und grundsätzlich wichtigen, in seiner Bedeutung kaum zu überschätzenden Hinweis in Sure 19, 61 finden, wo die Rede ist von „Gärten von Eden, die der Schöpfer seinen Anbetern im Bereich des Übersinnlichen versprochen hat. Die entscheidende Formulierung ist hier „bi l-ghaibi", was so viel bedeutet wie „im Übersinnlichen", in einem den Sinnen verborgenen Bereich, also in einer nicht materiellen, einer geistigen Dimension. (...) Zudem wird die Bildhaftigkeit und Gleichnishaftigkeit der Aussagen vom Garten Eden im Koran ausdrücklich als solche konstatiert, wenn Beschreibungen eingeleitet werden mit: „Das Paradies gleicht ..." (mathalu l-dschannati), beispielsweise in Sure 13, 35: „Mit dem Paradiesgarten verhält es sich wie mit ...", ähnlich auch in Sure 47, 15 (Maas, 1999, S. 117f.).

Das Bild der Hölle kann also durchaus auch als Sinnbild für die Schmerzen und Qualen betrachtet werden, die der Mensch im Laufe seines Transformationsprozesses erlebt. Nach dieser Auffassung wird der Mensch die unendliche Barmherzigkeit und Liebe Gottes erfahren und dadurch die Möglichkeit erhalten, auf sein Leben ohne Masken zurückzublicken. Dies räumt folglich die Möglichkeit ein, auch in schwierige Zustände aus Scham, Demut und Schmerz zu gelangen. Der Mensch wird nach dem Tod in der Gegenwart Gottes klar erkennen können, wo er selbst im Widerspruch zur göttlichen Zuwendung stand und sich vom Göttlichen, der universellen Liebe, abgewandt hat.
Die Vorstellung, dass Gott den Gerichtstag bräuchte, damit er Gerechtigkeit walten lasse, ist aus dieser Perspektive heraus völlig abstrus und widersinnig. Nach koranischen Aussagen erhält jeder Mensch die Chance auf Vervollkommnung seiner selbst durch die Konfrontation mit seinen eigenen Fehlern und den daraus resultierenden Erkenntnissen. „In der

Nacktheit seiner Seele kann sich der Mensch nicht mehr schönreden oder mit faden Entschuldigungen herausreden." (Hübsch, 2003, S. 58)

> *Übung*
>
> Gibt es nach dem Lesen des Unterkapitels Veränderungen in Ihren Empfindungen bezüglich der Begriffe „Paradies und Hölle"?

3.8 Dschihad und seine Bedeutung

Das Wort Dschihad kommt im Koran zwar vor, hat aber weder die Bedeutung von „heilig" noch von „Krieg". Am besten könnte man das Wort übersetzen mit „etwas mit ganzem Einsatz tun". Im ursprünglichen Sinne von Dschihad geht es um den Menschen selbst und um seine Vervollkommnung und der Begriff knüpft an den Gedanken der Weiterentwicklung des Menschen an. So wie in jeder anderen Weltreligion oder in anderen spirituellen Strömungen auch geht es darum, das eigene Ego zu überwinden. Es geht um das Annähern an oder die Verschmelzung mit Göttlichkeit und Liebe. Der Dschihad kann dadurch wirklich als ein „Kampf" gesehen werden – allerdings als ein Kampf gegen das eigene Ego, als die persönliche Überwindung eigener Ängste und Eigeninteressen.

Und dennoch rechtfertigen Fundamentalisten ihren „Kampf für den Islam" mit dem Koran. Wenn man den Koran selbst sprechen lässt, dann erkennt man, dass dieser Muslim*innen jegliche Aggression verbietet und sie zu Milde auffordert.

„Was aber im Jenseits bei Gott ist, ist das Beste, die sich auf ihren Herrn verlassen, die die großen Untaten und Abscheulichkeiten meiden und die verzeihen, wenn sie zum Zorn herausgefordert werden" (Sure 42, Vers 37).

„Wer jedoch verzeiht und sich versöhnt, den wird Gott belohnen" (Sure 42, Vers 40).

„Geduld zu fassen und dem Täter zu verzeihen, darum soll sich jeder Rechtschaffene bemühen" (Sure 42, Vers 43).

„Überschreitet nicht das Maß (um Kriege oder Menschen anzugreifen, die euch nicht angegriffen haben)! Gott liebt diejenige nicht, die Überschreitungen begehen" (Sure 2, Vers 190).

Der Koran fordert unmissverständlich zur Toleranz auf:

„Niemand soll zum Glauben gezwungen werden" (Sure 2, Vers 256).

„Wer glauben will, möge glauben, und wer ablehnen will, möge ablehnen" (Sure 18, Vers 29).

„Hätte Gott es gewollt, wären alle Menschen auf Erde samt und sonders gläubig geworden. Möchtest du etwas die Menschen zum Glauben zwingen" (Sure 10, Vers 99)?

Und dennoch kann man nicht leugnen, dass es auch kritische Verse im Koran gibt, die sich mit konkreten Kampfsituationen beschäftigen. Körperliche Verteidigung nach einem Angriff ist nach islamischem Selbstverständnis erlaubt. Gewalttätige Auseinandersetzung erkennt der Koran an, betont allerdings in zahlreichen Versen des Korans, dass jegliche Gewalt vermieden werden solle.

Fundamentalisten rechtfertigen heute ihre terroristischen Gewaltakte oft mit dem Hinweis, dass der Islam die Anwendung von Gewalt im Rahmen des „Aufrufs" zum Islam zulasse.

„Euch ist vorgeschrieben zu kämpfen, (…) obwohl ihr den Kampf hasst" (Sure 2, Vers 216).

„Die Gläubigen kämpfen für Gott, und die Ungläubigen kämpfen auf dem Weg des Bösen. Kämpft gegen die Anhänger des Satans (…)" (Sure, 4 Vers 76).

Solche Verse werden dafür verwendet, den Kampf und den Tod für Gottes Sache zu glorifizieren und den Terrorismus zu legitimieren und werden von Fundamentalisten als Rechtfertigung von Gewalt verstanden. Sie missachten allerdings dabei grundlegende Hinweise bezüglich des Kampfes:

„Für Gottes Sache sollt ihr gegen den Feind Krieg führen, aber erst dann, wenn ihr angegriffen werdet. Überschreitet nicht das Maß (um Kriege anzuzetteln oder Menschen anzugreifen, die euch nicht angegriffen haben)! Gott liebt diejenigen nicht, die Überschreitungen begehen" (Sure 2, Vers 190).

Auch den Aufruf einer friedlichen Verbreitung und das Einsetzen für den Islam auf eine beste Art und Weise bleiben unbeachtet:

„Lade ein zum Weg Deines Herrn mit Weisheit und schöner Ermahnung, und debattiere mit ihnen auf die beste Art und Weise" (Sure 16, Vers 125)!

Der Grundsatz im Islam *„(…) wenn irgendeiner einen Menschen tötet (…) es sein soll, als ob er die ganze Menschheit getötet hätte; während, wenn irgendeiner ein Leben rettet, es sein soll, als ob er aller Menschen das Leben gerettet hätte" (Sure 5, Vers 32, Übersetzung Assad).* findet bei Befürwortern von Gewalt keine Beachtung.

3.9 Der Islam eine Vernunftreligion?

In sogenannten „islamkritischen" Kreisen kursiert oft die Auffassung, dass dem Islam die Aufklärung fehle und diese ihm guttäte. Für Professor Angelika Neuwirth, Inhaberin des Lehrstuhls für Arabistik an der Freien Universität Berlin, bringt der Koran selbst etwas stark Aufklärerisches mit (Neuwirth, zitiert nach Gogos, 2019, S. 12). Aus ihrer Sicht bedeutete der Koran für den Vorderen Orient eine geistige Revolution, da er – anders als dies in der christlichen Tradition der Fall ist – stets zum Wissenserwerb aufruft (ebd.). Seinen Verstand einzusetzen, ist eine Aufforderung, die in den islamischen Quellen an vielen Stellen zu finden ist. Jeder ist aufgefordert, vorherrschende Gebote zu hinterfragen. Anja Hilscher macht in ihrem Buch „Imageproblem" deutlich, dass rund ein Achtel des Korans zum Studium der Natur, zum Meditieren und zum eigenen Denken auffordere (Hilscher, 2012, S. 147). Es finden sich Zusammenstellungen, in denen all die Verse im Koran aufgelistet sind, die zum Einsatz der Vernunft aufrufen. Diese sind erstaunlich lange.

Das allererste Wort, das Muhammad offenbart wurde, war *„Lies"* (Sure 96, Vers 1). Weitere Aufforderungen wie: *„Greift zur Feder!"* (Sure 68, Vers 1), *„Denkt nach!"* (Sure 6, Vers 50), *„Erwerbt Erkenntnisse!"* (Sure 39, Vers 9),

„(...) sage: „Gott gewähre mir mehr Wissen!" (Sure 20, Vers 114) und *„(...) sind die Wissenden den Unwissenden gleich?"* (Sure 39, Vers 9) folgen stetig.

Obwohl im Koran an mehr als 60 Stellen das Nachdenken und der Verstand betont werden und blinder Gehorsam gegenüber anderen kritisiert (Idriz, 2014), sieht die gängige Praxis an vielen Orten anders aus. Eigenes Denken und das Hinterfragen von Begebenheiten in kollektiven Gesellschaften sind eher unerwünscht und werden z. T., wenn es von den Machthabern als politische oder religiöse Grenzverletzung interpretiert wird, unter Strafe gestellt. Es ist also nicht verwunderlich, wenn kritisches Hinterfragen eher im Kontext demokratischer Gesellschaften geschieht. Menschen in diktatorischen Systemen sind geprägt von kollektiven Vorstellungen. Sie orientieren sich seit Generationen vermehrt an auserwählten Gelehrtenmeinungen, verlassen sich bei der Suche nach Antworten auf Aussagen bestimmter Gelehrter und wagen es oft nicht, selbst auf die Suche zu gehen. Gott fordert die Menschen im Koran allerdings immer wieder dazu auf, der Stimme des Gewissens zu folgen, die für Freiheit, Güte, Moral und Gerechtigkeit spreche (Idriz, 2011, S. 17). Im Koran gibt es zahlreiche Stellen, in denen der Mensch zum Einsatz seines Verstandes aufgefordert wird. Die nun folgenden Ausschnitte sind nur ein sehr kleiner Teil dessen:

„Sie sollten sich doch gründlich Gedanken über den Koran machen" (Sure 4, Vers 82)!

„So legen wir Zeichen dar für Menschen, die sich ihres Verstandes bedienen" (Sure 10, Vers 24).

„Sprich: Gleicht der Blinde dem Sehenden? Bedient euch doch des Verstandes, um die Wahrheit zu erkennen" (Sure 6 Vers 50).

„Du sollst nicht behaupten, etwas zu wissen, wenn du es nicht weißt. Jeder hat sich vor Gott für Gehör, Gesicht und Verstand zu verantworten" (Sure 17, Vers 36).

Auch in zahlreichen anderen Sammlungen von Überlieferungen des Propheten taucht der Aspekt des Wissenserwerbs auf:

„Wer einen Weg beschreitet, um Wissen zu erlangen, dem wird Allah deswegen einen Weg zum Paradies leicht machen" (Hadith Nr. 1381).

„Wer auf der Suche nach Wissen hinauszieht, der ist auf dem Wege Allahs, bis er heimkehrt" (Hadith Nr. 1385).

„Nach Wissen zu streben ist eine Pflicht für jeden Muslim, Mann und Frau. Darum strebt nach Wissen, wo es zu finden ist, und erfragt es von all denen, die es besitzen" (alHadith.de, n. d.).

„Strebt nach Wissen und sei es in China[6]" (ebd.).

„Strebt nach Wissen von der Wiege bis zur Bahre" (ebd.).

„Der Meist-Gelehrte ist derjenige, der Wissen von anderen sich selbstständig aneignet; der Edelste ist der Meist-Wissende; und der Schäbigste ist der Unwissendste" (ebd.).

„Der Wert des Wissens ist bei Gott beliebter als der Wert der Anbetung" (ebd.).

„Der Schlaf eines Wissenden ist besser als das Gebet eines Unwissenden" (ebd.).

Nach Wissen zu streben, kann also als Pflicht für Muslim*innen angesehen werden. Die Weitergabe der Religion an die Kinder sollte demnach nie ohne Erklärung geschehen. Finden die Eltern keine Antwort auf ein „Warum", sind sie aufgefordert, mit den Kindern gemeinsam nach einer Antwort zu suchen. Der Grundsatz „Es gibt keinen Zwang in der Religion" im Koran setzt die Überzeugung voraus, dass nichts erzwungen werden darf und kann.

„Niemand soll zum Glauben gezwungen werden" (Sure 2, Vers 256).

---

[6] Mit China ist ein sehr weit entfernter Ort gemeint.

„(…) Du bist nicht da, um sie zu zwingen" (Sure 50, Vers 45).

*Die Chance demokratischer Systeme für Muslim*innen*

Das muslimische Verbot des blinden Befolgens und die Aufforderung nachzudenken und zu hinterfragen, können eine wirkliche Chance für jede/n Einzelne/n sein, die/der aus einem diktatorischen Land zu uns kommt. Er/sie hat nun die Möglichkeit, diesen freien Raum zu nutzen und sich offensiv in pluralistische Diskussionen einzubringen. Für einen Menschen, der in einem System groß geworden ist, in dem eigenverantwortliches demokratisches Denken und Handeln keinen Platz hat, und der dies demnach nur in einer sehr eingeschränkten Form entwickeln und leben durfte, wird es eine sehr große Herausforderungen sein, sich besonders auch bei religiösen Fragestellungen auf sich selbst zu verlassen. Wir dürfen nicht vergessen, dass im Allgemeinen bei der Lossagung von alten Denk- und Verhaltensmustern große Verunsicherungen und Ängste entstehen können.

Meines Erachtens stellt der westliche Impuls der Freiheit und der Demokratie eine große Chance für die Muslim*innen dar. Muslim*innen bekommen die Chance, sich wieder an die eigentlichen spirituellen Ideen des Islams zu erinnern. Wenn ein Mensch den großen Interpretationsspielraum und die Flexibilität im Islam fernab von allgemeingültigen Dogmen für sich erkennt, wird es ihm leichter fallen, sich in einer westlichen Gesellschaft wohlzufühlen. Wie im Kapitel „Pluralität im klassischen Islam" deutlich wurde, war Pluralität eine grundlegende Auffassung der klassischen Lehre von muslimischen Gelehrten bereits im 14. Jahrhundert.

Übung
Vielleicht möchten Sie einmal überlegen, in welchen Situationen bei Ihnen das Spannungsfeld „Vernunft und Emotion", wie z.B. „Angst" auftaucht und wie Sie damit umgehen.

3.10 Spiritualität und Regeln – geht das überhaupt?

Außenstehende nehmen Muslim*innen zumeist ausschließlich in ihrer Ausübung praktischer Riten und Regeln ihrer Religion wahr. Der Islam wird daher oft als eine starre Religion erlebt. Regeln, Vorschriften und Unfairness gegenüber dem weiblichen Geschlecht stehen dann im Vordergrund. Die Tatsache, dass der Koran ein Buch voller tiefgründiger Weisheiten ist, wird nur selten gesehen. Die spirituellen Aspekte des Islams sind meist nicht sichtbar. Auf dem Boden des Islams ist z. B. auch der Sufismus gewachsen. Viele Erkenntnisse anderer Religionen, wie z. B. der taoistischen Lehre von Yin und Yang sowie der buddhistischen Lehre von der Überwindung des Egos stehen durchaus im Einklang mit dem Koran und lassen sich aus seinen Versen ableiten.

Im Westen ist die Tatsache, dass wir es im Islam mit vielen verschiedenen Richtungen zu tun haben, zumeist nicht bekannt. Unterschiede zwischen den Glaubensansichten verschiedener innerislamischer Gruppierungen sind allerdings sehr gravierend. Konservative, patriarchalische Gelehrte, die die Geschichten im Koran wörtlich und ohne Spiritualität verstehen, vermitteln noch allzu oft ein starres Bild vom Islam. Daneben gibt es aber auch andere Gelehrte, die den geistigen und spirituellen Sinn hinter den Wörtern suchen.

Von außen betrachtet erscheint der Islam tatsächlich im Licht vieler Regeln und Verhaltensvorschriften. Betrachtet man diese Regeln allerdings als Rahmen bzw. Hilfsmittel, die dem Menschen helfen können, eine Verbindung zum Spirituell-Geistigen herzustellen, nimmt man diese Gebote eventuell aus einer anderen Perspektive wahr. Jede Religion hat ihre bestimmten Regeln und Lebensvorschläge. Verschiedene Religionen können verschiedenen Menschen unterschiedliche Rahmen anbieten. Ob der Rahmen aber als hilfreich erlebt wird, bleibt den Menschen überlassen. Nicht jeder religiöse Rahmen passt für jeden Suchenden. Manche Menschen fühlen sich in keiner Religion wohl. Religiöse Rahmen können eine Hilfe auf einem spirituellen Weg sein, müssen aber nicht.

Die islamische Lehre geht davon aus, dass Äußerlichkeiten einen direkten Einfluss auf die innere Entwicklung eines Menschen haben.

> Wie das Körperliche das Seelische beeinflußt, so wird manchmal auch der Körper gleichfalls durch die Seele beeinflußt. (...) So besteht eine natürliche Beziehung zwischen unserem Körper und der Seele, und alle unsere Handlungen und Bewegungen wie Essen, Trinken, Schlafen, Wachen, Gehen, Ruhen, Baden usw. bewirken notgedrungen einen entsprechenden Einfluß auf unsere geistige oder seelische Verfassung (Ahmad, 1997, S. 49).

Der Koran enthält keine Lehrsätze, die man unter Zwang annehmen muss. Das einzige Ziel und der Kern seiner Lehre ist die persönliche und spirituelle Entwicklung des Menschen. „Pointiert formuliert, geht es schlicht darum den Menschen zu vervollkommnen. Seele, Geist und Körper sollen sich im Gleichgewicht befinden" (Rüschoff, 2009, S. 10).

Alle Gebote dienen nur als Mittel zum Erreichen dieses Ziels. Anja Hilscher schreibt hierzu:

> Manche Gebote funktionieren also ein bisschen wie Kochrezepte: Zumindest die besagten idiotensicheren Handlungsanweisungen unter den Geboten sind tatsächlich so etwas wie Krücken. Nun würde ja auch niemand behaupten, Kochrezepte und Krücken gehörten grundsätzlich abgeschafft. Sie sind durchaus hilfreich. Letztere kann man nutzen, um spirituell damit gehen zu lernen. Was übrigens ein Prozess ist, der das ganze Leben durchzieht, so dass man die Dinger nicht voreilig wegwerfen sollte. Bedauerlicherweise ist aber, dass viele ihre Krücken nur dazu verwenden, um anderen, die schon besser (oder anders) gehen als sie selbst, damit eines überzuziehen (Hilscher, 2012, S. 41).

Ein spiritueller Aspekt, den der Koran erwähnt, ist die Chance der persönlichen Entwicklungsmöglichkeiten in schwierigen Zeiten und bei Schicksalsschlägen. „Schaut man sich den Koran an, stellt man fest, dass es Gott in erster Linie darum geht, in Beziehung mit dem Menschen zu treten. Die spirituelle Dimension steht im Vordergrund. Gott möchte, dass sich der Mensch vervollkommnet" (Khorchide, 2015, S. 93).

> Vollkommen ist, wer anstrebt, vollkommen zu sein mit dem Wissen, nie vollkommen, im Sinne von fehlerfrei sein zu können.

Vollkommen ist demnach derjenige, der in einem lebenslangen Prozess immer und immer an sich arbeitet, nach seinen Schwächen sucht, um diese zu ändern, und seine Stärken erkennt, um sie zu fördern. Vollkommen ist, wer zwar Fehler macht, aus diesen aber lernt (ebd., S. 88f.).

Der Koran fordert die Menschen auf, schwierige Dinge im Leben als etwas Positives, als eine Übung zur Weiterentwicklung zu betrachten:

„Es kann sein, dass man etwas hasst, was einem nützt oder etwas liebt, was einem schadet" (Sure 2, Vers 216).

Auch die Zeilen von Rumi untermauern die muslimische Idee der Chance in schweren Zeiten für das innere Wachstum:

Es erstaunt mich, wenn jemand, der den Spiegel seiner Seele reinigen will, sich beklagt, weil es bei der Politur nicht immer sanft zugeht. Die Grobheit gilt nicht der Seele, sondern ihren schlechten Eigenschaften. Wenn man einen Teppich klopft, gelten die Schläge nicht ihm, sondern dem Staub, von dem er befreit werden soll (Rumi; zitiert nach Barth, 2008, o. S.).

Vielleicht möchten Sie folgende Übung durchführen:

Überlegen Sie, wie Sie das Zitat von Anja Hilscher über die Gebote im Islam und ihrem Vergleich mit den „Krücken" empfanden. Wie sympathisch war Ihnen die Aussage? Inwieweit könnte der Aspekt mit eingeflossen sein, dass Frau Hilscher eine „deutsche" Frau ist, die zum Islam konvertiert ist und daher mit einem uns vertrauten Sprachgebrauch die Dinge ausdrückt?

Lesetipp

An dieser Stelle möchte ich auf das äußerst humorvoll geschriebene Buch „Imageprobleme" von Anja Hischler verweisen, welches Sie unbedingt lesen sollten! Sie werden viel zu schmunzeln haben!

3.11 Die 99 Wesenheiten Gottes

Gott beschreibt sich im Koran mittels 99 unterschiedlicher Aspekte. Diese Eigenschaften können auch als Wesenheiten Gottes beschrieben werden, die dem Gläubigen die Göttlichkeit greifbarer werden lassen sollen. Je nach Lebenslage können unterschiedliche Aspekte von Bedeutung sein und in den Fokus rücken. In unsicheren Zeiten, in Zeiten von Orientierungslosigkeit werden vielleicht Aspekte wie „der Sichernde", „der Beschützer" oder auch „der Schutzfreund" und „der Führer" im Vordergrund stehen. In Zeiten von Einsamkeit vielleicht eher „der Mitfühlende", „der Wahrnehmende" oder „der Hörende". In Zeiten, in denen der Mensch sich eines Verhaltens schuldig fühlt, werden vielleicht Aspekte wie „der Geduldige", „der Vergebende" oder auch „der Liebende" in den Vordergrund treten.

Gott beschreibt sich im Koran selbst mit all diesen Aspekten. Er sei der Allhörende, der Allsehende und der Allwissende. Auf vollkommene Weise umfasse sein Wissen alle Dinge, das Offensichtliche und das Verborgene, das Öffentliche und das Private. Er wisse, was geschehen sei, was geschehen werde und wie es geschehen werde. Nichts auf der ganzen Welt geschehe ohne seinen Willen. Er sei der Großzügige, der Barmherzigste und Wohltätige. Gott sei weit entfernt von Ungerechtigkeit und Grausamkeit. Er sei der Allweise in all seinen Handlungen und Beschlüssen. Wenn jemand etwas von Gott wolle, könne er Gott ohne Umwege immer direkt fragen.

„Wir haben den Menschen erschaffen und wissen genau, was er sich in seinem Inneren sagt. Wir sind ihm näher als seine Halsschlagader" (Sure 50, Vers 16).

„Fragen dich Meine Diener nach Mir, sage ihnen, dass Ich ihnen nahe bin, ihre Bittgebete vernehme und ihnen stattgebe" (Sure 2, Vers 186).

Eine bekannte Überlieferung des Propheten besagt, dass der Mensch, der sich die Eigenschaften Allahs einverleibe, ins Paradies kommen werde. Dr. Ibrahim Abouleish schreibt hierzu:

> Ich meditierte diese Ideale und ging mit diesen 99 Namen Allahs auf meine eigene Art sinnend um. Ich dachte: Er wird der Gedul-

dige genannt – Ich möchte Geduld üben. ER wird der Wissende genannt – Ich möchte wissend werden. ER ist der Erfahrene, ER ist der Starke, ER ist der Barmherzige, Er ist der Verzeihende. Und immer wieder, wenn ich ein solches Ideal meditierte, ergaben sich Situationen, in denen ich diese Eigenschaften üben konnte. Und oft erlebte ich Situationen, in denen ich an die Eigenschaft Allahs dachte. So waren es Übungsjahre, wobei ich gestehen muss, dass ich mich mein ganzes Leben lang als ein Übender verstand und erlebte. Nichts von dem, was mir an Schwerem begegnete, betrachtete ich als Angriff auf mich. Immer wurde es Grund für eine Übung. Allah war für mich nicht ein Gott, der einsam und erreichbar hoch im Himmel thronte und mit seinen Geschöpfen nicht korrespondierte. Ich versuchte eine Beziehung zu ihm aufzubauen, indem ich übte. Deswegen mag ich nicht ein „frommer" Mensch sein, sondern ein übender genannt werden. Ich hatte ein Ziel, ein Ideal – das waren die Eigenschaften Allahs, seine 99 Namen" (Abouleish, 2004, S. 35).

3.12 Engel im Islam

Wie zuvor schon erwähnt, ist die Existenz von Engeln für Muslim*innen ein verbindlicher Glaubensgrundsatz. Eine Verleugnung der Existenz von Engeln hätte eine Ablehnung der Propheten und der überbrachten Bücher, wie z. B. des Korans, zu bedeuten. Im Koran heißt es hierzu:

„Wer (…) seine Engel (…) leugnet, der ist weit abgeirrt" (Sure 4, Vers 136).

„Gepriesen sei Gott, (…) der die Engel zu Boten machte mit zwei, drei und vier Flügeln" (Sure 35, Vers 1)!

Es seien Engel gewesen, die dem Propheten die Brust öffneten und sein Herz reinigten und ihn so zur Aufnahme der göttlichen Geheimnisse vorbereiteten. Auch seien es Engel gewesen, die in der berühmten Schlacht von Badr Muslime gegenüber ihren Feinden unterstützt und ihnen durch ihre Flügel Schatten gespendet hätten (vgl. Schimmel, 1992, S. 1).

Der muslimische Gruß „Assalamu Alaikum" (Friede sei mit euch) ist eine Grußformel in der Mehrzahl, die beinhaltet, dass nicht nur der Mensch, der vor einem steht, sondern auch die Engel, die ihn umgeben, begrüßt werden. Wenn man mit gläubigen muslimischen Menschen ein leeres Haus betritt, kann es durchaus vorkommen, dass dieser Gruß in ein leeres Zimmer hinein gesagt wird, um die Engel, die sich darin aufhalten, zu begrüßen. Engel können sich aus muslimischer Sicht in Form von Lichtgestalten, aber auch in Menschengestalt und in anderen Formen zeigen.

Der Erzengel Gabriel

Über den Erzengel Gabriel wissen Muslim*innen mehr als über jeden anderen Engel. Er ist der Engel, der ihnen zufolge für die Offenbarungen zuständig ist und die Aufgabe hat, den Menschen göttliche Wirklichkeiten näherzubringen. Er überbrachte den Koran, indem er den Propheten innerhalb von 23 Jahren immer wieder besuchte.

„Sage ihnen: „Wer Gabriel anfeindet feindet Gott an, weil Gabriel gemäß Gottes Willen den Koran als Bestätigung der vorhandenen Heiligen Schriften und als Rechtleitung und frohe Botschaft für die Gläubigen in dein Herz herabsandte" (Sure 2, Vers 97).

Der Erzengel Michael

Der Erzengel Michael ist der einzige Engel, der neben Gabriel im Koran namentlich erwähnt wird (Sure 2, Vers 98). Dieser wacht über alle natürlichen Vorgänge und führt Gottes Schöpfungsbefehle aus. Jede Materie ist nach islamischer Auffassung mit einem Engelwesen ausgestattet. „Die Frommen wissen, dass jede Handlung des Menschen von Engeln begleitet wird (...), Schwangere vertrauen dem für die Gebärmutter verantwortlichen Engel und selbst jeder Regentropfen hat einen Engel, der ihn betreut, ebenso wie Blitz und Stein, Berg und Blatt – nichts ist, über das nicht ein Engelwesen wacht" (Schimmel, 1992, S. 2).

Der Engel Izrail

Der Erzengel Izrail hat in der islamischen Tradition die gegenteilige Aufgabe des Erzengel Michaels, denn er ist der Engel des Todes und bringt die Seelen in der Todesstunde ins Jenseits. Im Koran wird er namentlich nicht erwähnt. Hier ist nur die Rede von einem Todesengel.

„Sprich: „Der Todesengel, der euch bestimmt ist, wird euch abberufen. Dann werdet ihr zu eurem Herrn zurückgebracht werden" (Sure 32, Vers 11).

Schutzengel

Muslim*innen glauben, wie oben erwähnt, fest daran, dass sie stets von mehreren Engeln umgeben seien, die wie Hüter über jeden Einzelnen wachten und einen von Geburt an bis zum Tod begleiteten. Im Koran heißt es:

„Über euch wachen Hüter, ehrwürdige Engel, die eure Werke genau aufschreiben und die genau wissen, was ihr tut" (Sure 82, Vers 10-11).

„Er hat eine Reihe von Engeln, die jeden gemäß Gottes Verfügung von vorn und von hinten beschützen" (Sure 13, Vers 11).

4 Christen, Juden und Andersgläubige

Was der Koran zu Christen, Juden, Andersgläubigen und zu Menschen sagt, die keiner Religion angehören, soll im Folgenden betrachtet werden. Wie oben schon erwähnt, existiert in einer Vielzahl islamischer Strömungen ein muslimisches Gottesbild, welches sich nicht für Etiketten und Überschriften wie „Muslim", „Christ", „Jude", „gläubig" oder „ungläubig" interessiert. Gott, so die Auffassung, interessiere sich zuallererst für den einzelnen Menschen und seine eigene Entwicklung. Man könnte sogar sagen, dass eine konfessionelle Vielfalt unter den Menschen nach dem islamischen Verständnis gottgewollt und dieses Verständnis ein fester Bestandteil der islamischen Glaubenslehre ist. Der Koran sagt hierzu:

„(…) Jedem Volk haben wir einen Rechtsweg und eine Glaubensrichtung gewiesen. Wenn Gott gewollt hätte, hätte Er euch zu einem einzigen Volk gemacht. Er hat euch aber verschieden geschaffen, um euch zu prüfen und zu erkennen, was ihr aus dem euch offenbarten verschiedenen Rechtswegen und Glaubensrichtungen macht. Wetteifert miteinander, gute Werke zu vollbringen" (Sure 5, Vers 48)!

Die unterschiedlichen Religionen werden im Koran also als verschiedene Rahmen und Wege hin zu Gott bezeichnet. Der Koran beschreibt den muslimischen Weg selbst nicht als den einzig wahren Weg zur Glückseligkeit:

„Die Gläubigen, Juden, Christen und Sabäer und diejenigen, die an Gott und den jüngsten Tag glauben und gute Werke verrichten und sich eines guten Lebenswandels befleißigen, haben ihren Lohn bei ihrem Herrn. Sie brauchen keine Angst zu haben und sollen nicht traurig sein" (Sure 2, Vers 62).

Die Juden behaupten, nur wer Jude ist, komme ins Paradies, die Christen, nur wer Christ ist. Das sind ihre Wunschvorstellungen. Sage ihnen: „Bringt eure Beweise vor, wenn ihr die Wahrheit sagt" Aber nein! Wer Gott sein Antlitz zuwendet und gute Werke verrichtet, hat seinen Lohn bei seinem Herrn. Diese brauchen keine Angst zu haben und sollen nicht traurig sein" (Sure 2, Vers 111f.).

„Sind das die Menschen, von denen ihr einst geschworen habt, Gott würde ihnen nie Seine Barmherzigkeit erweisen? Ihnen wird verkündet: „Tretet ins Paradies ein! Ihr habt nichts zu befürchten und sollt nicht traurig sein" (Sure 7, Vers 49).

4.1 Menschen, die sich über den Propheten oder Gott selbst lustig machen

Wie schon aufgezeigt wurde, gibt es in den islamischen Quellen eine Vielzahl von Verhaltensvorschlägen. So gibt es auch Vorschriften für Situationen, in denen sich andere Menschen über Gott selbst oder Gottes Gesandten lustig machen. Gläubige, die mit Wut und Gewalt reagieren, missachten den Koran. Dort heißt es:

„Wenn du die Ungläubigen triffst, die über Unsere Offenbarungen abfällig reden, wende dich solange von ihnen ab, bis sie über etwas anderes sprechen" (Sure 6, Vers 68)!

„Harre geduldig aus! Ertrage alles, was sie sagen und halte dich langmütig vor ihnen zurück" (Sure 73, Vers 10)!

„Ihr werdet gewiss an euren Hab und Gut und an euch selbst geprüft werden. Auch werdet ihr sicher (...) viel Böses hören. Wenn ihr euch aber geduldig und fromm verhaltet, ist das ein Zeichen unerschütterlicher Entschlossenheit" (Sure 3, Vers 186).

„Sage meinen Dienern, sie sollen auf die angenehmste, zutreffendste Weise sprechen, wenn sie mit den Ungläubigen reden (Sure 17, Vers 53).

Gläubige werden also durchaus an sehr vielen Stellen im Koran aufgefordert, sich nicht wie Stiere zu verhalten, wenn andere ein rotes Tuch schwenken (Kermani, 2009, S. 45).

4.2 Allgemeine Verhaltensregeln gegenüber anderen Menschen

Um einen weiteren Einblick in generelle Verhaltensregeln, welche der Koran Gläubigen vorschreibt, zu bekommen, werden im Folgenden weitere Koranverse aufgelistet.

„Zeige den Menschen nicht überheblich deine Wange, und gehe nicht selbstherrlich auf Erden umher! Gott liebt keinen der selbstherrlich und prahlerisch ist" (Sure 31, Vers 18).

„Bemüht euch stets gute Taten auf die schönste Art zu vollbringen! Gott liebt diejenigen, die gute Werke auf die schönste Art vollbringen" (Sure 2, Vers 195).

„Wenn dir Schlechtes getan wird, erwidere es mit einer guten Tat" (Sure 23, Vers 96)!

„(...) Du wirst immer wieder von ihrer Seite Betrug und Verrat erleben. Nur wenige von ihnen sind ausgenommen. Vergib ihnen und sei nachsichtig! So tust du ein gutes Werk; Gott liebt diejenigen, die Gutes tun" (Sure 75, Vers 13).

„Ihr Gläubigen! Setzt Gerechtigkeit durch und macht als Zeugen Gottes eure Aussagen wahrheitsgetreu, auch wenn dies gegen euch selbst, eure Eltern oder Verwandten sein sollte! Ob es ein Armer oder ein Reicher ist, lasst unbedingt Gerechtigkeit walten! Gott ist es, der sich am besten ihrer annimmt. Ihr sollt nicht euren Neigungen folgen, denn dann kommt man von der Gerechtigkeit ab" (Sure 4, Vers 135).

„In der Thora haben wir den Juden vorgeschrieben: Seele um Seele, Auge um Auge, Nase um Nase, Ohr um Ohr, Zahn um Zahn und Wunde um Wunde. Wer auf sein Vergeltungsrecht verzichtet und dem Täter großzügig verzeiht, sühnt damit manches begangene Vergehen" (Sure 5, Vers 45).

„Eine böse Tat wird mit einer gleichen vergolten. Wer jedoch verzeiht und sich versöhnt, den wird Gott belohnen. Gott liebt nicht die Ungerechten" (Sure 42, Vers 40).

„Oh ihr Gläubigen! Kein Mann darf über einen anderen spotten, vielleicht ist dieser besser als er. Keine Frau darf über eine andere spotten, vielleicht ist diese besser als sie. Verleumdet euch nicht gegenseitig! Sagt keine bösen Wörter und Schimpfnamen! Es gibt nichts Schlimmeres als diesen Frevel zu begehen, nachdem man den Glauben angenommen hat. Wer nicht reumütig davon ablässt, gehört wahrhaftig zu den Ungerechten" (Sure 49, Vers 11).

„Was aber im Jenseits bei Gott ist, ist das Beste, (...), die die großen Untaten und Abscheulichkeiten meiden und die verzeihen, wenn sie zum Zorn herausgefordert werden (...)" (Sure 42, Vers 36-37).

4.3 Kein Zwang im Glauben

„Hätte Gott es gewollt, wären alle Menschen auf Erden samt und sonders gläubig geworden. Möchtest du etwa die Menschen zum Glauben zwingen? Keiner würde ohne Gottes Erlaubnis glauben können" (Sure 10, Vers 99f.).

„Niemand soll zum Glauben gezwungen werden" (Sure 2, Vers 256).

„(...) Du bist nicht da, um sie zu zwingen" (Sure 50, Vers 45).

„Wenn eine Gruppe unter euch an die von mir überbrachte Botschaft glaubt und eine andere nicht, so fasst Geduld und wartet, bis Gott zwischen uns richtet, denn er ist der beste Richter" (Sure 7, Vers 87)!

„Wenn sie sich abwenden, dann gräme dich nicht! Es obliegt dir nur, ihnen eine klare Verkündigung zu übermitteln" (Sure 16, Vers 82).

„Wenn sie sich abwenden, so haben Wir dich nicht zum Wächter über die gemacht. Dir obliegt nur, die dir offenbarte Botschaft zu verkünden" (Sure 42, Vers 48).

„Wer glauben will, möge glauben, und wer ablehnen will, möge ablehnen" (Sure 18, Vers 29).

4.4 Das Jesusbild

„(…) Wir glauben an die Gesandten, ohne Unterschiede zwischen ihnen zu machen" (Sure 2, Vers 285).

Der Koran verwendet für Jesus unterschiedliche Namen und Eigenschaften: Messias, Prophet, Gesandter, Sohn der Maria, einer von denen, die Gott nahestehen, angesehen im Diesseits und im Jenseits, Gesegneter, mit dem heiligen Geist gestärkter, Diener Gottes oder auch das Wort Gottes (Maas, 1999, S. 73). An sehr vielen Stellen des Korans, so wie in der 19. Sure, die Maria (Maryam) heißt, wird über Jesus berichtet. Folgende Verse fassen die wichtigsten Aspekte Jesus aus Sicht des Korans zusammen.

„Einst sprachen die Engel: „Maria, Gott verkündet dir eine frohe Botschaft durch ein Wort von Ihm. Sein Name ist Jesus, Sohn Marias, der Messias (…). Würdig ist er im Diesseits und im Jenseits. Er gehört zu denen, die in Gottes Nähe weilen. In der Wiege und im Mannesalter wird er zu den Menschen sprechen. Er gehört zu den Rechtschaffenen." Sie sprach: „Herr, wie soll ich einen Sohn gebären, da mich kein Mann berührt hat?" Darauf hörte sie sagen: „So ist Gott. Er schafft, was Er will. Wenn Er etwas beschließt, sagt er nur: „Es sei!" und es ist." Gott wird ihn das Buch, die Weisheit, die Thora und das Evangelium lehren. Er wird ihn als Gesandten den Kindern Israels schicken, denen er verkünden wird: „Ich bin zu euch mit einem Zeichen Gottes, euren Herrn, gekommen. Ich schaffe euch aus Lehm eine vogelähnliche Figur, die werde ich anhauchen, so dass sie mit Gottes Erlaubnis zu einem Vogel wird. Ich heile den Blinden und den Aussätzigen und rufe die Toten mit Gottes Erlaubnis ins Leben zurück. (…) Ich bin zu euch gesandt worden, um zu bestätigen, was schon vor mir da war, die Thora, und euch einiges zu erlauben, was euch verboten worden war. Mit einem Zeichen von Gott, eurem Herrn, bin ich zu euch gekommen. So fürchtet Gott und gehorcht mir! Gott ist mein und euer Herr. Ihn sollt ihr verehren. Das ist der gerade Weg" (Sure 3, Vers 45-51).

Tatsächlich könnte man auf den ersten Blick meinen, dass es zwischen dem muslimischen und christlichen Jesusbild kaum Unterschiede gäbe. Allerdings sind neben den vielen Gemeinsamkeiten auch grundlegende Unterschiede im Koran und der Bibel zu finden.

Gemeinsamkeiten
- Jesus Christus ist der Sohn der Maria.
- Hochgeachtet im Diesseits und im Jenseits.
- Marias Empfängnis durch göttliches Wunder.
- Jesus bestätigt die Thora.
- Jesus verkündet das Evangelium.
- Jesus haucht den Geist des Lebens in Vögel aus Lehm ein.
- Jesus heilt Blinde, Aussätzige und Lahme.
- Jesus erweckt Tote zum Leben.

Unterschiede zur christlichen Auffassung
- Jesus spricht in der Wiege zu den Menschen.
- Jesus als Prophet und nicht als Gottes Sohn (Matthäus 14, 33).
- Jesus wird nicht gekreuzigt, sondern in den Himmel erhoben (Sure 4, Vers 157).
- Jesus wird am jüngsten Tag nicht auf dem Thron sitzen und über die Menschen richten (Johannes 5, 22 und Matthäus 25, 31-34).
- Jesus hat nicht die Befehlsgewalt über Engel (Matthäus 42, 31).
- Jesus ist zu allen anderen Propheten gleichwertig und ist nicht über die anderen erhoben (Hebräer 3, 1-6; Sure 2, Vers 285).

4.5 Die Ostergeschichte

Im Islam wird der Fokus, wie schon erwähnt, stets auf die Eigenverantwortlichkeit eines jeden Menschen verwiesen. Vorstellungen über eine Erbsünde oder einen Erlösungsgedanken, wie sie in der christlichen Theologie zu finden sind, sind in der islamischen Theologie nicht bekannt. Laut Koran wird demjenigen vergeben, der seine Taten aufrichtig bereut und um Vergebung bittet. Nach islamischer Auffassung ist jeder einzelne Mensch nur für seine eigenen individuellen Verfehlungen verantwortlich.

„Fürchtet den Jüngsten Tag, an dem keine Seele für eine andere eine Schuld tilgen darf und von keiner Seele Fürsprache oder Ersatzleistung angenommen wird" (Sure 2, Vers 48)!

„Kein Mensch wird für die Taten anderer belangt, sondern nur für die, die er selbst begangen hat. Kein Mensch trägt die Schuld eines anderen" (Sure 6, Vers 164).

Der Kreuzigungs- und Erlösergedanke wird im Koran abgelehnt.

„Die Wahrheit ist, dass sie ihn weder getötet noch gekreuzigt haben, sondern es war ein anderer, den sie für Jesus hielten. (...) Sie haben ihn nicht getötet" (Sure 4, Vers 157).

4.6 Jüngster Tag und die Abrechnung

Der Koran betont, dass nicht Gott über einen Menschen richte, sondern dass er jeden Menschen dazu befähigen werde, über sich selbst zu richten, indem er die Wahrheit erkenne:

„Nun nehmen wir deinen Schleier von den Augen, so dass dein Blick heute scharf ist" (Sure 50, Vers 22).

Dies bedeutet, dass dadurch all das, was während des irdischen Lebens verborgen wurde, was den Menschen bewegte und zu einem bestimmten Verhalten veranlasste, offenkundig wird. Wahre Motivationen und Absichten werden sichtbar werden. Zusammenhänge und Hintergründe werden ohne Schleier für jeden einzelnen selbst erkennbar werden. In diesem Zustand der „Nacktheit der Seele" wird es keine Ausreden, keine Beschwichtigungen, kein Schönreden mehr geben. Eine jede Seele genügt sich dann selbst als Zeuge (Hübsch, 2003, S. 51ff.).

„Lies deine Schrift, die alles über dich erhält. Du genügst dir heute selbst zur Abrechnung" (Sure 17, Vers 14)!

„Er ist (am Jüngsten Tag) über sich selbst Zeuge" (Sure 100, Vers 7).

„An jenem Tag eilen die Menschen einzeln hin, wo sie ihre Werke zu sehen bekommen. Wer ein gutes Werk im Gewicht eines Stäubchens verrichtet hat, wird es dann sehen. Und wer ein böses Werk im Gewicht eines Stäubchens verrichtet hat, wird es dann sehen" (Sure 99, Verse 6-8).

„Wenn in das Horn geblasen wird, werden sie einzeln erscheinen, keine Verwandtschaft wird sie verbinden, und niemand wird nach dem anderen fragen" (Sure 23, Vers 101).

5 Islamische Feste

Die Zeitrechnung in unserem alltäglich verwendeten Kalender folgt dem Sonnenkalender. Die islamische Zeitrechnung allerdings ist vom Mondzyklus abhängig und folgt sozusagen dem Mondkalender. Der Mondzyklus dauert bekannterweise zwischen 29 oder 30 Tagen. Ein Monat im Sonnenkalender, so wie wir ihn kennen, dauert (bis auf eine Ausnahme im Februar) zwei Tage länger. Das Mondjahr ist daher ungefähr um elf Tage kürzer als das Sonnenjahr. Für die islamischen Feiertage bedeutet dies, dass es in unserem gängigen Kalender kein festes, immer wiederkehrendes Datum für die islamischen Festtage gibt. Islamische Feiertage verschieben sich daher im Jahreskreislauf jedes Jahr nach vorne. So beginnt der Fastenmonat Ramadan also jedes Jahr elf Tage früher als im Jahr davor.

5.1 Ramadan und Fasten

Im Mondkalender heißen die Monate natürlich auch anders als im Sonnenkalender. So heißt z. B. ein islamischer Monat tatsächlich „Ramadan". Und wie bekannt ist, fasten sehr viele Muslim*innen in diesem Monat. Ein Hadith macht die Dauer des Fastenmonats Ramadan deutlich:

„Der (Mond-) Monat hat neunundzwanzig Nächte, so beginnt das Fasten nicht, bis ihr ihn (den Neumond) gesichtet habt. Und wenn die Sichtung nicht möglich ist, so vollendet die Zahl dreißig Tage" (Hadith Nr. 1907).

Der Monat Ramadan ist für viele Muslim*innen ein ganz besonderer Monat. Es herrscht eine andere Stimmung unter den Muslim*innen, eine festliche Atmosphäre. In Ländern mit größeren muslimischen Bevölkerungsgruppen sind in diesem Monat Straßen feierlich geschmückt. Weihnachtsbeleuchtungen in deutschen Städten erinnern Menschen aus muslimisch geprägten Ländern oftmals an die Beleuchtung zu Ramadan in ihren Herkunftsländern. In vielen Ländern bieten Menschen die sogenannte Fastenspeisung an. Hier werden auf den Straßen zur Fastenbrechen-Zeit Tische aufgestellt. Menschen erleben dadurch die Gnade des Essens nach einem Fastentag in Gemeinschaft. Hier in Deutschland bieten viele Moscheegemeinden ein gemeinsames Mahl an jedem Tag an. Mittlerweile werden solche Essen auch für interessierte Nicht-Muslim*innen geöffnet, die diese besondere Stimmung miterleben möchten.

Die Stimmung zu Ramadan kann durchaus mit der Stimmung während einer Fußballweltmeisterschaft verglichen werden. Alle fiebern dieser Zeit entgegen, es wird Gemeinschaft erlebt und es herrscht eine positive Stimmung.

Den ganzen Ramadan hindurch wird in den Moscheen jeden Abend ein Teil des Korans rezitiert. Gläubige sind dazu aufgerufen, den Koran in diesem Monat einmal durchzulesen. Wenn man sich z. B. als Tourist/in in der Ramadan-Zeit in islamisch geprägten Ländern aufhält, wird man beobachten können, dass viele Muslim*innen einen Koran bei sich haben und versuchen, jede freie Minute darin zu lesen. Man hat die Möglichkeit, den Koran für sich zurückgezogen zu Hause zu lesen oder sich in eine Moschee zum „Tarawih-Gebet" zu begeben. Die Teile des Korans werden im Rahmen dieses Gebetes rezitiert. Ein Lauschen und Erleben dieses heiligen Textes auf Arabisch bieten einen anderen Zugang zum Koran als ein Lesen des Korans in der eigenen Muttersprache im häuslichen Rahmen. Im Gegensatz zu einem ästhetisch-sinnlichen und spirituellen Erleben steht zu Hause eher eine kognitive Herangehensweise im Vordergrund.

Muslim*nnen glauben, dass im Monat Ramadan mehr Engel als sonst auf die Erde herabstiegen, die die bösen Kräfte hemmten, und dass es dem Menschen in diesem Monat leichter falle, sich auf gute Taten und positive Gedanken zu konzentrieren. Ein Hadith schreibt hierzu:

> Wenn Ramadan beginnt, werden die Tore des Himmels geöffnet, die Tore des Höllenfeuers geschlossen und die Satane in Ketten gefesselt (Hadith Nr. 1899).

Die Nacht der Herrlichkeit

In den letzten zehn Tagen des Ramadans wird eine spezielle Nacht besonders herbeigesehnt. Es soll die Nacht sein, in der Muhammad seine erste Begegnung mit dem Erzengel Gabriel gehabt haben soll. Es wird erzählt, dass Muhammad im Rahmen seiner regelmäßigen Meditationen, als er 40 Jahre alt gewesen sei, in einer der letzten Nächte des Monats Ramadans den ersten Vers des Korans in dieser Begegnung erhalten habe. Das genaue Datum dieser Nacht ist nicht bekannt. Muslim*innen gehen davon aus, dass diese besondere Nacht innerhalb der letzten zehn Tage im Ramadan liegen müsse. Viele Muslim*innen begeben sich in den letzten zehn Tagen in Moscheen und ziehen sich dorthin (wenn möglich auch über Nacht) zum Gebet zurück. Sie erhoffen sich in dieser besonders gesegneten Nacht und durch die Hingabe an Gott im Gebet viel Barmherzigkeit, Gnade und Vergebung. Der Koran erzählt in Sure 97 über diese Nacht:

„Wir sandten ihn (den Koran) in der Nacht der Herrlichkeit herab. Woher kannst du wissen, was die Nacht der Herrlichkeit ist? Die Nacht der Herrlichkeit ist besser als tausend Monate. Die Engel kommen mit Gabriel auf die Erde hinunter mit Gottes Befehl und Befugnis. Sie ist voller Frieden bis zum Anbruch der Morgenröte."

Auch Hadithe handeln von dieser besonderen Nacht, die neben der Nacht der Herrlichkeit auch als Nacht des Schicksals oder der Macht bekannt ist.

> Wer immer – aus dem Glauben heraus und aus der Hoffnung auf den Lohn Allahs – die Nacht der Macht (Lailatu-l-qadr) im Beten verbringt, dem werden seine vergangenen Sünden vergeben. Und wer immer – aus dem Glauben heraus und der Hoffnung auf den Lohn Allahs – im Ramadan fastet, dem werden seine vergangenen Sünden vergeben (Hadith Nr. 1901).

Wie man sich vorstellen kann, herrscht in den Moscheen in dieser Zeit eine besondere Atmosphäre. Man kann diese Zeit durchaus mit einer Rückzugszeit im Kloster vergleichen. Moscheen kochen wie oben schon erwähnt den ganzen Ramadan hindurch für Fastende und Betende und versorgen dabei auch die Menschen, die sich in den letzten Tagen zurückziehen. Die Fastenspeise wird in Deutschland sehr häufig in privater Organisation zu Hause von Gemeindemitgliedern gekocht und an die Moscheen geliefert.

Das Fasten

Die Tatsache, dass im Monat Ramadan zwischen der Morgendämmerung und dem Sonnenuntergang nichts gegessen und nichts getrunken wird, ist mittlerweile bekannt.

„(...) Eßt uns trinkt, bis ihr das Licht der Morgendämmerung wahrnehmt, das sich von der dunklen Nicht abhebt wie der weiße vom schwarzen Faden! Von da an habt ihr bis zum Sonnenuntergang fasten" (Sure 2, Vers 187).

Neben den äußerlichen Aspekten hat Fasten auch stets innerliche Aspekte. Der Begriff Fasten bedeutet demnach also nicht nur den Verzicht auf Essen und Trinken, Rauchen und sexuelle Kontakte während des Tages, sondern auch die Unterlassung von negativen Handlungen und Gedanken. Für Außenstehende rückt dieser innerliche Aspekt des Fastens leicht in den Hintergrund, da er äußerlich zunächst einmal nicht sichtbar ist. Aus islamischer Sicht ist dieses innere Fasten neben dem Verzicht auf Essen und Trinken genauso wichtig, wenn nicht sogar wichtiger. Im Grunde hat nicht nur jemand, der etwas gegessen bzw. getrunken hat, das Fasten gebrochen, sondern auch jemand, der z. B. geflucht, gestritten, gelogen, gelästert oder schlecht gedacht hat.

Das Fasten ist (für den Menschen) ein Schutz, so soll der Mensch während seines Fastentages weder Schändlichkeit noch trubelhaftes Treiben begehen und wenn jemand ihn zum Zweikampf auffordert oder beschimpft, soll er ihm sagen: „Ich bin ein fastender Mensch (Hadith Nr. 1894).

Ist Fasten schädlich?

Das Thema Fasten im Ramadan ist ein heikles. Nicht selten werden Muslim*innen mit sorgenvollen Kommentaren, insbesondere wenn es um das „Nicht-Trinken" an heißen Tagen geht, konfrontiert. Hierzu sollte man allerdings wissen, dass das Fastengebot im Islam generell nur für gesunde und erwachsene Menschen gilt. Alle Menschen, die nicht vollkommen körperlich oder psychisch gesund sind, sowie Schwangere, Frauen in der Stillzeit, Schwerstarbeiter, sehr alte Menschen und Reisende sind vom Fasten befreit. Der Koran selbst bietet Menschen, die nicht fasten dürfen, eine eindeutige Alternative:

„Die Fastenzeit ist auf eine begrenzte Anzahl von Tagen festgelegt. Wer krank oder auf Reisen ist, fastet nicht und holt es an anderen Tagen nach. Wer auch sonst aus anderen Gründen nicht fasten kann, soll als Ersatz einem Bedürftigen Essen geben" (Sure 2, Vers 184).

Fasten sollte, so wie es auch in anderen Religionen zu finden ist, immer eine Zeit der inneren Einkehr und der Reinigung sein. Auch im Judentum und Christentum und vielen anderen spirituellen Ausrichtungen wird gefastet. Fasten bedeutet eine Beschränkung auf das Einfache und das unbedingt Notwendige. Es ist aber auch eine intensive Reise zu einem selbst. Jede/r, die/der das „Heilfasten" kennt und schon einmal praktiziert hat, wird ein „Sich-anders-Fühlen" beim Fasten bestätigen können. Energien, die sonst in die Verdauung und den Körper gesteckt werden, werden in anderen Bereichen frei. Muslim*innen erleben daher im Ramadan häufig eine gesteigerte geistige Aktivität. Das Fasten kann als eine Übung auf dem spirituellen Weg angesehen werden, denn das Fasten schärft die Sinne und kann einen Zugang zu verborgenen inneren Seiten eröffnen. Wie aus den unten aufgeführten Zitaten über Fasten deutlich wird, macht Fasten die Menschen empfindsamer und empfänglicher. Fasten schafft Raum für Buße, Bereitschaft zur Umkehr und Neuausrichtung. Fasten bedeutet Abwendung von sinnlichen Genüssen, Drosselung des körperlichen Energiehaushaltes und eine Konzentration auf außerordentliche Bewusstseinszustände, wie es auch in der Kontemplation geschieht. Die geistige Aufnahmefähigkeit wächst und Sinne werden frei für übernatürliche Wirklichkeiten.

Das gemeinsame Essen mit Freunden und Verwandten nach Sonnenuntergang hat einen großen Stellenwert unter Muslim*innen. Das Fastenbrechen wird traditionell in vielen Ländern mit einer Dattel begonnen. In Deutschland finden oftmals gegenseitige Essenseinladungen unter Freund*innen statt oder man trifft sich zum gemeinsamen Essen in den Moscheen. Ganz im Gegensatz dazu wie das Essen nach dem Fasten eigentlich sein sollte, wird besonders bei privaten Einladungen viel und reichhaltig gekocht. Allerdings sollte das Essen nach dem Fasten leicht und vitamin- sowie nährstoffreich sein. Besonders hier sollten sich Muslim*innen an den (generellen) Ratschlag des Propheten erinnern:

> Der Mensch füllt kein schlechteres Gefäß als seinen Bauch. Einige Bissen genügen dem Sohn Adams, um seinen Rücken aufrecht zu halten. Aber wenn das nicht möglich ist, dann sollte ein Drittel des Magens für sein Essen, ein Drittel für sein Trinken und ein Drittel für sein freies Atmen vorbehalten sein (Hadith Nr. 516).

Fasten in anderen Religionen

An dieser Stelle sollen Aspekte des Fastens in anderen Religionen erwähnt werden. *Johannes Chrysotomos* bezeichnet das Fasten als die Speise der Seele (Chrysotomos; zitiert nach Graffi, n.d.). *Romano Guardini,* ein katholischer Religionsphilosoph und Theologe, hat über das Fasten Folgendes gesagt:

> Zuerst wird nur der Mangel gefühlt; dann verschwindet das Verlangen nach Nahrung (...) Zugleich geht beim Fasten etwas Innerliches vor sich. Der Körper wird gleichsam aufgelockert. Der Geist wird freier. Alles löst sich, wird leichter, Last und Hemmung der Schwere werden weniger empfunden. Die Grenzen der Wirklichkeit kommen in Bewegung; der Raum des Möglichen wird weiter (...) Der Geist wird fühliger. Das Gewissen wird hellsichtiger, feiner und mächtiger. Das Gefühl für geistige Entscheidungen wächst (...) (Guardini; zitiert nach: Graffi, n.d.).

Auch *Mahatma Gandhi* sieht das Fasten als Teil seines Wesens an:

> Die Fastenzeiten sind Teil meines Wesens. Ich kann auf sie ebenso wenig verzichten wie auf meine Augen. Was die Augen für die

äußere Welt sind, das ist das Fasten für die innere" (Gandhi; zitiert nach ebd.).

Und *Athanasius, Bischof von Alexandrien im 4. Jh.*, sagt über das Fasten:

> Siehe da, was das Fasten wirkt. Es heilt die Krankheiten, trocknet die überschüssigen Säfte im Körper aus, vertreibt die bösen Geister, verscheucht verkehrte Gedanken, gibt dem Geist größere Klarheit, macht das Herz rein, heiligt den Leib und führt schließlich den Menschen vor den Thron Gottes (...) Eine große Kraft ist das Fasten und verschafft große Erfolge" (zitiert nach: ebd.).

Auch *Hermann Hesse* äußerte sich über das Fasten wie folgt:

„Jeder kann zaubern,
jeder kann seine Ziele erreichen,
wenn er denken kann,
wenn er warten kann,
wenn er fasten kann" (Hesse; zitiert nach ebd.).

Adventskalender, St. Martin und Lichterketten im Ramadan

Mittlerweile gibt es auch für muslimische Kinder im Monat Ramadan eine Art Adventskalender. Natürlich heißt er nicht Adventskalender, sondern Ramadankalender. Wie auch bei den Adventskalendern gibt es auch bei den Ramadankalendern unterschiedliche Arten. Sowohl selbst gestaltete dekorative Wandkalender, Schokokalender als auch Kalender im Hundertwasserhausstil sind inzwischen zu finden (geben Sie hierzu „Ramadankalender Al Waha im Internet ein!). Ramadankalender gibt es mittlerweile nicht mehr nur in türkischen Supermärkten oder im Internet. Im Ramadan 2018 hat z. B. eine große westliche Supermarktkette vor der Ramadanzeit einen Ramadankalender in ihr Sortiment aufgenommen.

Neben Ramadankalendern sind auch Laternenumzüge in einigen arabischen Ländern bekannt. Die Laterne hat in einigen muslimischen Ländern, wie z. B. in Ägypten, im Ramadan eine besondere Bedeutung. Dort ist es Tradition, dass selbst gebastelte Laternen in den Straßen und auf

Balkonen aufgehängt werden und man mit Kindern singend durch die Straßen zieht.

5.2 Opferfest/Abrahamfest

Im muslimischen Jahr gibt es zwei wichtige Feste: das kleine Fest, aus dem türkischen Kulturkreis bekannt als Zuckerfest, und das große Fest, welches unter dem deutschen Begriff Opferfest bekannt ist. Das kleine Fest stellt den Abschluss der Fastenzeit im Ramadan dar. Es hat keine große Bedeutung, außer dass man nach einer Zeit der Entbehrung ausgelassen sein und feiern sollte. Das Opferfest hingegen hat eine große Bedeutung. Sehr viele Menschen assoziieren mit dem Begriff Opferfest zunächst einmal Massenschlachtungen, blutende und leidende Tiere. Ich bevorzuge daher lieber den Begriff des Abrahamfestes. Dieses Fest erinnert nämlich an den Propheten Abraham und erinnert an viele seiner Lebensstationen, die alle Muslim*innen im Rahmen der Pilgerfahrt rituell durchlaufen. Das Abrahamfest symbolisiert den Abschluss dieser alljährlich stattfindenden Pilgerfahrt der Muslim*innen nach Mekka. Die Pilgerfahrt findet zu einer bestimmten vorgegebenen Zeit im Jahr statt. Das Abrahamfest ist der Abschluss der Pilgerreise. Alle Muslim*innen, die nicht pilgern können, sollten sich an diesem Festtag die spirituelle Bedeutung dieser Pilgerreise bewusst machen.

Die Pilgerfahrt soll Liebe und Zusammengehörigkeit unter den Menschen fördern. Das Leben der Pilger ist auf das Wesentliche reduziert. Durch die Regeln und Vorschriften der Pilgerfahrt schneiden sich die Pilger eine Zeitspanne von ihrem alltäglichen Leben ab und widmen ihre gesamte Existenz dem Dienst Gottes. Während der Pilgerzeit werden verschiedene Pilgerstätten besucht, die alle mit dem Leben Abrahams zu tun haben. Pilger kleiden sich alle mit weißen Baumwolltüchern. Unterschiede im Hinblick auf Nationalität, Weltanschauung, Ethnie sollen äußerlich durch die einheitliche Kleidung verschwinden. Auch alles, was die Menschen sonst auseinanderbringt, wird nicht zugelassen. Alles, was bleibt, ist die Tatsache der gemeinsamen Menschlichkeit und der Anbetung Gottes. In Mekka befindet sich ein würfelförmiges, mit schwarzem Stoff überzogenen Haus, die Kaaba. Für Muslim*innen stellt dieses Haus das erste Gotteshaus auf Erden dar.

„Das erste Gotteshaus, das für die Menschen gebaut worden ist, ist das zu Mekka. Gesegnet und eine Rechtleitung für die ganze Welt ist es" (Sure 3, Vers 96).

Nach islamischer Auffassung wurde dieses Haus von Adam und Eva genau an der Stelle, an der sie sich nach der Vertreibung aus dem Paradies wieder trafen, erbaut. Nach islamischer Auffassung wurde dieses ursprünglich von Adam und Eva erbaute Haus von Abraham (zusammen mit seinem Sohn) an derselben Stelle wieder erbaut.

„Abraham und Ismael legten den Grundstein des Heiligen Hauses (…)" (Sure 2, Vers 127).

Abraham gilt im Islam als Vater und Führer der Gläubigen. Der Koran betont, dass Muhammad keine neue Religion gegründet habe, sondern der Botschaft aller vorhergehenden Propheten folge und diese bestätige. Alle Propheten haben nach islamischer Auffassung die gleiche Botschaft an die Menschen.

„Setzt euch für Gottes Sache mit aller Kraft ein! Er hat euch erwählt und legt euch nichts Beschwerliches in der Religion auf. Das ist die Religion eures Vaters Abraham (…)" (Sure 22, Vers 78).

„Einst prüfte Gott Abraham durch Aufgaben, die dieser vollkommen erfüllte. Gott sprach zu ihm: Ich werde dich zum Vorbild für die Menschen machen" (Sure 2, Vers 124).

„An Abraham und seinen Anhängern habt ihr ein schönes Beispiel" (Sure 60, Vers 4).

„Diejenigen Menschen, die am ehesten Anspruch auf eine Zugehörigkeit zu Abraham haben, sind fürwahr jene, die in seine Fußstapfen treten, wie dieser Prophet (Muhammad) und die, die an ihn glauben" (Sure 3, Vers 68).

Die Bedeutung des Abrahamfestes

Am Abrahamfest sollen sich Muslim*innen in Erinnerung rufen, dass das Leben hier auf Erden nur eine Prüfung ist. Die Menschen sollen die Tatsache in den Vordergrund rücken, dass sie von Gott abhängig sind und sich an ihren Ursprung und den Sinn des Lebens erinnern. Gott ruft die Menschen im Koran auf, von den Gaben zu spenden, die Gott Ihnen beschert hat. Muslim*innen sollen sich an diesem Fest besonders daran erinnern, dass sie ihre Gaben für die Gesellschaft einsetzen und für das Wohl anderer Menschen zur Verfügung stellen sollen.

„Dieses Buch (der Koran) ist Gottes Offenbarung. (…) Es enthält Rechtleitung für die Frommen, die an das Verborgene glauben, das Gebet verrichten und von den Gaben, die Wir ihnen bescheren, gern Spenden geben" (Sure 2, Vers 2-3).

Die Gaben Gottes werden nicht nur auf die materiellen Güter, wie Nahrung, Kleidung, Unterkunft und dergleichen, beschränkt. Auch Einfluss, Macht, Gesundheit, Begabungen oder geistige Gaben, wie Wissen oder persönliche Eigenschaften, wie z. B. Verständnis für Mitmenschen, die Fähigkeit zu lieben und dergleichen, gilt es zu teilen; sie gelten im islamischen Sinne als Spende (Yusuf Ali, 2017, S. 5).

Abraham hat den zu seiner Zeit üblichen Götzendienst zurückgewiesen und sich eigenständig auf die Suche nach Gott gemacht. Er hat Traditionen und Ansichten seiner Vorfahren und auch die Meinung seines Vaters abgelehnt. Muslim*innen sollen sich daher am Abrahamfest stets bewusst machen, dass sie nicht blind irgendwelchen veralteten Traditionen und Ansichten folgen, sondern sich selbst auf die Suche nach der Wahrheit begeben sollen. Weiterhin soll das Gedenken an Abraham auch deutlich machen, dass es Götzen nicht nur in Form von Statuen und Bildern gibt, sondern auch in Form von Idolen, dem eigenen Ego, von Stolz auf ethnische Zugehörigkeit, Vermögen und Position.

Die Opferbereitschaft Abrahams erinnert Muslim*innen an das mutige und eigenständige Suchen und die Hingabe Abrahams an die Göttlichkeit.

„Wenn einer die Opfertiere Gott hochhält, ist es ein Ausdruck der Frömmigkeit des Herzens" (Sure 22, Vers 32) .

„Weder ihr Fleisch noch ihr Blut erreichen Gott, aber Ihn erreicht eure Frömmigkeit" (Sure 22, Vers 37).

5.3 Kreative Ideen für soziale Einrichtungen

Es wäre sehr schön, wenn die Feste der verschiedenen Religionen in sozialen Einrichtungen bekannt wären und als etwas ganz Normales, ebenso wie auch Weihnachten und die Zeit davor, beachtet würden. Besonders in Tagesstätten ist dies allein dadurch der Fall, weil Kinder von ihren eigenen Festen erzählen. In vielen anderen Bereichen der Jugendhilfe erlebe ich allerdings ein Nichtwissen über andere religiöse Feste. Bezüglich der islamischen Feste erschwert das sich jedes Jahr veränderte Datum der Feste eventuell die Beachtung. Wenn Feste anderer Religionsgruppen in Einrichtungen wahrgenommen und thematisiert würden, wäre das ein enormer Fortschritt hin zur Pluralität und Öffnung. Ich würde mir wünschen, dass Fachkräfte um die wichtigsten Feste anderer Religionen wüssten und Beteiligte darauf ansprächen und beglückwünschten. In der offenen Jugendsozialarbeit könnten z. B. anlässlich des muslimischen Opferfestes Schafsplätzchen gebacken oder zur Ramadanzeit Lebkuchenmoscheen verziert oder Ramadanlaternen gebastelt werden. Manche Tagesstätten machen die Festtage der verschiedenen Religionsgemeinschaften durch einen interreligiösen Kalender sichtbar, in denen alle Feiertage der verschiedenen Religionen für jeden sichtbar werden. Im Folgenden werden weitere Ideen und Möglichkeiten für den pädagogischen Alltag in sozialen Einrichtungen aufgelistet. Wenn Ihnen die Begriffe nichts sagen, suchen Sie doch einfach mal nach den Stichwörtern im Internet!

Kreative Ideen im Ramadan(-fest)

- Datteln zum Thema machen (Dattelbaum, Datteln essen, etwas daraus kochen)
- Orientalische Mandalas anbieten (Schablonen finden Sie im Internet)
- Ramadanbaum (Blätter mit Wünschen im Eingangsbereich)
- Lebkuchenmoscheen backen und verzieren
- Ramadankalender basteln
- Kleine Laternen aus Buntpapier – Girlande
- Plakat mit Glückwünschen an die Tür hängen
- Hennabemalung anbieten

Kreative Ideen zum Opferfest:
- Eltern einladen und über das Fest erzählen lassen
- Lebkuchenschaf oder Schafsplätzchen backen
- Themen: „An was halten wir fest?" oder „Was können wir „opfern" (einmal auf unser Recht verzichten…?"
- Schafe aus weißem Karton und Wolle basteln
- Schafe zur Osterzeit in Dekoläden kaufen und in der Gruppe platzieren
- Tischkarten mit Schaf vorne drauf und Name (für die Kinder zum „mit nach Hause nehmen")

In der Zeit der islamischen Feste könnte es auch eine Idee sein, Elternteile in die Einrichtung einzuladen, um

- Kindern in der Einrichtung eine länderspezifische Kulinarität vorstellen.
- zusammen mit den Kindern etwas Typisches für diese Zeit zu kochen.
- den Kindern z. B. ein paar Wörter einer anderen Sprache (z. B. Türkisch oder Arabisch) beizubringen.
- den Namen der Kinder auf Arabisch zu schreiben, daraus Lesezeichen zu machen oder einfach eine künstlerische Kalligrafiestunde anzubieten.
- den Kindern das arabische Alphabet zu zeigen und die Namen selbst schreiben zu lernen.
- über die kulturellen Ausprägungen des Festes erzählen zu lassen.

Hinweis

Schauen Sie sich für kreative Ideen auch folgende Internetseite an:
http://www.gruenebanane.de/category/kreativ/
Suchen Sie nach Dekorations- und Gestaltungsmöglichkeiten zum Opferfest! http://www.gruenebanane.de/2019/08/07/opferfest-feiern-mit-kindern/

6 Die Frau und die Sexualität im Islam

Frauenbilder in religiösen Quellen

In religiösen Quellen finden sich zahlreiche Aussagen bezüglich Frauen. Die folgenden Ausschnitte sollen einen Einblick gewähren:

„Wie es in allen Gemeinden der Heiligen üblich ist, sollen die Frauen in der Versammlung schweigen; es ist ihnen nicht gestattet zu reden. Sie sollen sich unterordnen, wie auch das Gesetz es fordert. Wenn sie etwas wissen wollen, dann sollten sie zu Hause ihre Männer fragen: denn es gehört sich nicht für eine Frau vor der Gemeinde zu reden."

„Eine Frau soll sich still und in aller Unterordnung belehren lassen. Dass eine Frau lehrt, erlaube ich nicht, auch nicht, dass sie über den Mann herrscht, sie soll sich still verhalten."

„Ihr Frauen, ordnet euch euren Männern unter, wie es euch geziemt."

„Wenn eine Frau kein Kopftuch trägt, soll sie sich doch gleich die Haare abschneiden oder sich kahlscheren lassen, dann soll sie sich verhüllen."

„Gehört es sich, dass eine Frau unverhüllt zu Gott betet?"

„Ich will, dass die Männer überall beim Gebet ihre Hände in Reinheit erheben, frei von Zorn und Streit. Auch sollen die Frauen sich anständig, bescheiden und zurückhaltend kleiden; nicht Haartracht, Gold, Perlen und kostbare Kleider seien ihr Schmuck, sondern gute Werke."

> *Übung*
>
> Ich lade Sie ein, zu schauen, welche Reaktionen Sie bei sich wahrnehmen, wenn Sie die obigen Aussagen über Frauen lesen!

Vielleicht wird sich der/die eine oder andere Leser*in wundern, wenn sie/er nun erfährt, dass alle oben angeführten Verse nicht aus dem Koran stammen. Alle Verse sind sowohl aus dem Alten als auch aus dem Neuen Testament entnommen[7]. An dieser Stelle möchte ich betonen, dass es mir hier mitnichten darum geht, ein negatives Licht auf die christliche Religion zu werfen.

Die Verwendung dieser Verse soll auf etwas sehr Wichtiges hinweisen. Beim Lesen der obigen Verse hat vielleicht der/die eine oder andere Leser/in eine innere Regung bei sich wahrnehmen können, die in Richtung einer Bestätigung seiner/ihrer Vorannahmen ging. Vielleicht wurden eigene Stimmen, wie z. B. „Hab ich´s doch schon immer gewusst: Der Koran hat ein schreckliches Frauenbild", wahrgenommen.

Auf diese Weise ist es unter Umständen möglich, persönlich erlebbar zu machen, wie schnell wir durch äußere Informationen und Wahrnehmungen eine Bestätigung unserer inneren Vorannahmen und Bilder finden. Es geht mir darum, die Filter, mit denen wir unsere Welt wahrnehmen, ins Bewusstsein zu rücken. Wir nehmen Informationen, die uns begegnen, immer durch einen Filter wahr und sind tatsächlich nicht vor falschen Schlussfolgerungen gefeit.

Und gerade, weil wir Menschen dazu tendieren, Informationen aufgrund innerer Bilder, Zuschreibungen und Erfahrungen zu filtern und nach Sicherheiten, Regelmäßigkeiten und Verlässlichkeit zu suchen, sind wir Fachkräfte aufgefordert, uns dieses Phänomen stets bewusst zu machen. Wir Fachkräfte müssen nicht nur im Kontext der Interkulturalität immer wieder überprüfen, ob die Dinge und Begebenheiten, die wir annehmen, auch wirklich so sind, wie wir sie denken. Wir sollten unsere eigenen inneren Bilder und Annahmen stets hinterfragen und reflektieren und diese auf ihren Wahrheitsanspruch überprüfen.

---

[7] Vers 1: Korinther 14, 34 ff.
Vers 2: 1. Brief an Timotheus 2, 11 f.
Vers 3: Kolosser 3, 18
Vers 4: Korinther 11, 6
Vers 5: Korinther 11, 13
Vers 6: 1. Brief an Timotheus 2, 8 ff.

Nur Sie selbst können sagen, ob Sie durch die obige Auflistung von Stellen aus der Bibel Ihre eigenen Vorannahmen bezüglich des Korans bestätigt gefühlt haben. Wenn Sie bereits wussten, dass in der Bibel derartige Verse über Frauen zu finden sind, haben Sie eventuell Ihre Erfahrungen und Ihr Wissen auf die Religion des Islams übertragen. Denn viele Menschen gehen tatsächlich davon aus, dass die Ursache für eine schlechte Behandlung von Frauen in vielen muslimisch geprägten Ländern im Koran zu finden sei. Und wenn man in seiner Auseinandersetzung mit dem Koran Übersetzungen zur Hand nimmt, die aus einer patriarchalischen Haltung des Übersetzers bzw. Korankommentators entstanden sind, wird man durchaus eine Ungleichheit zwischen Männern und Frauen sowie die Vorherrschaft des Mannes über die Frau finden können. Allerdings gibt es mittlerweile einen innerislamischen Diskurs und islamische Studien, die die Vorherrschaft des Mannes, die bislang historisch in den Koran hineininterpretiert wurde, infrage stellen (Barlas, 2008, S. 9).

6.1 Frauenbild im Koran

Prof. Dr. Mahmoud Hamdi Zakzouk, der bis zum Jahre 2011 Präsident der Azhar-Universität in Kairo, eine der ältesten islamischen Hochschulen der Welt, war, sagt zu diesem Thema Folgendes:

> Man muss unterscheiden zwischen dem Islam als einer großmütigen Religion einerseits und veralteten vorislamischen Traditionen und dem schlechten Benehmen von einigen Muslimen in Bezug auf die Frau andererseits. Eine objektive Beurteilung des Islams verlangt, dass man beides strikt voneinander trennt. Die niedrige Stellung der Frau in manchen islamischen Gesellschaften beruht auf der Unwissenheit dieser Leute und nicht auf den islamischen religiösen Verpflichtungen, denen sie nicht folgen. [...]
>
> Wenn einige Muslime sich nicht an die islamischen Vorschriften und Gesetze bezüglich der Rechte der Frauen halten, dann liegt das entweder an ihrer Unwissenheit oder daran, dass sie die gerechten und humanen islamischen Prinzipien verkehrt interpretieren, weil sie den vorherrschenden Sitten übermäßigen Wert beilegen (Weirauch, 2000, S. 40).

Der Islam gestand der Frau bereits vor 1400 Jahren viele Rechte zu.

> Die heute weit verbreitete Ansicht, der Islam habe den Status der Frau verschlechtert, trifft zumindest im Frühislam kaum zu. Die islamischen Reformen des 7. Jahrhunderts verbesserten teilweise die Rechte der Frauen, soweit sie die Ehe, die Scheidung und das Erbrecht betreffen. In anderen Kulturen, einschließlich Europas, hatten Frauen nicht derart verbesserte Rechte, sondern bekamen sie meist erst Jahrhunderte später (Kramke, 2017, S.16).

Der Südafrikaner Farid Esack (geb. 1957) fordert, dass die vom Koran auf den Weg gebrachten Reformen kontinuierlich fortgesetzt werden müssten. Gemessen an der vorislamischen Zeit auf der arabischen Halbinsel habe der Koran die Situation der Frauen erheblich verbessert (Amirpur, 2013, S. 40). Er fordert eine Interpretation des Korans mit den ihm zugrunde liegenden Prinzipien.

> So würde man im Koran ein Muster entdecken, das in Richtung Emanzipation, Befreiung und Gleichheit deutet. Und wenn man dieses Muster anwendet und überträgt, dann braucht man sich um die spezifischen Vorschriften nicht mehr zu kümmern. Das ist für mich der Wille Gottes in unserer Zeit (ebd., S. 41).

Emanzipation mithilfe des Korans

Immer wieder kann man beobachten, dass viele Frauen, die sich mit ihrer Religion eingehender beschäftigen, eine starke Aufwertung ihrer Rolle als Frau erleben. Diese Frauen finden im Koran Rechte, welche ihnen im Alltag oftmals verwehrt werden. Durch das Nachforschen im Koran wird für sie erkennbar, dass nicht der Islam verantwortlich für die Misere ihrer eigenen Situation ist, sondern patriarchalische und politische Faktoren. „Die Denkweise, dass Frauen Sexobjekte seien, ist vielmehr das Resultat einer politischen Instrumentalisierung der Religion und bei weitem kein Erbe des klassischen Islams. Wer einen Blick in alte Schriften wirft, versteht das sofort" (Krüger, 2016).

Im Kapitel 6.4. „Islamischer Feminismus: Gender-Dschihad" wird noch näher darauf eingegangen werden, dass muslimische Feministinnen den Koran als Grundlage nutzen, um für die ihnen von Gott gegebenen Rechte zu kämpfen. Prof. Dr. Asma Barlas, Politikprofessorin und Direktorin des Zentrums für Kultur-, Rassen- und Völkerstudien am Ithaca College, New York, behauptet, dass die Interpretation des Korans immer davon abhängen werde, wer den Koran interpretiere und in welchem Kontext dieser interpretiert werde (Barsal, 2008, S. 8). „Wenn er, wie es bisher in der Geschichte der Fall war, nur von Männern interpretiert wird und noch dazu nur bruchstückhaft und immer im patriarchalischen Kontext, ist es kaum überraschend, dass der Koran als patriarchalischer Text interpretiert wurde." (ebd.) Der Koran könne aber auch als das genaue Gegenteil, nämlich als ein antipatriarchalischer Text, gelesen werden (ebd.).

Der öffentliche Diskurs über Frauenrechte wird in islamisch geprägten Gesellschaften ganz im Gegensatz zu westlichen Gesellschaften noch kaum geführt. Viele Gesellschaften sind immer noch weit entfernt von Menschenrechten und Gleichberechtigung. Menschenverachtendes und Frauenfeindliches lässt sich immer noch viel zu häufig finden. Allerdings gibt es vermehrt auch innerislamische Stimmen, die auch innerhalb muslimischer Kontexte Gehör finden und diskutiert werden. Neben Stimmen gläubiger Muslim*innen hier im Westen sind auch des Öfteren Stimmen in arabischen Ländern zu vernehmen, die behaupten, dass der Koran selbst, wie im Folgenden sichtbar wird, eine Gleichberechtigung von Mann und Frau fordere. Barlas verweist auf die Schwierigkeit, den Koran in seiner besten Bedeutung lesen und interpretieren zu können, wenn man sich in repressiven und antidemokratischen Verhältnissen aufhalte und auf einer geistigen Haltung beharre, die im Schlamm von Sexismus, Frauenfeindlichkeit und Unsicherheiten feststecke (ebd., S. 9).

Im Folgenden werden verschiedene Übersetzungsvarianten des berühmten Frauenverses (Sure 4, Vers 34) zur Verfügung gestellt.

Patriarchalische Übersetzungen des Frauenverses

In der Goldmann-Ausgabe, wie auch in zahlreichen anderen gängigen Übersetzungen, wird der Frauenvers wie folgt aus der patriarchalischen Haltung heraus übersetzt bzw. interpretiert:

„(…) Denjenigen Frauen aber, von denen ihr fürchtet, dass sie euch durch ihr Betragen erzürnen, gebt Verweise, enthaltet euch ihrer, sperrt sie in ihre Gemächer und züchtigt sie. (…)" (Sure 4, Vers 34, Goldmann-Ausgabe).

„(…) Und was jene Frauen angeht, deren Übelwollen ihr Grund zu fürchten habt, ermahnt sie (zuerst), dann lasst sie allein im Bett; dann schlagt sie; (…)" (Sure 4, Vers 34, Übersetzung Assad).

Die von mir in diesem Buch vorwiegend verwendete Übersetzung der Azhar-Universität lautet wie folgt:

„(…) Die Frauen, bei denen ihr fürchtet, sie könnten im Umgang unerträglich werden, müsst ihr beraten. Wenn das nichts nützt, dürft ihr sie (leicht) strafen (ohne sie zu erniedrigen). (…)" (Sure 4, Vers 34).

Emanzipatorische Übersetzung des Frauenverses

Das Zentrum für islamische Frauenforschung (ZIF) sowie das Netzwerk muslimischer Frauen e. V. (HUDA) übersetzen den gleichen Vers aus der emanzipatorischen Haltung heraus durchaus etwas anders:

„(…) Und wenn ihr annehmt, dass Frauen einen Vertrauensbruch begehen, besprecht euch mit ihnen und (falls keine Veränderung eintritt) zieht euch (zunächst) aus dem Privatbereich zurück (meidet Intimitäten) und (als letztes) trennt euch von ihnen (adrubuhunna). Wenn sie zur loyalen Haltung zurückkehren, so sucht gegen sie keine Handhabe (um ihnen zu schaden)" (ZIF, 2005, S. 1).

„(…) Die Frauen aber, deren antisoziales Verhalten ihr befürchtet, gebt ihnen guten Rat, überlasst sie sich selbst in ihren privaten Räumen und legt ihnen mit Nachdruck eine Verhaltensänderung nahe. Wenn sie aber eure Argumente einsehen, dann sucht keinen Vorwand sie zu ärgern" (HUDA, 2005).

Die Bandbreite der verschiedenartigen Lese- und Interpretationsmöglichkeiten des Korans, wie im Kapitel „Die Problematik der Koranübersetzung" beleuchtet wurde, wird auch hier nochmals sehr deutlich.

Partnerschaftsideen im Koran und den Überlieferungen

Im Folgenden werden nun Stellen des Korans und der Überlieferungen aufgeführt, die sich auf das Geschlechterverhältnis beziehen. Viele Aussagen richten sich direkt an Männer. Barlas sieht den Grund, dass sich Aussagen im Koran oft an Männer richten, darin, dass der Koran durchaus anerkenne, dass Patriarchate existieren und in solchen Gesellschaften die Macht in den Händen der Männer liege (Barsal, 2008, S. 8). Sie differenziert allerdings zwischen dem Anerkennen des Patriarchats und dem Verfechten der Vorherrschaft der Männer (ebd.). Der Koran verkündet im siebten Jahrhundert, dass Liebe die Grundlage einer Ehe sein solle. Er schreibt Barmherzigkeit und Großzügigkeit zwischen Eheleuten auch dann vor, wenn sie sich gegenseitig hassten oder gerade dabei seien, sich scheiden lassen zu lassen (ebd.).

„Ebenso zu Seinen Ayat zählt, daß ER für euch von eurem Wesen Partnerwesen erschuf, damit ihr bei ihnen Geborgenheit findet. Und ER setzte zwischen euch Liebe und Barmherzigkeit. Gewiß, darin sind doch Ayat für Leute, die nachdenken" (Sure 30, Vers 21, Übersetzung Zaidan, 2000).

„(...) sie sind ein Gewand für euch, und ihr seid ein Gewand für sie" (Sure 2, Vers 18, Übersetzung Assad).

„(...) Mit den Frauen habt ihr rechtmäßig zusammenzuleben. Sollten sie euch etwa wegen eines Verhaltens missfallen, müsst ihr geduldig und langmütig sein. Vielleicht missfällt einem etwas, worin Gott viel Gutes verbirgt" (Sure 4, Vers 19).

„Der vollendetste Muslim in Glaubensangelegenheiten ist derjenige, der ein vorzügliches Benehmen hat; und die Besten unter euch sind jene, die ihre Ehefrauen am besten behandeln" (Hadith Nr. 278).

„Wie kann einer von euch seine Frau schlagen wie eine Sklavin und dann am Ende des Tages mit ihr Geschlechtsverkehr haben?" (Hadith Nr. 274)

„Ein gläubiger Ehemann soll niemals seine gläubige Frau hassen. Wenn er eine bestimmte Angewohnheit von ihr nicht mag, so mag er doch eine andere bei ihr finden, die ihm gefällt" (Hadith Nr. 275).

„Viele Frauen sind zu meinen Frauen gekommen mit der Klage über schlechte Behandlung seitens ihrer Ehemänner. Solche Menschen unter euch sind niemals die Besten" (Hadith Nr. 279).

Lesetipp

Idriz, B. (2019). Der Koran und die Frauen: Ein Iman erklärt vergessene Seiten des Islam. Gütersloh: Gütersloher Verlagshaus.

6.2 Die koranische Schöpfungsgeschichte

Zahlreiche Islamgelehrte und Islamwissenschaftler*innen vertreten die These, dass die koranische Version der Schöpfungsgeschichte kein Gender kenne und die Schöpfung im Koran nicht mit Adam beginne (Amirpur, 2013, S. 137). Der Koran selbst betone, dass Mann und Frau aus einem Wesen geschaffen seien.

„Ihr Menschen, habt Ehrfurcht vor eurem Herrn, der euch aus einem einzigen Wesen erschaffen hat. Daraus erschuf er das Partnerwesen, und aus diesen beiden ließ er viele Männer und Frauen entstehen" (Sure 4, Vers 1, Übersetzung Kaddor & Müller, 2008).

„Er ist Derjenige, Der euch aus einem einzigen Wesen erschuf und daraus sein Partnerwesen erschuf, damit es bei ihm Ruhe findet" (Sure 7, Vers 189, Übersetzung Zaidan, 2000).

Der Begriff „Adam", der aus dem Hebräischen stammt, bedeutet im eigentlichen Sinne nicht Mann, sondern Mensch (Murtaza, 2017, S. 39). Aus dieser Perspektive heraus trägt durch die Teilung eines einzigen Wesens (Mensch) sowohl der Mann Weibliches als auch die Frau Männliches in sich (ebd.). Eva ist im Koran nicht die Verführerin Adams und das Weibliche so nicht der (böse) verführerische Gegenpol zum Männlichen. Der Koran selbst hat ein anderes Weltbild: Im Islam gibt es keinen Kampf des einen Pols gegen den anderen – vielmehr heißt es, dass alles in Paaren geschaffen sei.

„Wir haben euch als Paare geschaffen" (Sure 78, Vers 8).

Diese Paare werden so wie in der Philosophie von Yin und Yang als gleichwertig, als gegenseitige Ergänzung und als gegenseitiges Gewand gesehen.

„(…) sie sind ein Gewand für euch, und ihr seid ein Gewand für sie" (Sure 2, Vers 18, Übersetzung Assad).

Zum Begriff Gewand erläutert der Exeget Muhammad Abdul Qadir Siddiqi (gest. 1962) Folgendes: „Das Gewand ist dem Körper des Menschen am nächsten, es bedeckt und schützt ihn und es macht ihn schön. So wird die Abhängigkeit beider Ehegatten im Leben versinnbildlicht – der eine ist unvollständig ohne den anderen." (Qadir Siddiqi; zitiert nach Murtaza, 2015, S. 28)

Rabeya Müller, Islamwissenschaftlerin, muslimische Theologin und Religionspädagogin, berichtete im Rahmen ihres Vortrages auf einer Fachtagung über muslimische Sozialisation von folgender Begebenheit: Wenn man sich in muslimischen Kreisen umhöre und nach der Schöpfungsgeschichte im Koran frage, erzählten 85 % der Muslim*innen von der Geschichte mit Adams Rippe, die allerdings so nirgends im Koran zu finden sei. Den Patriarchen hätte diese Geschichte scheinbar so gut gefallen, dass sie diese in vielen Moscheen erzählt hätten. Im Koran sei der Prototyp Mensch aus einer Substanz erschaffen worden, aus dem dann das entsprechende Partnerwesen geformt worden sei (Müller, 2010).

> Im Koran versinnbildlicht die verbotene Frucht des Baumes lediglich eine „Lektion mit Blick auf die kommende Statthalterschaft, wonach der Mensch nicht alles darf, was er will, wenn er seiner Verantwortung auf Erden gerecht werden soll. Die Offenbarung dient ihm als ein Maßstab zur Unterscheidung (al-furqān) zwischen dem Guten und dem Bösen. Wer ihr aber den Rücken kehrt, der wendet sich auch von Gott ab. Wer sich aber von Gott abwendet, der beeinträchtigt schließlich nachhaltig seine Persönlichkeitsentwicklung. Im Weiteren bittet in qur'ānische Urgeschichte der Mensch Gott um Vergebung, wodurch der Fluch Gottes ausbleibt (siehe Sure 2, Vers 37-39; Sure 7, Vers 23). (…) Die paradiesische Lektion beinhaltet die Erkenntnis, dass 1) Gott verzeihend und 2) jeder Mensch selbstverantwortlich für seine

Handlungen ist und diese niemals auf andere übertragen werden können. Das Bewusstwerden des Menschen seiner selbst bedeutet immer auch die Verantwortung für die eigene Lebensgeschichte zu übernehmen. Mann und Frau bleiben der qur'ānischen Offenbarung zufolge unbelastet. Beide sind gleichermaßen mit der Befähigung zum Guten und zum Schlechten geschaffen" (Murtaza, 2015, S. 20f.).

Vor diesem Hintergrund wird Adam im Koran als der erste Prophet Gottes gesehen.

6.3 Kleidung und Kopftuch im Islam

Nicht alle kopftuchtragende Frauen haben religiöse Motive. Manche Frauen tragen das Kopftuch aus traditionellen Gründen oder weil sie sich einer bestimmten Gruppe oder Community zugehörig fühlen möchten. Das Kopftuch drückt für diese Frauen eher eine Zugehörigkeit zu einem Kollektiv aus und hat manchmal weniger religiöse Gründe, als wir vermuten.

Innerhalb innerislamischer Debatten gibt es nicht selten Stimmen, die der Ansicht widersprechen, der Koran fordere zum Tragen eines Kopftuches auf. Katajun Amirpur, eine Islamwissenschaftlerin und freie Journalistin, greift in ihrem Buch „Den Islam neu denken" die Ergebnisse von Amina Waduds Studien über Konzeptualisierung von Gender und Gender-Beziehungen im Koran auf. Amina Wadud ist eine in den USA lebende Islamwissenschaftlerin, die sich auf Grundlage der islamischen Quellen für eine Gleichstellung der Frauen einsetzt. Sie betont, dass aus dem Koran nur allgemeine Prinzipien, wie z. B. das Prinzip von Sittsamkeit und Anstand hervorgingen. Konkrete inhaltliche universalgültige Ausgestaltungen dieser Prinzipien seien im Koran nicht zu finden. Leitete man nach Wadud z. B. die Allgemeingültigkeit des Tragens eines Kopftuches ab, universalisiere man die kulturellen und ökonomischen Umstände im 7. Jahrhundert auf der arabischen Halbinsel zu einer bestimmten Auffassung von Sittsamkeit und Anstand (Amirpur, 2013, S. 134).

Für Rabeya Müller ist die Frage des Kopftuches eine ambivalente. Sie setzt eine Auslegungsmöglichkeit bestimmter Verse im Koran voraus. Es gebe Verse, die der persönlichen Interpretation der Frau überlassen blieben, insbesondere bei der Frage, ob sie das Kopftuch tragen wolle oder nicht. Eine der wichtigsten Stellen im Koran sei bei dieser Thematik in Sure 33, Vers 59 zu finden (Müller, 2010):

„*O Prophet! Sage deinen Frauen, Töchtern und den Frauen der Gläubigen, sie sollen einen Teil ihres Überwurfes über sich hinunterziehen. So werden sie eher erkannt und nicht belästigt.*"

Der Fokus liege nach Müller auf dem „Erkannt-" und „Nicht-belästigt-Werden" und nicht auf einem moralischen Aspekt. Jemand, die das Kopftuch nicht trage, sei demnach keine schlechtere Muslimin. Wenn eine Frau aber Wert darauf lege, als Muslimin erkannt zu werden, gehöre dies zu ihrer persönlichen Identität und solle respektiert werden. Der Aspekt des „Nicht-belästigt-Werdens" sei heutzutage allerdings sehr komplex. Denn dieser Aspekt lasse heutzutage zwei Schlussfolgerungen zu: Man könne aufgrund des Kopftuches belästigt werden, könne aber gerade auch aufgrund des Kopftuches in Ruhe gelassen werden. Müller fordert daher die Akzeptanz einer eigenen subjektiven Entscheidung jeder einzelnen Frau. Jeglichen Beeinflussungsversuch, von welcher Seite auch immer, lehnt sie kategorisch ab. Es gebe nämlich immer die Seite, die den Frauen zu sagen versuche, dass sie die besseren Muslime seien, wenn sie das Kopftuch trügen. Und auf der anderen Seite gebe es immer jemanden, der versuche, den Frauen zu sagen, sie seien die besseren Demokratinnen, wenn sie das Kopftuch nicht trügen (ebd.).

6.4 Islamischer Feminismus: Gender-Dschihad

In Kreisen von Reformdenker*innen im Islam findet der Begriff Dschihad durchaus Anwendung. Islamischer Feminismus bedient sich im Kampf um die Frauenrechte des Begriffs Gender-Dschihad, da er die Rechte der Frauen mit den in der Religion verwurzelten Rechten erkämpfen will. Er stützt sich gerade in seinem Kampf um Freiheit und Menschenrechte auf den Koran. „Es liegt nicht an der Rechtsquelle, dem Koran, dass Frauen in einigen islamischen Gesellschaften nur wenig Rechte hätten, sondern am männlichen Monopol auf die Koranauslegung" (Amirpur, 2013, S. 34).

So auch Amina Wadud, Professorin an der Virginia Commonwealth University, indem sie ihr Buch „Inmitten des Gender Dschihads" betitelte. Auch Riffat Hassan nannte ihren Einsatz für Frauenrechte „Dschihad auf dem Weg Gottes". Als erster muslimischer Feminist der Moderne wird der Jurist Qasim Amin gesehen.

> Wie kein anderer Reformer vor ihm, hatte Qasim Amin die muslimische Zivilisation einer Kritik unterzogen, die patriarchalischen Auslegungen der Offenbarung historisch kritisch betrachtet, die emanzipatorische Funktion des Qur'ān wiederentdeckt und die ursprünglichen Rechte der muslimischen Frau eingeklagt. Seine beiden Werke taḥrīr al-mar'a (Die Befreiung der Frau, 1899) und al-mar'a alǧadīda (Die neue Frau, 1901) machten ihn zum ersten muslimischen Feministen in der Moderne" (Murtaza, 2015, S. 3).

Viel zu häufig hätten „männliche Gelehrte eine starre Schablone entworfen, der die muslimische Frau entsprechen musste, wenn sie eine „wahrhafte", eine „gute", eine „brave" Muslima sein wollte" (ebd., S. 2f.).

Katajun Amirpur berichtet in ihrem Buch von zahlreichen Frauen, die sich für einen islamischen Feminismus einsetzten. Frauen auf der ganzen Welt finden in den Studien und Veröffentlichungen von Amina Wadud die Grundlage des islamischen Feminismus und knüpfen an diese an. Die Ergebnisse von Amina Waduds Studien, wie z. B., dass das Patriarchat eine Beleidigung des Islams und der Moral sei, haben neue Denkanstöße in der innerislamischen Debatte gegeben. „Tatsache ist, dass der islamische Feminismus heute eine breite Bewegung ist. Sich mit Hilfe des Korans für die Gleichberechtigung einzusetzen, hat sich als Idee durchgesetzt. Der Gedanke der Vereinbarkeit von Islam und der Idee der Menschenrechte ist zwar neu, doch die Zahl der Muslime, die daran glauben, wächst stetig, erklärt Wadud" (Amirpur, 2013, S. 146). Dabei unterscheidet sich islamischer Feminismus von der herkömmlichen Frauenbewegung nur darin, dass er muslimischen Frauen die Alternative bietet, mit dem Islam zu argumentieren, um die Gleichwertigkeit von Mann und Frau ins Bewusstsein zu rufen (ebd., S. 145f.).

Ein wesentlicher gemeinsamer Aspekt von emanzipatorischen Koranlesearten ist die Annahme, dass der Koran in seiner Geschichte meist von Männern mit einer patriarchalischen Perspektive interpretiert wurde. Prof. Dr. Asma Barlas macht in ihren Studien historische Zusammenhänge sichtbar, die dazu geführt haben, dass der Koran als patriarchalischer Text (miss-)interpretiert wurde, und sie fordert ein „hinausinterpretieren" des Patriarchats aus dem Koran (Barlas, 2008, S. 8).

Es gibt viele wunderbare, mutige und unabhängige Frauen in islamischen Gesellschaften. Nawal El Saadawi (geb. 1931), eine ägyptische Schriftstellerin und Kämpferin für die Menschenrechte und insbesondere für die Rechte der Frau, veröffentlichte Bücher über Frauen in der frühislamischen Geschichte. Die Realität solch mutiger Frauen ist nicht einfach. Wegen ihrer Bücher steht Nawal El Saadawi auf der Todesliste radikaler Islamisten (Abé, 2012). Geschichten von mutigen und starken Frauen in der heutigen Zeit, die in Diktaturen arabischer Ländern leben, kann man dem Buch „Frauenpower auf Arabisch" von Karim El-Gawhary (geb. 1963), dem Leiter des Nahostbüros des ORF in Kairo, finden.

6.5 Sexualität und Aufklärung

> Der politische und intellektuelle Niedergang der arabischen Welt bis zum Ende des neunzehnten Jahrhunderts war auch ein sexueller.
>
> (Krüger 2016)

Grundsätzlich herrscht in den religiösen Quellen im Islam gegenüber dem Bereich der Sexualität eine sehr große Offenheit. Nicht wenige Überlieferungen des Propheten Muhammad betonen die Vorzüge der geschlechtlichen Liebe. Der Islam erkennt die sexuellen Bedürfnisse des Menschen an und ist davon überzeugt, dass die natürlichen Instinkte nicht unterdrückt werden sollten. Daher lehnt der Islam z. B. auch den Zölibat ab.

Generell kann man sagen „(…), dass der Islam mit dem Thema Sexualität viel entspannter umgeht als das Christentum. Es geht nicht nur darum,

Kinder zu bekommen. Sexualität ist ein Wert an sich, den man genießen darf und sollte, solange er im geschützten Rahmen der Ehe stattfindet." (Khorchide, 2016) Sexualität ist die innigste und tiefste Begegnung zwischen zwei Menschen, die man erleben kann (Murtaza, 2017, S.32), denn

> Sex ist mehr als ein animalisches Rammeln. Um Lust zu erleben, können Männlein und Weiblein die Hand benutzen. Dazu braucht man keinen zweiten Menschen. Aber der Beischlaf ist das innigste Erlebnis von Kommunikation, die der Mensch erfahren kann. Wenn der Qur´an Sex beschreibt, dann geht es um die Bedürfnisse des Menschen nach Angenommensein, Nähe, Geborgenheit, Sicherheit, Vertrauen, Zuneigung empfangen und geben und Einheit. Sex lässt den Menschen Liebe körperlich erfahren" (Murtaza, 2017, S. 32).

Im klassischen Islam werden die Lusterfahrung innerhalb der Sexualität und der Orgasmus als Gottesschenk angesehen. Darauf hat vor allem der tunesische Soziologe Abdelwahab Bouhdiba in „La Sexualité en Islam" hingewiesen:

> Die Ausübung der Sexualität war ein Gebet, ein sich Schenken, ein Akt der Nächstenliebe", schreibt er über die Anfänge des Islams in seinem 1975 erschienenem Buch. Auch der Brite Habeeb Akande, der nach einem Filmstudium in London in Kairo Islamische Rechtswissenschaft und Geschichte studiert hat, folgt in „A Taste of Honey: Sexuality and Erotology in Islam" (2015) dieser Spur. Anhand des Korans und der Hadithe zeigen beide Autoren, dass Sinnlichkeit und Sexualität mit dem Islam vereinbar sind, und beschreiben sie sogar als wesentliche Quellen des Glaubens. Beim Orgasmus ist man Gott näher als beim Gebet. Lust und Sexualität begreift der klassische Islam als Möglichkeit der persönlichen Entfaltung und als Gottesgeschenk, als Vorgeschmack auf die Freuden des Paradieses. […]

> Im Abassiden-Reich, dessen goldenes Zeitalter vom achten bis zum zehnten Jahrhundert andauerte und in dessen Zeit auch die Übertragung von „1001 Nacht" aus dem Persischen ins

Arabische fällt, tauchten immer mehr religiöse Persönlichkeiten in muslimischen Schreibstuben auf, die in der Erotologie ihre Berufung sahen. Ihren Federn entfloss ein wahres arabisches Kamasutra, ein Einmaleins für die Glückseligkeit im Bett: Wissenswertes über die Beschaffenheit der Sexualorgane, psychologische Tipps für das Entfachen und die Steigerung der Lust, minutiöse Beschreibungen von Sex-Stellungen und ausgefallenen Praktiken (Krüger, 2016).

Wie in bisherigen Ausführungen ersichtlich wurde, gibt es einige Verse im Koran, die über Liebe und Zärtlichkeit zwischen Mann und Frau erzählen (Sure 30, Vers 21 oder Sure 2, Vers 187). In der Zeit des Propheten wurde viel über Sexualität erklärt und es stellte für ihn kein Problem dar, wenn Männer und Frauen zu ihm kamen, um ihm diesbezüglich Fragen zu stellen. Die Menschen zu Zeiten des Propheten wandten sich ganz offen mit intimen Fragestellungen an ihn. Die Initiative Citizenship Education and Islam (CEAI) des Instituts für Islamisch-theologische Studien der Universität Wien nennt in ihrem Unterrichtsmaterial „Sexualität und Islam" folgende Überlieferungen:

> Wenn jemand von euch Geschlechtsverkehr mit seiner Frau hat, dann soll er ihr entgegenkommen. Und wenn er sein Bedürfnis gestillt hat, bevor sie ihres gestillt hat, dann soll er nicht vorzeitig abbrechen, bevor sie nicht ihr Bedürfnis gestillt hat (Ibn Qudama; zitiert nach CEAI 2017, S. 4).

„Wenn ihr möchtet, könnt ihr mit euren Frauen verkehren wie ihr wollt, von hinten oder von vorne, oder kniend von unten." Er meinte damit, dass jede Position erlaubt sei, sofern in die Vagina eingedrungen wird" (Al Wahidi; zitiert nach ebd., S. 6).

Auf unterschiedlichen Internetseiten sind weitere Überlieferungen zum Thema Sexualität zu finden:

> Omar ibn Al-Khattab kam zum Gesandten Gottes und sagte: „Ich bin verloren." Da sagte er: „Was hat dich zugrunde gerichtet?" Er antwortete: „Ich habe diese Nacht meinen Sattel umgedreht." (…) Und er (der Prophet) sagte: „Komm von vorne oder

hinten, aber hüte dich vor dem After und dem Geschlechtsverkehr während der Menstruation (Al Tirmidhi, Hadith Nr. 2980; Übersetzung der Autorin).

„Vorspiel und leidenschaftliches Küssen vor dem Geschlechtsverkehr ist ausdrücklich gewünscht und sollte nicht weggelassen werden" (Faidh Al Qadir, Hadith Nr. 6536).

Von Umar ibn Abdulaziz wird überliefert, dass der Prophet gesagt habe:

> Dringe erst in sie ein, wenn sie dieselbe Lust überkommen hat, die dich überkommen hat, damit du nicht vor ihr zu Ende kommst." Ich sagte: „Und wie mache ich das?" Er antwortete: „Ja, küsse sie, streichle sie und blinzle ihr zu und wenn du feststellst, dass sie das gleiche überkommt, was dich überkommen hat, dann leg dich auf sie (Al Tani, Hadith Nr. 137).

Eine spirituell gesunde Beziehung wird als unverzichtbare Grundlage der sexuellen Beziehung postuliert. In Sure 2, Vers 223 heißt es:

„Eure Frauen sind euer Ackerland; geht denn zu eurem Ackerland wie ihr wünschen mögt, aber sorgt zuerst mit etwas für eure Seelen vor und bleibt euch Gottes bewusst, und wisst, dass euch bestimmt ist, ihm zu begegnen" (Übersetzung Assad, 2009).

Die Sexualität zwischen Mann und Frau wird hier mit dem Acker eines Landmannes verglichen. Yusuf Ali, ein bekannter Korankommentator (gest. 1953), schreibt hierzu, dass die geschlechtliche Beziehung zwischen Mann und Frau etwas sehr Ernstzunehmendes sei.

> (…) er sät den Samen aus, um die Ernte einbringen zu können. Doch wählt er dazu die richtige Zeit und Art und Weise der Bestellung. Er sät nicht zur unrechten Jahreszeit aus und bestellt das Feld auch nicht so, dass er den Boden erschöpft. Er geht weise und überlegt vor, treibt nicht Raubbau. Von diesem Gleichnis ausgehend, begreifen wir, dass auch unter den Menschen beiderlei Geschlechts die Berücksichtigung der gegenseitigen Belange von größter Bedeutung ist, vor allem aber, dass auch diese Dinge einen geistigen Aspekt besitzen (Yusuf Ali, 2017, S. 151).

6.6 Schamgefühl, Intimsphäre und Weiblichkeit

Obwohl Sexualität und die Leidenschaft als etwas sehr Positives angesehen werden, wird an verschiedenen Stellen der islamischen Quellen auf das Positive von Schamhaftigkeit außerhalb des familiären Rahmens hingewiesen. In islamischen Kontexten findet man sehr häufig ein auf einem sehr starken Schamgefühl basierendes Verständnis von Körperlichkeit und Intimitäten außerhalb des familiären Rahmens. Der Prophet Muhammad soll gesagt haben, dass Schamhaftigkeit nur Gutes bringe und durch und durch gut sei:

„Schamhaftigkeit kann nur Gutes einbringen." (...) „Schamhaftigkeit ist durch und durch gut." (...) „Jegliche Schamhaftigkeit ist gut" (Hadith Nr. 682).

Die Sure 24 richtet sich an beide Geschlechter. Nachdem die Männer aufgefordert werden, ihre Blicke nicht auf weibliche Reize zu richten, werden Frauen dazu aufgefordert, sich nicht aufreizend zu bekleiden.

„Sage den gläubigen Männern, sie sollen den Blick niederschlagen und ihre Keuschheit wahren. (...) Und sage den gläubigen Frauen, sie sollen den Blick niederschlagen und ihre Keuschheit wahren und ihre Zierde nicht zeigen außer dem, was davon sichtbar ist, und sie sollen ihre Tücher über ihren Kleiderausschnitt ziehen und ihre Zierde niemanden zeigen außer ihren Ehemännern, ihren Vätern, Schwiegervätern, ihren Söhnen, Stiefsöhnen, ihren Brüdern, den Söhnen ihrer Brüder und ihrer Schwestern, den Frauen, mit denen sie Umgang haben, den Leibeigenen, den mit ihnen lebenden Männern, die Frauen nicht mehr begehren und den Kindern, die noch kein Verlangen nach Frauen haben (...)" (Sure 24, Verse 30-31).

Weiterhin soll der Prophet verboten haben, sexuelle Intimitäten und Vorlieben des Ehepartners/der Ehepartnerin zu verbreiten:

„Zu den Menschen, die am Tage der Auferstehung vor Gott die schlechteste Stellung haben, gehört der Mann, der mit seiner Frau geschlechtlich verkehrt, und sie mit ihm, und der darauf ihr (intimes) Geheimnis verbreitet" (Muslim; zitiert nach CEAI, S. 4).

Die im Alltag oftmals gelebte Schamhaftigkeit ist allerdings meist wirklich nur außerhalb von geschützten Bereichen, wie z. B. Familie oder Frauengruppen, zu finden. So ist es nicht selten der Fall, dass Frauen, die sich in der Öffentlichkeit voll verschleiern und sich dort zurückhaltend und bescheiden verhalten, in geschützten Frauenräumen ein anderes Verhalten zeigen. Manchmal erscheint es einem so, als würden diese Frauen in eine andere Rolle schlüpfen. Geschützte Räume, wie der häusliche Bereich oder Räume, in denen sich nur Frauen aufhalten, erlauben einer Frau ohne jegliche Hemmungen und voller Sinnlichkeit zu sein. Die Schlussfolgerung, dass eine in der Öffentlichkeit verschleierte Frau zwangsläufig körperverneinend sei, kann demnach nicht gezogen werden. Oft wird vergessen, dass orientalische Frauen ihren Töchtern ein sehr großes Geschenk an Körperlichkeit mit- und weitergeben. Sehr viele Mütter praktizieren in ihrem Zuhause regelmäßig den Bauchtanz. Durch diese Tatsache lernen Mädchen frühzeitig ihren Körper intensiv kennen und bekommen dadurch ein intensives Körperbewusstsein. Die zahlreichen Muskeln im Beckenbodenbereich werden durch diesen Tanz intensiv trainiert und ein intensives Körpererleben wird hergestellt. Dadurch erhalten viele Mädchen einen wunderbaren natürlichen Zugang zu ihrer Weiblichkeit, der durch den Bauchtanz bis ins hohe Alter weitergepflegt wird.

6.7 Der lüsterne Blick und Ehebruch

So wie auch Jesus gesagt haben soll, dass das Fremdgehen schon damit beginne, dass ein Mann eine andere Frau lüstern ansähe, so soll der lüsterne Blick auch im Islam vermieden werden.

„Ihr habt gehört, dass gesagt worden ist: Du sollst nicht die Ehe brechen. Ich aber sage euch: Wer eine Frau auch nur lüstern ansieht, hat in seinem Herz schon Ehebruch mit ihr begangen" (Matt. 5, 27-28, Herder).

„Sage den gläubigen Männern, sie sollen den Blick niederschlagen und ihre Keuschheit wahren. (...) Und sage den gläubigen Frauen, sie sollen den Blick niederschlagen und ihre Keuschheit wahren" (Sure 24, Sure 30-31).

Bezüglich des Ehebruchs wird überliefert, dass es nach der Verehrung eines anderen neben Gott keine größere Sünde gebe, als wenn ein Mann seinen Samen in die Scheide einer Frau lege, die ihm nicht erlaubt sei.

6.8 Sexualkunde und Aufklärung an Schulen

Aus religiöser Sicht gibt es keine Hemmnisse, Wissen über den Bereich der Sexualität und Fortpflanzung zu vermitteln. Muslim*innen haben allerdings oft aus einem kulturellen Hintergrund heraus Schwierigkeiten mit der Art und Weise der Vermittlung. Bildliche Darstellungen, die Methoden und auch der Zeitpunkt der Aufklärung rufen durchaus Irritationen hervor. Sexualitätserziehung außerhalb der Familie ist in vielen Gesellschaften noch immer tabuisiert bzw. ein sich erst jetzt entwickelndes Thema in vielen orientalischen Ländern. Viele Muslim*innen sind es nicht gewohnt, dass das Thema z. B. in Schulen behandelt wird. Hinzu kommt noch die Tatsache, dass sie keine Vorstellungen haben, welche Inhalte ihren Kindern vermittelt werden. Manchmal haben muslimische Eltern tatsächlich abstruse Vorstellungen und große Ängste bezüglich der Inhalte, die in der Schule diesbezüglich vermittelt werden könnten.

Die Deutsche Islamkonferenz empfiehlt daher:

> Wenngleich Eltern kein Mitbestimmungsrecht bei der Ausgestaltung der schulischen Sexualerziehung zusteht, können diese sowohl aufgrund der Religionsfreiheit als auch aus ihrem Erziehungsrecht bei der Ausgestaltung des Sexualkundeunterrichts Zurückhaltung und Toleranz verlangen. Die Schule hat das natürliche Schamgefühl der Kinder zu achten und muss Rücksicht auf die religiösen oder weltanschaulichen Überzeugungen der Eltern nehmen. Der Unterricht soll Kenntnisse und Einstellungen, z. B. zur Fortpflanzung, Empfängnisverhütung und Schutz vor Krankheiten, vermitteln, von einer religiösen oder weltanschaulichen Bewertung aber absehen. Um Konflikte zu vermeiden, sollte eine rechtzeitige Einbeziehung der Eltern erfolgen. So sollten die Eltern vorab über die Inhalte, Methoden und Medien des Sexualkundeunterrichts informiert werden. Sie sind auch darüber zu informieren, dass dieser Unterricht eine Pflichtaufgabe der Schule ist, und dass eine Nichtteilnahme ein unentschuldigtes Fehlen darstellt (Deutsche Islamkonferenz, 2009, S. 6).

Ich persönlich habe die Erfahrung gemacht, dass orientalische Eltern, nachdem sie zu einem Elternabend eingeladen wurden, zum größten Teil positiv überrascht waren. Wenn Eltern die Möglichkeit bekommen, die Menschen kennenzulernen, die mit ihren Kindern über Sexualität sprechen, können viele ihrer Ängste abgebaut werden. Die Befürchtung, dass ihre Kinder durch solche Projekte an Schulen evtl. motiviert und ermutigt werden könnten, sexuelle Erfahrungen machen zu wollen, lassen sich durch den direkten Kontakt zu den Zuständigen schnell auflösen. Oft sind Eltern danach sogar begeistert und dankbar, dass diese Thematik mit ihren Kindern in der Schule professionell begleitet und besprochen wird.

6.9 Das Kopftuch und der Schwimm- und Sportunterricht

Die Vertreter*innen der Deutschen Islamkonferenz sind der Meinung, dass muslimischen Kindern und Jugendlichen an öffentlichen Schulen das Tragen von Zeichen ihrer Religionszugehörigkeit juristisch nicht verboten werden könne.

> Das Tragen des Kopftuches kann daher nicht in Schulordnungen, Elternverträgen o.ä. untersagt werden. Das elterliche Erziehungsrecht vor Eintritt der Religionsmündigkeit umfasst nach Art. 6 GG grundsätzlich auch die Befugnis, die Bekleidung ihrer Kinder zu bestimmen. Insofern könnten Eltern ihre Tochter vor Eintritt der Religionsmündigkeit zum Tragen des Kopftuches anhalten, wenngleich das Tragen des Kopftuches nach ganz überwiegender islamischer Auffassung vor Eintritt der Pubertät nicht geboten ist (Deutsche Islamkonferenz, 2009, S. 3).

Wenn sich ein Mädchen bewusst für das Tragen eines Kopftuches entscheidet und die Schule ihre Kopfbedeckung, z. B. beim Sport- und Schwimmunterricht, nicht akzeptieren möchte, sollten betroffene Lehrer bedenken, dass es auch um Fragen des Schamgefühls gehen könnte. Das Schamgefühl in öffentlichen Räumen wird in orientalischen Familien durchaus gefördert, weil es im religiösen Kontext als etwas Positives gesehen wird. Ein Ablegen des Kopftuches im Schwimm- und Sportunterricht bzw. ein verordnetes Tragen eines Badeanzuges könnten tatsächlich ein subjektiv empfundenes Gefühl von Nacktheit bei betroffenen Mädchen hervorrufen und eine individuelle Grenzüberschreitung darstellen.

Das koranische Gebot, sich sittsam zu kleiden, wird von vielen Muslim*innen dahingehend interpretiert, keine enge oder durchsichtige Kleidung zu tragen. Vor diesem Hintergrund möchten Eltern und durchaus auch die betroffenen Mädchen nicht, dass jemand sie in der Öffentlichkeit leicht bekleidet (etwa in einem Badeanzug) sieht. Die Deutsche Islamkonferenz empfiehlt daher, muslimische Schwimm- bzw. Sportbekleidung zu gestatten und die Schamgefühle von muslimischen Kindern, z. B. auch beim Umkleiden und Duschen, zu beachten.

> Bei jüngeren Kindern spielt der Gedanke der Koedukation im Sport- bzw. Schwimmunterricht eine andere Rolle als vom Zeitpunkt der Pubertät an. (…) Beim Schwimmen, aber auch bei anderen Formen des koedukativen Sports sind die weiterführenden Schulen bei ausdrücklichen Einwänden von Eltern und Schülerinnen zunächst gehalten, den Sportunterricht durch geschickte Organisation in geschlechts-homogenen Übungsgruppen einer Jahrgangsstufe oder auch jahrgangsstufenübergreifend getrennt nach Mädchen und Jungen durchzuführen (…) Eine Befreiung vom Unterricht ist aus gesundheitlichen, sozialen und integrativen Gesichtspunkten immer nur die zweitbeste Lösung. Besser ist es in jedem Fall, wenn die Schulen einen Weg finden, einen nach Geschlechtern getrennten Sport- bzw. Schwimmunterricht einzurichten, an dem alle Schülerinnen bzw. Schüler teilnehmen. So kann eine bestimmte Sport- oder Schwimmkleidung gestattet werden. Auch ist das gemeinsame Duschen in einem Raum auch für muslimische Schüler und Schülerinnen desselben Geschlechts oftmals ein Problem. Gibt es keine abschließbaren Duschkabinen, können z. B. Abtrennungen mit Vorhängen eingerichtet werden. Entsprechend kann den Schülerinnen und Schülern ermöglicht werden, sich gemäß ihren Glaubensvorstellungen um- bzw. wieder anzukleiden (Deutsche Islamkonferenz, 2009, S. 5-6).

6.10 Homosexualität im Islam

Das Thema Homosexualität im Islam ist ein sehr heikles. Homosexuellen Menschen wird von Muslim*innen selbst noch viel zu häufig „ihre transzendente Menschenwürde und ihre Muslimsein abgesprochen. Sie werden als psychisch krank eingestuft und ausgegrenzt. Nicht wenige rufen sogar zu ihrer Tötung auf" (Murtaza, 2017, S. 9).

Muhammad Sameer Murtaza, ein Islamwissenschaftler und islamischer Philosoph, betrachtet und untersucht die bisherigen Deutungen und Argumentationen der Koranstellen und Hadithe, die mit dem Verbot von Homosexualität in Verbindung gebracht werden, unter einem Licht von Vernunft und Humanität. Er macht sehr eindrücklich deutlich, dass die Stellen und Überlieferungen, die diese Thematik streifen, durchaus auch anders verstanden und ausgelegt werden können. Er geht sehr detailliert auf die traditionelle Argumentationslinie ein und zeigt die Stellen auf, an denen sich die Gelehrten von Humanität und Vernunft verabschiedet haben. Er betont die generelle philosophische Erkenntnistheorie, in der es kein objektives und interessenfreies menschliches Erkennen gebe (ebd., S. 25). Ganz im Gegensatz zu der heterogenen Vielfalt der Deutungen und Auslegungen von religiösen Quellen zu bestimmten Themen sei Homosexualität bisher einhellig abgelehnt worden (ebd., S. 13).

Ebenso wie im Judentum und Christentum würden oft die Hinweise auf das Volk Lots für das Verbot von Homosexualität verwendet. Es werde argumentiert, „dass Homosexuelle kein Lebensrecht besitzen." (ebd.) Allerdings stehe dies, so Murtaza, nirgends im Koran. „An keiner Stelle autorisiert Gott im Qur´an Gläubige zur Selbstjustiz, noch kennt die Offenbarung ein Strafmaß" (ebd., S. 22f.). Die Stellen im Koran, die von Gelehrten bisher als Argumentation gegen Homosexualität verwendet wurden, werfen für Murtaza grundlegende Fragen auf. Da eine Kern-Homosexualität angeboren und nicht umkehrbar ist, Fragen zur Bi- und Transsexualität zu undifferenziert untersucht wurden, fordert er eine neue und differenziertere Erörterung von Seiten muslimischer Rechtswissenschaft. „Ob Aussagen wie: *„Wahrlich, ihr kommt mit Sinneslust zu Männern statt zu Frauen! Ja ihr seid in ausschweifendes Volk! (7:81), „Nähert ihr euch ausgerechnet Männern" (26:165)* zugleich eine Abwertung der Homosexualität darstellen oder im Rahmen der Bisexualität verstanden werden müssen, ist eine Frage, die in der muslimischen Rechtswissenschaft neu erörtert werden muss" (ebd., S. 31) .

Vermeintliche Aussagen des Propheten, die Gelehrte als Argumentationshilfe verwenden, sind z. B.:

„Wer von euch einen findet, der das begeht, was das Volk Lots begangen hat, so tötet die beiden, den Täter und den anderen, mit dem er dies getan hat" (Ibn Maga)" (Ibn Maga; zitiert nach ebd., S. 23).

Diese scheinbar überlieferten Texte müssten auf ihren Wahrheitsgehalt geprüft werden.

> Die Textgattung der Prophetenworte stand ursprünglich gegen den Willen des Propheten Muhammad. (...) Der muslimische Intellektuelle Asghar Ali Engineer (gest. 2013) glaubte, Muhammad habe befürchtet, dass die künftigen Generationen aus jeder seiner Aussage und Handlung eine heilige Gesetzesquelle neben und gleichrangig mit dem Qur´an machen könnten. (...) Engineer ist überzeugt, wäre das Prophetenwort zentral für das Verständnis des Islams gewesen, so hätte der Gesandte Gottes seine Gefährten aufgefordert, dieses ebenfalls zu memorieren und niederzuschreiben, wie er es ihnen mit dem Qur´an aufgetragen hat. Da dies nicht geschah und die Prophetenworte somit keine tatsächlichen Prophetenworte, sondern zunächst einmal nur Erinnerungen von Gefährten an das Sagen und Tun Muhammads sind, könne es streng genommen keine Quelle für die islamische Rechtsprechung sein. Die Gattung des Prophetenwortes entzog sich nämlich gänzlich der Kontrolle und Verfügungsgewalt Muhammads (ebd., S. 23f.).

Nach Murtaza sind eine unkritische Textgläubigkeit von inhumanen Texten und das unreflektierte Folgen und Annehmen von Traditionen abzulehnen. Ein gläubiger Mensch steht nach Murtaza in der Pflicht, sich für eine ethische Auseinandersetzung mit Texten einzusetzen und Traditionen nicht einfach so zu übernehmen. „Es braucht eine kritische Auseinandersetzung mit ihnen, denn schließlich gibt es gute und schlechte, humane und inhumane Interpretationen." (ebd., S. 13) Murtaza geht sogar so weit, dass er Muslim*innen, die das unterlassen, vorwirft, Traditionen oder Texte zu Götzen zu erheben (ebd., S. 13, 29).

Murtaza legt den Finger in die Wunde:

> Als Muslime müssen wir zugeben, was Sexualität anbetrifft, geht es gerade in unserer Gemeinschaft drunter und drüber. Deswegen wäre es notwendig, dieses Thema in institutionalisierter Form, Abduh schlug eine Art Konzil vor, zu erörtern. Gemeinsam mit homosexuellen Muslimen. Ihre Stimmen müssen Gehör finden, statt nur über sie zu hetzten. Gerade weil Muslime in der Moderne es nicht geschafft haben, Strukturen aufzubauen, die unabhängig von politischer Macht sind, kann heute jeder ungebildete und selbsternannte Internetimam Hetze und Feindschaft predigen – und findet auch noch Gehör. Damit haben wir Muslime aber nichts mehr mit der großartigen muslimischen Zivilisation des Mittelalters gemeinsam. Wir sind vielmehr nur noch eine räudige Straßengang (ebd., S. 35).

Murtaza richtet in seinen Untersuchungen zum Thema Homosexualität den Fokus auf den ursprünglichen Aspekt von Sexualität im Islam. Muslim*innen hätten oft die Idee, dass ein homosexueller Mensch sein Leben lang auf Sex verzichten müsse. Murtaza stellt unmissverständlich klar:

> So freundlich gemeint dieser Vorschlag daherkommt, so lebensfern ist er doch. Wie soll ein Mensch lebenslang auf Sex verzichten? Es gibt einen Grund, wieso der Islam den Zölibat verbietet. (…) Wenn der Qur'an Sex beschreibt, dann geht es um die Bedürfnisse des Menschen nach Angenommensein, Nähe, Geborgenheit, Sicherheit, Vertrauen, Zuneigung empfangen und geben und Einheit. Sex lässt den Menschen Liebe körperlich erfahren. Im Prophetenwort wird Sex als ein gutes Werk bezeichnet. Er ist so einzigartig (…) Und darauf sollen homosexuelle Muslime verzichten? Bei alldem wird aber vergessen, dass es nicht nur um einen körperlichen Akt geht, sondern eben auch um Liebe. Ein homosexueller Mensch liebt seinen gleichgeschlechtlichen Partner ebenso, wie ein heterosexueller Mann seine Frau oder eine heterosexuelle Frau ihren Mann liebt. Kein Mensch hat das Recht, zwei Menschen zu verbieten, sich zu lieben (ebd., S. 32).

Jeder Mensch hat demnach ein Anrecht auf eine Partnerschaft. Aufgabe der islamischen Rechtsgelehrten sollte es daher auch sein, „zu erörtern, ob eine eigenständige Vertragsform für gleichgeschlechtliche Paare aus dem Qur´an ableitbar ist." (Waltter, zitiert nach: ebd., S. 40f.)

7 Islamische Kindererziehung

Die religiöse Erziehung von Kindern ist natürlich stets abhängig von der Gottesvorstellung der Eltern. Diese kann sehr unterschiedliche Orientierungen aufweisen: Ist die Gottesvorstellung von einer Herr-Knecht-Beziehung geprägt, wird die Vermittlung von religiösen Werten und Normen anders aussehen, als wenn die Gottesvorstellung von einer Freundschafts- oder Liebesbeziehung geprägt ist. (vgl. auch Khorchide, M., 2015, S. 35) Der Koran fordert selbst, dass eine Ausrichtung auf Gott immer nur aus freiem Willen geschehen darf. Dies stellt neben dem Streben nach Wissen und dem Vernunftgedanken ein grundlegendes Prinzip der islamischen Kindererziehung dar.

„Sie sollten sich doch gründlich Gedanken über den Koran machen" (Sure 4, Vers 82)!

„So legen wir Zeichen dar für Menschen, die sich ihres Verstandes bedienen" (Sure 10, Vers 24).

„Wer auf der Suche nach Wissen hinauszieht, der ist auf dem Wege Allahs, bis er heimkehrt" (Hadith Nr. 1385).

„Niemand soll zum Glauben gezwungen werden" (Sure 2, Vers 256).

„(…) Du bist nicht da, um sie zu zwingen" (Sure 50, Vers 45).

Abu Hamid al-Ghazali (1058 – 1111), der bis heute zu den bedeutendsten religiösen Denkern des Islams zählt, sieht die Kindererziehung als einen „interaktiven Prozess", in dem nicht nur Kinder von Erwachsenen, sondern auch Erwachsene von Kindern lernen (vgl. Schubert, B., 2013, S. 15). Nach Al-Ghazali gelte das Prinzip des Vorbildes in der Erziehung. (ebd.: 18). Eltern sollten ihren Kindern Vorbild in Wort und Verhalten sein.(vgl. Tawil, H.A. in: ebd., S. 17). Für die Erziehung und Bildung von Kindern grundlegende Voraussetzung sind aus Sicht Al-Ghazalis Aspekte wie Demut, achtsames Zuhören, Liebe und Vertrautheit. (vgl. ebd., S. 16) Eine zurückhaltende Mahnung sei nach diesem effektiver als ein exzessives Ausschimpfen (Alkanderi, L. in: ebd., S. 21). Ein gutes Verhalten von Kindern soll vor anderen Personen gelobt werden. Nach einem Fehlverhalten soll ein Kind niemals vor anderen Personen bloßgestellt werden. Al-Ghazali fordert hier immer zuerst ein vertrauliches Gespräch mit dem Kind alleine. (vgl. ebd., S. 15) Bildung sollte nach Al-Ghazali also eher beratend und weniger strafend erfolgen (vgl. ebd., S. 17).

Im Folgenden werden grundlegende Erziehungsziele im Islam anhand von Aussagen und Aufforderungen in Hadithen und Koranstellen dargestellt.

7.1 Erziehungsinhalte

Soziale Verantwortung

Die soziale Verantwortung eines jeden Menschen stellt einen grundlegenden Aspekt in den islamischen Quellen dar:

„Wer einem Gläubigen eine Sorge von den Sorgen dieser Welt nimmt, dem wird Allah eine Sorge von den Sorgen des Tages des Gerichts nehmen. Und wer einem Menschen in Bedrängnis Erleichterung verschafft, dem wird Allah in dieser Welt und im Jenseits Erleichterung verschaffen.

Und wer einen Muslim schützt, den wird Allah schützen, im Diesseits und im Jenseits." (Hadith Nr. 245)

„(Der Engel) Gabriel empfahl mir so oft die gute Behandlung des Nachbarn, dass ich beinahe dachte, er würde ihn vielleicht zum Erben einsetzen." (Hadith Nr. 303)

„Wer von euch etwas Übles sieht, soll es mit eigener Hand ändern, und wenn er dies nicht vermag, so soll er es mit seiner Zunge verändern, und wenn er dies nicht kann, dann mit seinem Herzen." (Hadith Nr.184)

„Die übelste Mahlzeit ist das Festessen, zu dem Reiche eingeladen werden und von dem die Armen ausgeschlossen sind." (Hadith Nr. 266)

"Spendet von dem, was wir euch gegeben haben." (Sure 2, Vers 3)

Die Interpretation dieses Verses durch Yusuf Ali lautet wie folgt:

> Alle Gaben von kommen von Allah. Es mag sich dabei um materielle Dinge handeln wie Nahrung, Kleidung, Unterkunft, Reichtümer und dergleichen oder um Dinge, die sich nicht greifen lassen, wie Einfluss, Macht, Gesundheit, Begabungen Abstammung und die Möglichkeiten, die sich dabei eröffnen, oder um geistige Gaben wie Einsicht oder richtiges Unterscheiden von Gut und Böse, Verständnis für die Mitmenschen, die Fähigkeit zu lieben und dergleichen mehr. Wir sollten von all diesen Gaben in Demut und mit Maß Gebrauch machen. Doch wir sollten auch von jeder einzelnen dieser Gaben etwas hingeben, um damit zum Wohl anderer beizutragen. Wir sollten weder Asketen noch in Luxus schwelgende Genießer sein, weder selbstsüchtige Geizhälse noch gedankenlose Verschwender (Yusuf, A., 2017, S.5).

„Verachte niemals auch nur die kleinste Kleinigkeit einer guten Tat; sogar deinen Mitmenschen mit einem fröhlichen Gesicht zu begegnen, zählt als gute Tat." (Hadith Nr. 121)

Achtung der Grenzen anderer Menschen

„O ihr Gläubigen! Meidet viele Mutmaßungen, denn einige darunter sind sündhaft! Bespitzelt keinen, verleumdet einander nicht mit Nachreden!" (Sure 49, Vers 12)

„Vielleicht hast du die Menschen gekränkt. Wenn ja, dann hast du auch deinen Herrn gekränkt!" (Hadith Nr. 261)

„Der beste Muslim ist der, vor dessen Zunge und Hand die Menschen sicher sind." (Hadith Nr. 1512)

Achtung der Eltern

„Dein Herr hat entschieden, dass ihr Ihm allein dienen und zu euren Eltern gut sein sollt. Wenn einer oder beide unter Altersschwäche leiden, sage ihnen niemals ein mürrisches Wort und fahre sie nicht an, sondern sprich sanft und ehrerbietig mit ihnen. Sei ihnen gegenüber gütig, bescheiden und voller Mitleid und sage: „Herr, sei barmherzig

zu ihnen, so wie sie mich barmherzig aufgezogen haben, als ich klein war!" (Sure 17, Vers 23f.)

„Oh Gesandter Allahs, wer hat am meisten Anspruch auf gute Behandlung und gute Gefolgschaft?" Er antwortete: „Deine Mutter, und dann deine Mutter, und dann deine Mutter, und dann dein Vater, und dann deine näheren Verwandten." (Hadith Nr. 317)

Verbot von Arroganz und Prahlerei – Aufruf, sich bescheidenen zu verhalten

Zeige den Menschen nicht überheblich deine Wange, und gehe nicht selbstherrlich auf Erden umher! Gott liebt keinen, der selbstherrlich und prahlerisch ist. Gehe bedächtigen Schrittes, und dämpfe deine Stimme! Die hässlichste Stimme ist die des Esels!" (Sure 31, Vers 18)

„Diejenigen, die ich am stärksten liebe, und die am Tage des Gerichts mir auch am nächsten sind, sind diejenigen, die das beste Benehmen besitzen. Diejenigen dagegen, die ich am meisten verabscheue, und die den Tag des Gerichts von mir am weitesten entfernt sind, sind die Schwätzer und Großmäuler und die Hochmütigen." (vgl. Hadith Nr. 631)

Aufruf zur Geduld

Mein Sohn! Verrichte das Gebet, gebiete das Würdige, verbiete das Unwürdige und ertrage geduldig, was dir zustößt! Das gehört zu den einzuhaltenden Grundsätzen." (Sure 31, Vers 17)

„Harre geduldig aus! Ertrage alles, was sie sagen (…)" (Sure 73, Vers 11)

„Geduld zu fassen und dem Täter zu verzeihen, darum soll sich der Rechtschaffene bemühen." (Sure 42, Vers 43)
„O Ihr Gläubigen! Ihr sollte aus Geduld und Gebet Hilfe schöpfen. Gott ist mit dem Geduldigen." (Sure 2, Vers 153)

„Du hast zwei Eigenschaften, die Allah liebt: Großzügigkeit und Geduld." (Hadith Nr. 633)

Wer Einheit begehrt, so macht Allah ihn rein, und wer sich zufriedengibt (mit dem, was er hat), den wird Allah bereichern; und wer sich geduldet, dem wird Allah Geduld schenken. Kein Geschenk ist besser und umfangreicher für einen von euch als die Geduld." (Hadith Nr. 26)
„Und niemanden außer einem Gläubigen zeichnet dies aus: Wenn ihm etwas Erfreuliches widerfährt und er dankt (Allah) dafür, so ist das gut für ihn. Wenn er von einer Prüfung heimgesucht wird und sich in Geduld übt, so ist das auch gut für ihn." (Hadith Nr. 27)

Einsatz für Gerechtigkeit

„Verrichte beständig das Gebet und gebiete das Tun dessen, was recht ist und verbiete das Tun dessen, was unrecht ist, (…)." (Sure 31, Vers 17, Übersetzung Assad)

„Ihr Gläubigen! Setzt Gerechtigkeit durch und macht als Zeugen Gottes eure Aussagen wahrheitsgetreu, auch wenn dies gegen euch selbst, eure Eltern oder Verwandten sein sollte! Ob es ein Reicher oder ein Armer ist, lasst unbedingt Gerechtigkeit walten! Gott ist es, Der sich am besten ihrer annimmt. Ihr sollt nicht euren Neigungen folgen, denn dann kommt man von der Gerechtigkeit ab." (Sure 4, Vers 135)

Verbot von übler Nachrede und Beschimpfungen

„Oh ihr Gläubigen! Kein Mann darf über einen anderen spotten; vielleicht ist dieser besser als er. Keine Frau darf über eine andere spotten; vielleicht ist diese besser als sie. Verleumdet euch nicht gegenseitig! Sagt einander keine bösen Wörter und Schimpfnamen!" (Sure 49, Vers 11)

Aufruf zur Dankbarkeit

Sei Gott dankbar – denn wer (Ihm) dankbar ist, der ist zu seinem eigenen Wohl dankbar; während der, der es wählt, undankbar zu sein (wissen sollte, dass) wahrlich, Gott selbstgenügend, immer preiswürdig ist." (Sure 31, Vers 12, Übersetzung Assad)
„Fürwahr, Allah hat Wohlgefallen an jedem (dankbaren) Diener, der Allah sogar für nur einen Bissen und einen Schluck (Wasser) dankt." (Hadith Nr. 1396)

Verbot des Lügens und Betrug

„(...) und meidet jedes Wort, das unwahr ist (...)." *(Sure 2, Vers 30, Übersetzung Assad)*

„(...) und macht als Zeugen Gottes eure Aussagen wahrheitsgetreu, auch wenn dies gegen euch selbst, eure Eltern oder Verwandten sein sollte!" *(Sure 4, Vers 135)*

„Ein Mensch, der nur die Wahrheit spricht, wird von Allah rechtschaffen genannt. Und das Lügen führt zum Übel (...)." (Hadith Nr. 54)

7.2 Der Sieben-Jahres-Rhythmus in der Erziehung

Eine Überlieferung des Prophetengefährten Omar Ibn Al Khattab berichtet davon, dass der Prophet Muhammad den Sieben-Jahres-Rhythmus in der Erziehung vorgeschlagen hat.

> Vom ersten Jahr, in dem das Kind geboren wird, bis zum Alter von sieben Jahren ist es Zeit für ihn zu spielen. Vom achten bis zum 14ten Lebensjahr leite ihn bezüglich dem, was er tun und was er nicht tun soll. Und vom 15ten Lebensjahr an lässt du ihn, denn er ist nun volljährig. Wenn er 20 Jahre alt ist, ist er ein Mann, weder schlägst, noch beschimpfst du ihn, behandle ihn wie deinen Freund (zitiert nach: Schaykh Muhammad Al Maliki 2006).

Manche Fachkräfte werden den Sieben-Jahres-Rhythmus aus der Pädagogik Rudolf Steiners, der Waldorfpädagogik, kennen. Diese Einteilung in Jahrsiebte weist genauso auch wie in den Aussagen des Propheten Muhammads auf verschiedene Lernaufgaben im Lebenslauf eines Menschen hin. So wie der Prophet Muhammad im ersten Jahrsiebt dazu aufruft, Kinder vorwiegend spielen zu lassen und nicht mit kognitiven Erklärungen zu überfrachten, so stellt auch Rudolf Steiner die Nachahmung und das erkundende Spiel in den Vordergrund.

Es gibt keine mir bekannte ausführliche deutschsprachige Abhandlung aus muslimischer Perspektive zu dieser Einteilung in den Siebener Rhythmus. Viele Informationen tauschen Muslime untereinander aus oder sind auf diversen Internetseiten ohne Quellenangaben zu finden. Das Buch „Grundzüge islamischer Erziehung" (1984) von Ingrid Lehnert ist das mir einzige bekannte Buch, das kurz auf die Thematik eingeht. Die folgenden Ausführungen sind also lediglich ein Versuch, sich an den Sieben-Jahr-Rhythmus aus muslimischer Perspektive anzunähern. Der türkische Schriftsteller Mehmed Paksu stellt in seinem Buch „Muhammed – Das Vorbild" (2012) zahlreiche Überlieferungen des Propheten zur Verfügung, die sich mit dem Umgang mit Kindern in den ersten sieben Jahren beschäftigen.

0 - 7 Jahre: Spielt mit euren Kindern!

„Vom ersten Jahr, in dem das Kind geboren wird, bis zum Alter von sieben Jahren ist es Zeit für ihn zu spielen. (...)." (zitiert nach: Schaykh Muhammad Al Maliki, 2006) Die ersten sieben Jahre stehen demnach unter dem Motto „Spielt mit euren Kindern!" Zahlreiche Überlieferungen fordern Eltern auf, gütig und geduldig mit den Kindern zu sein. Der Prophet selbst soll mit sehr viel Liebe mit Kindern gespielt haben. Er habe oft mit ihnen gelacht und gescherzt und sich in der Begegnung mit ihnen oft selbst wie ein kleines Kind verhalten. (vgl. Paksu, M., 2012, S. 57)

Ich habe oftmals erlebt, dass orientalische Eltern dazu tendieren, alles zu tun, damit ihre Kinder in der Kleinkindzeit nicht weinen, und dass sie die Bedürfnisse der Kinder nicht einschränken wollen. Oftmals wirkt es aus einer westlichen-geprägten Perspektive dann so, als würden dem Kind keinerlei Grenzen gesetzt und als gebe es eine Erziehung im klassischen Sinne in diesem Alter nicht. Die Idee, dass Kinder auch lernen müssen, sich in einem sozialen Gefüge von unterschiedlichen Bedürfnissen, zurechtzufinden, taucht in orientalischen Familien im Gegensatz zu westlich geprägten Familien tendenziell zu einem späteren Zeitpunkt auf. So ist der Zeitpunkt, ab dem sich Kinder an von außen festgesetzte Strukturen, wie z. B. Schlafens- und Essenszeiten richten müssen, eher später, als wir es gewohnt sind.

Diese Ansicht verändert sich dann meist ziemlich schlagartig, wenn das Kind in die Schule kommt. Bis dahin tendieren viele orientalische Eltern dazu, ihre Kinder zu verwöhnen und ihnen wenige Vorgaben zu setzen. Nicht wenige Eltern versuchen, die Bedürfnisse der Kinder in diesem

Alter so gut wie möglich zu erfüllen, damit diese nicht traurig werden. Die Idee, dass ein Kind das Recht auf ein Kind-Sein hat, ist weit verbreitet und wird in orientalischen Familien oft damit definiert, dass man in dieser Zeit keine Ansprüche an das Kind stellen und es in seinen Bedürfnissen nicht einschränken solle. Man gönne sozusagen dem Kind in dieser Zeit das Kind-Sein, in dem es einfach nur spielen dürfe.

Auch der Prophet Muhammad soll sich gegenüber Kindern sehr ähnlich verhalten haben. Er soll stets darauf geachtet haben, durch sein Verhalten Kinder nicht traurig zu machen. Hierzu zitiert Mehmed Paksu folgende Überlieferung: „Ich habe niemanden kennengelernt, der zu Kindern besser gewesen wäre als unser Prophet." (zitiert nach: ebd.)

Generell habe der Prophet versucht, alles zu unternehmen, um Kinder zu beruhigen. Er soll die Menschen immer wieder aufgefordert haben, Kinder nicht schreien zu lassen. (vgl. ebd.) Er soll gesagt haben: „Wer sich einem schreienden Kind widmet und es beruhigt, dem wird Gott im Paradies alle Wohltaten erweisen." (zitiert nach: ebd.: 60)

Auch habe der Prophet stets das Gebet der Gemeinde abgekürzt, wenn ein Kind angefangen habe zu weinen. „Der Gesandte Gottes leitete unser Morgengebet. Er trug zwei kurze Suren aus dem Koran vor. Nach dem Gebet fragte ihn Ebu Said al Hudri [Türkische Schreibweise von Abu Sa´id al Khudri. Anm. d. Autorin]: „Oh Gesandter Gottes, heute war das Gebet aber kurz!" Der Prophet antwortete ihm: „Hast du nicht gehört, dass hinten bei den Frauen ein Kind geweint hat? Ich wollte ihr erlauben, sich ihres Kindes anzunehmen." (zitiert nach: ebd.)

Selbst beim sehr wichtigen und ernsthaften Ritual der Muslime, dem rituellen Gebet, soll der Prophet kleine Kinder in ihrem Spiel gewähren lassen haben. „Ich habe es mit eigenen Augen gesehen, wie Hasan während des Gebets ankam und sich an die Propheten klammerte. Bevor das Kind nicht selber losließ, hat der Prophet ihn während des Gebets auf seinem Rücken festgehalten. Auch danach ist der Kleine ihm während des Gebets zwischen den Beinen hin durchgelaufen und der Prophet hat es einfach geduldet." (zitiert nach: ebd., S. 58f.)

„Als der Prophet sich zum Gebet niederwarf, kamen Hasan und Hüseyin [Türkische Variante von Hassan und Hussain. Anm. d. Autorin] und wollten auf seinen Rücken klettern. Die Umstehenden wollten die Kinder festhalten, doch der Prophet hinderte sie daran. Nach dem Gebet nahm er die Kinder auf den Arm und sagte: „Wer mich liebhat, der soll auch diese beiden liebhaben." (zitiert nach: ebd., S. 59)

> Eines Tages kam der Prophet mit Hasan und Hüseyin auf seinem Rücken in die Moschee. Er trat vor die Gemeinde, setzte die Kinder ab und begann mit dem Gebet. Er warf sich nieder und alle taten es ihm nach. Doch dann stand er nicht wieder auf und ich hob vorsichtig den Kopf, um nachzusehen, was passiert war. Was sah ich? Die Kinder waren auf den Rücken des Propheten geklettert und der hielt still. Da wartete auch die Gemeinde. Nach dem Gebet jedoch fragten alle: „Oh Gesandter Gottes, so lange hast du dich noch nie niedergeworfen. War es Gottes Wille, dass du solange niedergeworfen bliebst oder hast Du gar eine neue Offenbarung bekommen?" Nein nichts von beidem, sagt der Prophet. Aber meine Enkel waren auf meinem Rücken und es schien mir nicht richtig, sie zu stören und ihnen den Spaß zu verderben." (vgl. ebd.)

Auch soll Prophet Eltern motiviert haben, ihre Kinder oft zu liebkosen: „Küsst Eure Kinder häufig. Jeder Kuss bringt Euch fünfhundert Jahre Paradies. Die Engel zählen Eure Küsse und tragen sie in das große Buch der guten Taten ein." (zitiert nach: ebd., S. 62)

„Eines Tages kam ein Mann zum Propheten. Er hatte seinen Sohn dabei. Der Mann kümmerte sich lieb um das Kind, herzte und küsste es in einem fort. Der Prophet fragte ihn: „Du magst das Kind wohl sehr?" „Ja, Gesandter Gottes", antwortete der Mann. Der Prophet sagte: „Die Liebe, die Du dem Kind gegenüber zeigst, wird Gott Dir gegenüber zeigen und sogar noch mehr." (zitiert nach: ebd., S. 63)

Auch als sein Enkel sein Geschäft auf dem Arm des Propheten machte, soll der Prophet mit viel Geduld und Freundlichkeit gehandelt haben:

„Ich war gerade dabei, Hüseyin zu stillen. Da kam der Gesandte Gottes. Er wollte das Kind, ich gab es ihm. Gleich machte ihn der Kleine voll. Sofort wollte ich ihm das Kind abnehmen. „Lass ihn erst sein Geschäft beenden", sagte der Prophet. Dann lies er sich ein Glas Wasser geben und reinigte seine Kleider." (zitiert nach: ebd., S. 60)

7 – 14 Jahre: Erzieht eure Kinder!

Wie oben erwähnt, gibt es zu den verschiedenen Phasen der Entwicklungen von Kindern aus muslimischer Sicht wenige mir bekannte deutschsprachige Abhandlungen. So wie auch in der Waldorfpädagogik benennt auch die Überlieferung des Propheten Muhammad in dieser Altersspanne als Hauptthema das Lernen und die Erziehung. „(…) Vom achten bis zum 14ten Lebensjahr leite ihn bezüglich dem, was er tun und was er nicht tun soll. (…)" (zitiert nach: Schaykh Muhammad Al Maliki 2006). Philip E. Jacobson schreibt aus Sicht der Waldorfpädagogik das zweite Jahrsiebt wie folgt: „Mit 7 Jahren erreicht das Kind die Lernreife. Es kann nun sein Denken bewusst führen und dadurch bewusst lernen. Die Nachahmung verliert sich. Durch Lernen, Leisten, Wissen, Können und dafür anerkannt werden entwickelt das Kind seine Fähigkeiten." (Jacobsen, P.E., 2010, S. 3) Auch aus muslimischer Sicht werden Elterndarauf hingewiesen, diese Phase dafür zu nutzen, dem Kind bis zur Pubertät beizubringen, was richtig und was falsch ist. Es soll lernen, was es tun und was es nicht tun soll. Kinder seien erst jetzt wirklich in der Lage, Dinge zu verstehen und zu begreifen. (vgl. Lehnert, A., 1984, S. 25)

Wie zu Anfang des Kapitels aufgezeigt wurde, legt die islamische Erziehung großen Wert auf den Wissenserwerb. Es kann durch die obige Überlieferung vermutet werden, dass dieses generelle Ziel im Islam ab dem siebten Lebensjahr verfolgt werden soll. So soll der Prophet z. B. auch gesagt haben, dass das Gebet einem Kind erst mit sieben Jahren beigebracht werden soll: „Bringe dem Kind das Gebet bei, wenn es sieben Jahre alt ist (…)." (Hadith Nr. 302)
Mit dem Gebet werden Kinder in der Kleinkindzeit eher nur sehr spielerisch konfrontiert. Erklärungen zum Gebet und ein kognitives Annähern an die Idee des rituellen Gebets sind dann eher in der Altersspanne ab sieben Jahren zu finden.

Der Prophet soll Eltern besonders in dieser Phase motiviert haben, Kindern viel beizubringen und sie viele Erfahrungen machen zu lassen. Er soll Eltern aufgerufen haben, ihren Kindern das Schwimmen, Pferdereiten und Bogenschießen beizubringen, damit sie ihre Fähigkeiten entfalten können. Auch soll der Prophet die körperliche sportliche Aktivität eines jeden Menschen, unabhängig vom Geschlecht, als äußert wichtig angesehen haben. (vgl. Lehnert, A., 1984, S. 25)

Obwohl bekannt ist, dass der Prophet niemals ein Kind geschlagen hat und immer betonte, dass man Kinder mit Respekt und Anerkennung begegnen solle, lassen sich Überlieferungen finden, in denen von „leichtem Schlagen" die Rede ist. So wie deutlich wurde, ist die Übersetzung stets abhängig von dem Übersetzer. Auch die Überlieferungen variieren daher in ihrer Wortwahl.

Abu Thurayya Sabra ibn Ma'bad al-Dschuhani (r) berichtet, dass der Gesandte Allahs (s) sagte: "Wenn ein Kind sieben Jahre alt geworden ist, dann bringt ihm das Gebet bei. Wenn es dies im Alter von zehn Jahren nicht verrichtet, dann züchtigt es." (Hadith Nr. 302)

Eine andere meist im Internet auf verschiedenen Webseiten zu findende Version lautet: „Bringe dem Kind das Gebet bei, wenn es sieben Jahre alt ist, und ermahne es, wenn es nicht betet, wenn es zehn Jahre alt ist."

> Zeigt ihnen keine Härte und haltet sie nicht davon ab, mit anderen zu feixen und zu spielen, lasst sie und sprecht später mit ihnen darüber. Lasst sie dies als eure Barmherzigkeit ihnen gegenüber erkennen. Sagt ihnen z. B.: "Du hast das falsch gemacht, doch trotzdem war ich barmherzig und nett zu dir, da ich dein Vater/deine Mutter bin – ich liebe dich und ich möchte, dass du der beste bist, also höre auf meinen Rat. Deshalb habe ich dich gehen und spielen lassen, deshalb habe ich dir das Geschenk gegeben (al- Maliki 2006).

Wenn man sich mit den Verhaltensvorschriften im Koran näher befasst und auch die Hadithe mit einbezieht, könnte man durchaus zu dem Ergebnis kommen, dass Muslim*innen neben den im vorhergehenden Kapitel aufgelisteten Verhaltensvorschriften auch zu einer eine gewaltfreie

Erziehung von Kindern aufgefordert werden. Denn Muslim*innen werden immer wieder aufgefordert, ihre Wut zu zähmen. Abu Huraira berichtete, dass der Gesandte Gottes gesagt hat: "Der Starke ist nicht derjenige, der im Ringkampf stark ist, sondern derjenige, der sich selbst beherrscht, wenn er wütend ist." (Bukhari 6114 zitiert nach www.sunnah.com, n.d.).

Es gibt sogar konkrete Verhaltensvorschläge, wie die Wut verringert werden kann, wenn diese schon vorhanden ist. Man soll seine Körperposition verändern oder die Gebetswaschung vollziehen. „Wenn einer von euch wütend wird und steht, lasst ihn sich setzen, so dass sein Zorn verraucht; falls dies nicht geschieht, lasst ihn sich hinlegen." (islamweb.net 2016)

„Der Zorn kommt von Satan und Satan wurde aus Feuer geschaffen und Feuer wird mit Wasser gelöscht. Wenn einer von euch zornig wird, dann soll er die Gebetswaschung vornehmen" (Abu Dawud; zitiert nach Stacey, 2014).

> In den folgenden sieben Jahren, vom siebten bis zum vierzehnten Lebensjahr, müssen die Kinder im Erzieherverhalten Strenge und Konsequenz erfahren, wobei davon ausgegangen wird, dass die Erzieher ihre Handlungen und Entscheidungen dem Kind erläutern, und dass das Kind die Erklärungen verstehen und nachvollziehen kann und in der entwicklungsbedingten Lage ist, diese in seinem Denken und Verhalten zu berücksichtigen. Demnach soll die Strenge nicht in einem willkürlichen autoritären Verhalten offenbart werden, sondern sich äußern in einer zielbewussten, konkreten und konsequenten Leitung und Führung des Kindes (…) (Lehnert, A., 1984, S. 25).

Durch ein liebevolles, konsequentes Erziehungsverhalten, bei dem der Erzieher seine Handlungen und Entscheidungen dem Kind erklärt, sollte das Kind an verschiedene Themen und Verhaltensweisen bewusst herangeführt werden.
In dieser Altersspanne muss die Basis für die nächste Phase der Kindererziehung gelegt werden. Für Eltern bedeute dies, dass sie sich einen schrittweisen Veränderungsprozess in der Erziehung schon frühzeitig bewusst machen sollten, nämlich von der „Erziehung" hin zur „Beziehung". (vgl. Juul., 2010, S. 19). Denn nach Jesper Juul, einem bekannten

dänischen Familientherapeuten, endet die Rolle der Eltern als Erziehungspersonen im klassischen Sinne mit dem zwölften Lebensjahr. Ab diesem Alter würden Kinder vermehrt ihre eigene Identität entwickeln wollen. Hier würden dann nicht mehr einfach nur Aussagen und Ratschläge der Eltern übernommen, sondern Kinder würden selbst erfahren wollen, was gut für sie selbst ist und was nicht. Kinder würden ab dieser Zeit niemandem mehr glauben, der zu ihnen sage, „ich weiß, wer Du bist und was gut für Dich ist" (vgl. Juul; zitiert nach Hartmann-Wolf, 2012)

14 – 21 Jahre: Begleitet eure Kinder!

„Und vom 15ten Lebensjahr an lässt du ihn, denn er ist nun volljährig" (al-Maliki, 2006).

Was könnte diese Aussage bedeuten? Könnte es sein, dass der Prophet damit meinte, dass Eltern ihre Kinder in dieser Zeit begleiten sollen, quasi als Sparringpartner, so wie es Jesper Juul in seiner Arbeit und seinen Veröffentlichungen vorschlägt? Die Waldorfpädagogik hat folgende Perspektive auf das dritte Jahrsiebt: „Mit 14 Jahren erreicht der Jugendliche in der Pubertät mit der Geschlechts- und Denkreife die Erdenreife. Reif für die Erde macht den Menschen, dass sein eigenes, persönliches Urteil, seine eigene Meinung und Kritikfähigkeit erwacht, nicht nur intellektuell, sondern auch ästhetisch und moralisch." (Jacobsen, 2010, S. 3)

> Diese Besserwisserei, mit der Erwachsene ihren Kindern sagen, was richtig und was falsch ist, funktioniert nicht mehr. (…) Was die Jugendlichen fortan brauchen, ist ein Sicherheitsnetz, das sie auffängt. Die Eltern müssen eine neue Rolle finden, bei der sie ihren Kindern zugestehen, ihre eigenen Erfahrungen zu machen. Das erfordert sehr viel Vertrauen. Ob sie uns dieses Vertrauen entgegenbringen, hängt davon ab, welche Beziehung wir in den Kinderjahren aufgebaut haben (Juul; zitiert nach Hartmann-Wolf, 2012).

Nach Jesper Juul nähmen 99 % der Jugendlichen die Meinung ihrer Eltern durchaus ernst, wenn sich diese Eltern in den Jahren zuvor in der Erziehung wenigstens ein bisschen qualifiziert hätten. Als entscheidender Faktor sei die Beziehung und der Kontakt, den sich Eltern in den Jahren davor zu ihren Kindern aufgebaut hätten. (vgl. Juul, 2010, S. 19)

Auch in dem oben erwähnten Buch „Grundzüge islamischer Erziehung" wird darauf hingewiesen: „In den nächsten sieben Jahren, vom vierzehnten bis zum einundzwanzigsten Lebensjahr, sollen die Eltern bzw. die Erzieher das Kind als Freund betrachten. Das kommt darin zum Ausdruck, dass das Kind als vollwertige Persönlichkeit anerkannt wird und die Erziehung in einem partnerschaftlich brüderlichen Verhältnis stattfindet, welches ebenso bei der gegenseitigen Hilfe und Erziehung zwischen erwachsenen Muslim*innen erwartet und gefordert wird. (vgl. Lehnert, A., 1984, S. 25)In der Zeit der eigenen Identitätssuche wollen Kinder unabhängig von ihren Eltern sein und ihre eigenen Erfahrungen machen. Eltern sollten dies ihren Kindern laut der Überlieferung auch zugestehen und ihre Kinder partnerschaftlich begleiten. Eigenverantwortung kann, wie im Laufe des Buches ersichtlich wurde, auch vor dem Hintergrund islamischer Quellen, niemals über einen blinden Gehorsam gelernt werden.

Auch der in der islamischen Welt berühmte Arzt, Philosoph und Theologe Ibn Sina (980 - 1037) „plädierte für eine Erziehung, die auf Toleranz, Barmherzigkeit, Respekt, Diskussion mit den Kindern, kritischer Hinterfragung etc. basiert. Die Erziehung der Kinder zu blinder Gehorsamkeit fand bei Ibn Sina kein Interesse und wurde in seinem Konzept grundlegend ausgeschlossen." (Mohamed, 2018, S. 93)

Die Angst vieler Eltern in der Jugendphase ihrer Kinder

Obwohl aus islamischer Sicht Eltern ihre jugendlichen Kinder beraten und begleiten sollten, möchte ich an dieser Stelle erwähnen, dass die Praxis in vielen orientalischen Familien anders aussieht. Viele orientalische Eltern haben die Tendenz, ihre Kinder im Teenageralter in ihrer Freiheit, die sie als Kinder eventuell durchaus genießen durften, einzuschränken. Meist werden die in der Kindheit vorherrschenden Regeln auf einmal viel enger geschnürt. Der Grund hierfür liegt sicherlich meist in der Angst und der Unsicherheit im Umgang bezüglich der hier im Westen vorzufindenden Verhaltenskodexe zwischen Männern und Frauen bzw. Mädchen und Jungen. Eine Freundschaft zwischen Jungen und Mädchen in dem Sinne, wie wir sie kennen, gibt es ab diesem Alter in der Vorstellung vieler orientalischer Eltern nicht. Die Begegnung zwischen beiden Geschlechtern hat nach ihrer Ansicht stets auch einen sexuellen und durchaus gefährlichen Charakter. Da in vielen Familien die Jungfräulichkeit und die Unberührtheit, insbesondere der Mädchen, als sehr wichtig angesehen wird, ist ab einem gewissen Alter ein Treffen zwischen einem Mädchen und einem Jungen nicht mehr erwünscht. Eventuell liegt der Grund darin, dass viele muslimische Eltern die Idee, haben, dass, sobald sich ein Mädchen oder eine Frau mit einem Jungen oder einem Mann alleine aufhält, der Teufel stets mit anwesend sei, wenn die Betreffenden unverheiratet sind.

Hierzu gibt es auch eine Überlieferung, in der der Prophet gesagt haben soll: „Niemand soll mit einer Frau, die nicht die Ehefrau ist, alleine sein, denn der Teufel ist immer der dritte Anwesende" (Ibn Hibban zitiert nach Kuonen, 2018, S. 161).

Wir Fachkräfte müssen uns vergegenwärtigen, dass es gut möglich sein kann, dass man mit muslimischen Eltern zu tun hat, in deren Vorstellungswelt eine ungezwungene, ungefährliche freundschaftliche Begegnung zwischen Mädchen und Jungen ab einem gewissen Alter nicht existent ist. Vor diesem Hintergrund erfahren nicht wenige muslimische Jugendliche in dieser Lebensphase besonders viele Einschränkungen in ihrer Freiheit. Dass dies im Widerspruch zu dem steht, was der Prophet den Eltern empfohlen haben soll, wissen die wenigsten.

Ab 21 Jahren: Behandelt eure Kinder als Freunde!

Wenn Kinder dann im dritten Jahrsiebt sind, wird den Eltern vorgeschlagen, dass sie ihre Kinder als Freunde behandeln sollten. Ab dem 21. Lebensjahr sollte das Eltern-Kind-Verhältnis freundschaftlich geprägt sein. Im Vordergrund sollte jetzt das generelle islamische Prinzip des demokratischen Miteinanders auf Augenhöhe und das gegenseitige Beraten stehen. Aus muslimischer Sicht wird die gegenseitige Beratung als ein notwendiges und wichtiges Element der Entscheidungsfindung angesehen. Der Prophet soll sich selbst immer wieder auch in alltäglichen Fragestellungen bei seinen Gefährten Beratung geholt haben und auch Muslim*innen die gegenseitige Beratung empfohlen haben. Auch der Koran fordert zur Beratung auf:

„*Was aber im Jenseits bei Gott ist, ist das Beste, das Bleibende für die Gläubigen, (…) die sich (…) untereinander beraten (…)*" *(Sure 42, Vers 26-38).*

„*(…) berate dich mit ihnen!*" *(Sure 3, Vers 159).*

Schlussgedanken

In meinen Ausführungen zu unterschiedlichen Themen, die sich um Erziehung und Integration drehen, wurde deutlich, dass es immer unterschiedliche Sichtweisen gibt und geben wird. Die Tatsache, dass zu einer bestimmten Thematik widersprüchliche Aussagen in islamischen Quellen, insbesondere den Überlieferungen, zu finden sind, wurde an der einen oder anderen Stelle deutlich. Allerdings wurde aber auch deutlich, dass sowohl im Koran als auch in den Überlieferungen viele Aussagen und Aufforderungen existieren, die als Integrationshilfe betrachtet und genutzt werden können.

Auch wenn wir das Leben an sich manchmal doch gerne vereinfachen würden und uns in unserer Arbeit manchmal eine Reduzierung von Komplexität wünschen, müssen wir die Tatsache akzeptieren, dass wir es in einer zwischenmenschlichen Begegnung stets mit unterschiedlichen Logiken und Konstrukten zu tun haben und es niemals nur eine Wahrheit geben kann. Dies war meine Hauptintention in diesem Buch. Es sollte der Fokus auf den professionellen Anspruch in der Begegnung mit Menschen gelegt und eine Haltung vermittelt werden, die uns ermöglicht, verschiedene Perspektiven nebeneinander stehen zu lassen, Hypothesen und Konstrukte zu enttarnen und diese stets auf ihren Wahrheitsgehalt zu überprüfen und zu hinterfragen. Konstrukte und eigene Wahrheiten können demnach immer nur subjektiv sein und die Realität niemals vollständig abbilden. Für unsere Arbeit bedeutet dies, dass es zwar durchaus sein kann, dass die Dinge so sind, wie wir sie denken und wahrnehmen, sie allerdings auch völlig anders sein können.

Literaturverzeichnis

Abé, N. (2012). Frauenbewegung in Ägypten: „Es wird eine zweite Revolution geben". Spiegel Online. Verfügbar am 18.11.2019 unter http://www.spiegel.de/politik/ ausland/aegypten-frauenbewegung-geraet-durch-macht-der-islamisten-in-defensive-a-874145.html
Abouleish, I. (2004). Die Sekem-Vision. Stuttgart: Johannes Mayer.
Abu Zaid, N. (1999). Ein Leben mit dem Islam. Freiburg: Herder.
Ahmad, H. (1997). Die Philosophie der Lehren des Islams. Frankfurt am Main: Der Islam.
AlHadith.de (n. d.) Weisheit. Wissen. Verfügbar am 18.11.2019 unter https://www.alhadith.de/w/weisheit-wissen/
Al-Muntakhab. (1999). Koran-Übersetzung der Al-Azhar Universität in Kairo. Auswahl aus den Interpretationen des heiligen Korans. (Übersetzung: M. Maher, E. Maher & A. Huber). Kairo: Al-Azhar Universität.
Amirpur, K. (2013). Den Islam neu denken. München: C.H. Beck.

Assad, M. (2009). Die Botschaft des Korans. Düsseldorf: Patmos.
Auernheimer, Georg (2005). Interkulturelle Kommunikation und Kompetenz. In: Zeitschrift für Migration und Soziale Arbeit 1/2005, S.15–22 Verfügbar am 20.05.2021 unter:
http://www.jafriedrich.de/pdf/Interkulturelle%20Kommunikation%20und%20Kompetenz.pdf
Augustin, C., Wienand, J. & Winkler, C. (Hrsg.). (2006). Religiöser Pluralismus und Toleranz in Europa. Wiesbaden: Verlag für Sozialwissenschaften.
Aydt, S. (2015). An den Grenzen der interkulturellen Bildung. Eine Auseinandersetzung mit Scheitern im Kontext von Fremdheit. Bielefeld: transcript.
Barth, O.W. (2008). Rumi. Mit orientalischen Weisheiten durchs Jahr. Frankfurt am Main: Fischer.
Bauer, T. (2016). Die Kultur der Ambiguität. Eine andere Geschichte des Islams. Berlin: Insel.
Barlas, A., Bozkurt, N. & Müller, R. (2008). Der Koran neu gelesen. Feministische Interpretationen. Islam und Gesellschaft Nr. 6. Politische Akademie / Interkultureller Dialog. Berlin: Friedrich-Ebert-Stiftung.
Bayerisches Staatsministerium für Arbeit und Sozialordnung, Familie und Frauen & Staatsinstitut für Frühpädagogik München (Hrsg.). (2012). Der Bayerische Bildungs- und Erziehungsplan für Kinder in Tageseinrichtun-

gen bis zur Einschulung. (5., erweiterte Auflage). Verfügbar am 13.06.2020 unter https://www.ifp.bayern.de/imperia/md/content/stmas/ifp/bildungsplan.pdf

Bertelsmann Stiftung. (2015). Religionsmonitor. verstehen was verbindet. Sonderauswertung Islam 2015. Die wichtigsten Ergebnisse im Überblick. Verfügbar am 15.05.2020 unter https://www.bertelsmann-stiftung.de/fileadmin/files/Projekte/51_Religionsmonitor/Zusammenfassung_der_Sonderauswertung.pdf

Biesel, K. (2019). Deutschland schützt seine Kinder! Eine Streitschrift zum Kinderschutz. Bielefeld: transcript.

Blank, I. (2010, 18. Oktober). Staatlicher Erziehungsauftrag in Bildungs- und Jugendhilfeeinrichtungen. Vortrag auf der Tagung „Muslimische Mädchen und Jungen im Spannungsfeld zwischen Tradition und Moderne". Unveröffentlichtes Vortragsmanuskript.

Blume, M. (2017). Islam und Wissenschaft. Die verhängnisvolle Kettenreaktion nach 1485. Leitartikel. Verfügbar am 18.11.2019 unter https://www.theologie-naturwissenschaften.de/startseite/leitartikelarchiv/islam-und-wissenschaft/

Bobzin, H. (2001). Der Koran. Würzburg: ERGON.

Bobzin, H. & Bobzin, K. (2017). Der Koran. Die wichtigsten Texte ausgewählt und erklärt. München: Herder.

Brettfeld, K. & Wetzels, P. (2017). Muslime in Deutschland. Integration, Integrationsbarrieren, Religion und Einstellungen zu Demokratie, Rechtsstaat und politischreligiös motivierter Gewalt. Ergebnisse von Befragungen im Rahmen einer multizentrischen Studie in städtischen Lebensräumen. Verfügbar am 24.09.2019 unter https://www.deutsche-islam-konferenz.de/SharedDocs/Anlagen/DIK/DE/Downloads/WissenschaftPublikationen/muslime-in-deutschland-langdik.pdf?__blob=publicationFile

CEAI [Initiative Citizenship Education and Islam] (2017). Sexualität und Islam. Verfügbar am 18.11.2019 unter https://ceai.univie.ac.at/wp-content/uploads/2017/04/ CEAI-Fachtext-_-Sexualit%C3%A4t-und-Islam.pdf

Collard, P. (2016). Das kleine Buch vom achtsamen Leben. München: Heyne.

Coşkun-Şahin, A. (2018). Kommunen und die Herausforderungen einer vielfältigen muslimischen Lebenswelt in Bayern. Eine aktuelle Situationsbeschreibung. In E. Karakaya & S. Zinsmeister (Hrsg.), Brückenbauer in Bayern. Bedarfsfeststellung zu einer kommunalen Beratung zu islambezogenen Themen (S. 50–57). Verfügbar am 12.06.2020 unter https://www.eugen-biser-stiftung.de/publikationen/texte-zum-download.html

Die Bibel (2017). Einheitsübersetzung der Heiligen Schrift. Altes und Neues Testament. Freiburg im Breisgau: Herder.

DIK Deutsche Islamkonferenz. (2009). Religiös begründete schulpraktische Fragen – Handreichung für Schule und Elternhaus. Anlage aus: Zwischen-Resümee der Arbeitsgruppen.

Decker, O. & Brähler, E. (2018). Flucht ins Autoritäre. Rechtsextreme Dynamiken in der Mitte der Gesellschaft. Die Leipziger Autoritarismus-Studie. Verfügbar am 24.09.2019 unter https://www.boell.de/sites/default/files/leipziger_autoritarismus-studie_2018_-_flucht_ins_autoritaere_.pdf?dimension1=ds_leipziger_studie

Eggebrecht, R. (2013). Script zur Integralausbildung: Modul 3. Institut für integrale Gesprächs- und Focusingtherapie. Unveröffentlichtes Seminarmanuskript.

El-Mafaalani, A. & Toprak, A. (2011). Muslimische Kinder und Jugendliche in Deutschland. Lebenswelten – Denkmuster – Herausforderungen. Verfügbar am 24.09.2019 unter https://www.kas.de/c/document_library/ get_file?uuid=db25b34c-1fa9-18ca-8880-e6dc8e997ed6&groupId=252038

Filsinger, D. (2002). Expertise Interkultureller Öffnung Sozialer Dienste. Verfügbar am 24.09.2019 unter http://www.eundc.de/pdf/07700.pdf

Friese, P. (2019). Kultur- und migrationssensible Beratung. Weinheim und Basel: Beltz Juventa.

Friesinger, Th. (2012). Fühlen, was wir brauchen: Die Praktische Inklusive Kommunikation. Norderstedt: BoD.

Gaitandes, Stefan Prof. Dr. (2004). „Interkulturelle Öffnng von Regeldienste" - Visionen und Stolpersteine. In: Dokumentation der Fachtagung „Interkulturelle Öffnung von Regeldiensten". Arbeitsgemeinschaft der Freien Wohlfahrtspflege in der Stadt Hannover e.V.

Gaitanides, Stefan Prof. Dr. (2019). Lebensweltorientierung der Sozialen Arbeit in der Migrationsgesellschaft. In: Jubiläumsschrift des Kinder- und

Jugendhifleträgers LebensweltgGmbH Berlin „Zwanzig Jahre 1999-2019" S. 106-115) Verfügbar am 20.05.2021 unter https://www.frankfurt-universi-ty.de/fileadmin/standard/Hochschule/Fachbereich_4/Kontakte/ProfessorInnen/Stefan_Gaitanides/Lebensweltorientierung_in_der_Sozialen_Arbeit_in_der_Einwanderungsgesellschaft_letzte_1.pdf

de Garmani, E. (1920). Die exakte Wissenschaft des Ewanismus. Leipzig: Friedrich Lüthke.

Geiger, C. (2017). Die Ganzheit der Gegensätze! Bedeutung von Gegensätzen & insbesondere Polaritäten für ganzheitliche Entwicklung. Verfügbar am 18.11.2019 unter https://metatheorie-der-veraenderung.info/wp-content/uploads/2017/12/Die-Ganzheit-der-Gegens%C3%A4tze_Chr.Geiger.pdf

Gendlin, E.T. (2012). Focusing. Selbsthilfe bei der Lösung von persönlichen Problemen. Reinbek bei Hamburg: Rowohlt.

Gerlach, J. (2017). Hilfsbereite Partner: Muslimische Gemeinden und ihr Engagement für Geflüchtete. Verfügbar am 24.09.2019 unter https://www.bertelsmann-stiftung.de/fileadmin/files/BSt/Publikationen/GrauePublikationen/LW_Broschuere_Hilfsbereite_Partner_2017.pdf

Gogos, M. (2019). Die Blumen des Koran. Eine lange Nacht über das heilige Buch der Muslime. Deutschlandfunk. Verfügbar am 18.11.2019 unter https:// www.deutschlandfunk.de/16-03-2019-lange-nacht-die-blumen-des-koran-einelange.media.6ce3252b030b8cded0d456fa6936b4fd.pdf

Grundgesetz für die Bundesrepublik Deutschland [GG]. (2019). Vom 23. Mai 1949. Zuletzt geändert durch Art. 1 G v. 15.11.2019 (BGBl. I S. 1546). Verfügbar am 08.06.2020 unter https://www.gesetze-im-internet.de/gg/

Gümüsay, K. (2020). Sprache und Sein. Berlin: Hanser.

Handschuck, S. & Klawe, W. (2006). Interkulturelle Verständigung in der Sozialen Arbeit. Weinheim: Beltz Juventa.

Halm, D. & Sauer, M. (2017). Muslime in Europa. Religionsmonitor 2017. Verfügbar am 24.09.2019 unter https://www.bertelsmann-stif-tung.de/fileadmin/files/BSt/Publikationen/GrauePublikationen/Studie_

LW_Religionsmonitor-2017_Muslimein-Europa.pdf 88 MEMIH02 C
Literaturverzeichnis
Hartmann-Wolf, E. (2012, 27. März). Ausnahmezustand Pubertät. Erziehung ist mit zwölf vorbei. Interview mit Jesper Juul. Focus online. Verfügbar am 10.07.2020 unter https://www.focus.de/gesundheit/ratgeber/psychologie/gesundepsyche / pubertaet-erziehung-ist-mit-zwoelf-vorbei_aid_728356.html
Hendricks-Gendlin, M. (2003). Focusing as a force for peace: the revolutionary Pause. Verfügbar am 10.07.2020 unter https://focusing.org/social-issues/hendrickspeace
Herwig-Lempp, J. (2012). Exklusion durch Sprache. Sozialmagazin, 5(37). Verfügbar am 18.11.2019 unter https://www.herwig-lempp.de/daten/2012-Herwig-LemppExklusion-durch-Sprache-Sozialmagazin.pdf
Hilscher, A. (2012). Imageproblem. Das Bild vom bösen Islam und meine bunte muslimische Welt. Gütersloh: Gütersloher Verlagshaus.
Höhne, G. (2014). Interkulturelle Kommunikation für Deutsche: „Die sind ineffizient!" The human factor in global communication & virtual teams. Verfügbar am 15.05.2020 unter https://thehumanfactor.de/interkulturelle-kommunikationfuer-deutsche/
Hofstede, G. (2001). Globales Denken, globales Handeln. Interkulturelle Zusammenarbeit. München: dtv.
HUDA – Netzwerk für muslimische Frauen e. V. (2005). Verfügbar am 04.05.2005 unter http://www.huda/frauenthemen/gedanken/5006459408138e22b.html
Hübsch, H. (2003). Paradies und Hölle – Jenseitsvorstellungen im Islam. Düsseldorf: Patmos.
Idriz, B. (2011). Grüß Gott, Herr Imam! München: Diederichs.
Idriz, B. (2014). Die Religion mit dem Verstand versöhnen. Verfügbar am 18.11.2019 unter http://www.islam-penzberg.de/?p=119
Idriz, B. (2019). Der Koran und die Frauen. Ein Iman erklärt vergessene Seiten des Islams. Gütersloh: Gütersloher Verlagshaus.
IKUD (n. d.) Begriffsklärung – Definition Ambiguitätstoleranz. Verfügbar am 18.11.2019 unter https://www.ikud.de/glossar/ambiguitaetstoleranz-definition.html
Iman Abu Zakariya (1996). Riyad us Salihin Gärten der Tugendhaften, Band 1. München: SKD Bavaria.

Iman Abu Zakariya (2002). Riyad us Salihin Gärten der Tugendhaften, Band 2. München: SKD Bavaria.
Islamweb.net. (2016). Mit dem Zorn von Kindern umgehen. Verfügbar am 16.05.2020 unter https://www.islamweb.net/de/article/214225/Mit-dem-Zorn-von-Kindern-umgehen
Jacobsen, P.E. (2010). Die Qualität der Jahrsiebte der menschlichen Biografie. Verfügbar am 04.01.2020 unter https://static1.squarespace.com/static/598db894cf81e004ba38475b/t/5a08bb89f9619a1bb0142e9e/1510521739198/ Jahrsiebte-Neufassung-2012.pdf
Jullien, F. (2018). Es gibt keine kulturelle Identität. Berlin: Suhrkamp.
Juul, J. (2010). Pubertät. Wenn Erziehung nicht mehr geht. München: Kösel Verlag.
Kaddor, L. & Müller, R. (2008). Der Koran für Kinder und Erwachsene. München: C.H. Beck.
Kaddor, L. (2012, 20. April). Und ewig schreckt die Scharia… MiGAZIN. Verfügbar am 18.11.2019 unter http://www.migazin.de/2012/04/20/und-ewig-schreckt-diescharia/
Karakaya, E. & Zinsmeister, S. (Hrsg.). (2018). Brückenbauer in Bayern. Bedarfsfeststellung zu einer kommunalen Beratung zu islambezogenen Themen. Verfügbar am 16.05.2020 unter https://www.academia.edu/38065403/Br%C3%BCckenbauer_in_Bayern._Bedarfsfeststellung_zur_kommunalen_Bera tung_islambezogener_Themen
Karimi, A. (2015, 28. Juni). Der Islam will die Weltherrschaft.10 Behauptungen und Antworten. SRF Schweizer Radio und Fernsehen. Verfügbar am 18.11.2019 unter https://www.srf.ch/kultur/gesellschaft-religion/welten-des-islam/der-islamwill-die-weltherrschaft-10-behauptungen-und-antworten
Kermani, N. (2009). Wer ist Wir? München: C.H. Beck.
Khorchide, M. (2015). Islam ist Barmherzigkeit. Freiburg: Herder.
Khorchide, M. (2016, 27. Januar). Der Islam geht mit Sexualität viel entspannter um als das Christentum. Neue Zürcher Zeitung. Verfügbar am 18.11.2019 unter https://www.nzz.ch/feuilleton/experten-interview-der-islam-geht-mit-sexualitaet-viel-entspannter-um-als-das-christentum-ld.1295405

Kilic, B. (2017). Was ist der Islam und was ist er nicht? Verfügbar am 26.08.2019 unter http://www.turkischegemeinde.at/2017/09/tkg-aufklaerungsversuch-was-istder-islam/

Kirchhof, R. (2018). Grundlegung einer Soziologie der Scharia. Das islamische Recht im Licht einer neuen Theorie der normativen Ordnung und des Rechts. Dissertation Universität Erfurt. Erfurt: Springer.

Köhler, H. (2007). Schwierige Kinder gibt es nicht. Stuttgart: Verlag Freies Geistesleben.

Konrad-Adenauer-Stiftung. (2018). Eltern unter Druck. Verfügbar am 05.01.2020 unter https://www.kas.de/de/statische-inhalte-detail/-/content/eltern-unter-druck-v1

Kramke, J. (2017). Ihr Frauen seid euren Männern untertan. Über das Verhältnis von Liebe und Weisheit. Norderstedt: Books on Demand.

Krüger, K. (2016, 23. Januar). Geschlecht und Islam. Lassen Sie uns über Sex reden. Frankfurter Allgemeine. Verfügbar am 18.11.2019 unter http://www.faz.net/ aktuell/feuilleton/geschlecht-und-islam-lassen-sie-uns-ueber-sex-reden14029390-p2.html

Krüger, S. (2019). Muslime in der Sozialen Arbeit. Religiöse Quellen als Integrationshelfer? Hamburg: Tredition.

Kullmann, K. (2009). Kinder der Angst. Der Spiegel. Verfügbar am 24.09.2019 unter https://www.spiegel.de/spiegel/print/d-66284679.html

Kuonen, L. (2018). Die Frauen unter der Scharia. Norderstedt: BoD

Laabdallaoui, M. & Rüschoff, I. (2005). Ratgeber für Muslime bei psychischen und psychosozialen Krisen. Bonn: Psychiatrieverlag.

Lehnert, A. (1984). Grundzüge islamischer Erziehung. München: Islamische Bibliothek.

Maas, W. (1999). Im Namen des barmherzigen Gottes? Stuttgart: Verlag freies Geistesleben.

Maher, M. (1999). Al Muntakhab. Auswahl aus den Interpretationen des Heiligen Koran. Kairo: Al Azhar.

al-Maliki, M.A. (2006). Barmherzigkeit in der Kindererziehung. Verfügbar am 24.09.2019 unter https://riyadussalihin.wordpress.com/tag/kinder/

Metzner, C. (2005). Deutsche Kulturstandards als Gegenstand interkultureller Trainings für ausländische Mitarbeiter in multinationalen Unternehmen. Norderstedt: Diplomica Verlag.

Milkert, F. (2009). Das grundrechtliche Spannungsverhältnis des staatlichen Wächteramtes zum Elternrecht und Kindeswohl. Bachelorarbeit. Verfügbar am 21.05.2020 unter https://edoc.sub.uni-

hamburg.de//haw/volltexte/2010/933/
pdf/Bachlor_Thesis_Franziska_Milkert_RIA_06x.pdf
Mohamed, D. (2018). Konzeptionen von Religionsunterricht in der islamischen Welt. Doktorarbeit. Verfügbar am 24.09.2019 unter https://phka.bsz-bw.de/ frontdoor/deliver/index/docId/111/file/Konzeptionen+von+Religionsunterricht+in+der+islamischen+Welt+am+Beispiel+des+Entwurfs+eines+Curriculums+f%c3%bcr+die+Grundschule+von+der+Al-Azhar+Universit%c3%a4t+Kairo.pdf
Murtaza, M. (2015). Der Gender-Dschihad. Denkanstöße für ein partnerschaftliches Zusammenwirken von Mann und Frau. Verfügbar am 18.11.2019 unter
http://www.worldcitizens.de/content/bibliothek/eintraege/ murtaza_gender_dschihad_2015.php
Murtaza, M. (2017). Islam und Homosexualität. Ein schwieriges Verhältnis. Hamburg: Tredition.
Nagel, A.K. & El-Manouar, Y. (2017). Engagement für Geflüchtete – eine Sache des Glaubens? Die Rolle der Religion für die Flüchtlingshilfe. Verfügbar am 10.01.2020 unter https://www.bertelsmann-stiftung.de/fileadmin/files/Projekte/
51_Religionsmonitor/BSt_ReligionsmonitorFluechtlingshilfe_3_2017_web.pdf
an-Nawawi, A.Z. (1996). Riyad us-Salihin – Gärten der Tugendhaften. Band 1.
an-Nawawi, A.Z. (2002). Riyad us-Salihin – Gärten der Tugendhaften. Band 2. Deutsche Übersetzung.
Paksu, M. (2012). Muhammad – Das Vorbild. Istanbul: Nesil Verlag.
Pickel, G. (2019). Weltanschauliche Vielfalt und Demokratie. Verfügbar am 24.09.2019 unter https://www.bertelsmann-stiftung.de/fileadmin/files/BSt/Publikationen/ GrauePublikationen/Religionsmonitor_Vielfalt_und_Demokratie_7_2019.pdf
Raue-Konietzny, B. (2005). Vom Überleben zur inneren Freiheit. Supporttraining. Ein ganzheitliches Selbsthilfebuch für Bewusstseinstraining und Persönlichkeitsbildung. Norderstedt: BoD.
Reinhold, G., Pollak, G. & Heim, H. (Hrsg.). (1998). Wissen. Pädagogik-Lexikon. München: De Gruyter.
Renn, K. (2013). Dein Körper sagt dir, wer du werden kannst. Focusing – Weg der inneren Achtsamkeit. Freiburg: Herder.

Renn, K. (2016). Magische Momente der Veränderung. Was Focusing bewirken kann. Eine Einführung. München: Kösel.

Rohe, M. (2001). Der Islam – Alltagskonflikte und Lösungen. Freiburg: Herder.

Rohe, M. (2011). Das islamische Recht: Geschichte und Gegenwart. München: C.H. Beck.

Rohe, M. (2018). Der Islam in Bayern. Policy Paper für die Bayerische Staatsregierung im Auftrag der Bayerischen Akademie der Wissenschaften. Freiburg im Breisgau: Herder.

Rott, L. (2019). Vorstellungsentwicklungen und gemeinsames Lernen im Sachunterricht initiieren. Berlin: Logos.

Rüschoff, I. (2009). Das befriedete Selbst. Der Einfluss der Religion auf den Seelenfrieden. Islamische Zeitung. 15 (1), 10.

Rüschoff, I. (2017). Über Gottesbilder und Herausforderungen. Verfügbar am 24.09.2019 unter https://de.qantara.de/content/interview-mit-psychotherapeutibrahim-rueschoff-ueber-gottesbilder-und-die-herausforderungen

Sachverständigenrat deutscher Stiftungen für Integration und Migration (SVR) GmbH. (2013). Muslime in der Mehrheitsgesellschaft: Medienbild und Alltagserfahrungen in Deutschland. Verfügbar am 05.01.2020 unter https://www.svr-migration.de/ wp-content/uploads/2013/03/Medienbild-Muslime_SVR-FB_final.pdf

Schellhammer, Barbara (2019/1). An Konflikten wachsen. Weinheim. Beltz Verlag

Schellhammer, Barbara (2019/2). Fremdheitsfähig werden. Zur Bedeutung von Selbstsorge für den Umgang mit Fremden. München. Verlag Karl Alber

Schimmel, A. (1992). Engel im Islam. Verfügbar am 18.11.2019 unter https://docplayer.org/20987051-Engel-im-islam-annemarie-schimmel.html

Schimmel, A. (2012). Allah, Koran und Ramadan. Düsseldorf: Patmos.

Schlippe, A. v. (2004). Multikulturelle systemische Praxis. Ein Reiseführer für Beratung, Therapie und Supervision. Heidelberg: Carl-Auer Verlag.

Schubert, B. (2013). Kinderbilder in der arabischen Philosophie. Bachelorarbeit an der FH Neubrandenburg. Verfügbar am 24.09.2019 unter http://digibib.hs-nb.de/ file/dbhsnb_derivate_0000001482/Bachelorarbeit-Schubert-2013.pdf

Schulz von Thun, F. (2010). Das Werte- und Entwicklungsquadrat. Ein

Werkzeug für Kommunikationsanalyse und Persönlichkeitsentwicklung. TPS: leben, lernen und arbeiten in der Kita, 9, 19–23. Verfügbar am 15.05.2020 unter https://www.schulz-von-thun.de/files/Inhalte/PDF-Dateien/Interview%20Das%20Werte-%20und%20Entwicklungsquadrat.pdf

Seddiqzai, M. (2018). Fasten, immer weiter fasten. ZEIT Online. Verfügbar am 24.09.2019 unter https://www.zeit.de/gesellschaft/schule/2018-05/ramadanschule-religion-fasten-gruppenzwang-leistung

Shaw, G.B. (n.d.). Zitate. Verfügbar am 16.05.2020 unter https://www.zitate-online.de/ sprueche/kuenstler-literaten/16950/freiheit-bedeutet-verantwortlichkeitdas.html

Sozialgesetzbuch [SGB] – Achtes Buch (VIII) – Kinder- und Jugendhilfe (1990). 26. Juni 1990, BGBl. I S. 1163. Verfügbar am 15.06.2020 unter http://www.gesetze-im-internet.de/sgb_8/

Stacey, A. (2014). Zorn – Handhabung im Islam (Teil 2 von 2). Verfügbar am 24.09.2019 unter https://www.islamreligion.com/de/articles/5240/zorn-handhabung-imislam-teil-2-von-2/

Ströll, M. (2010, 18. Oktober). Vom Unterschied zwischen Orientierung und Konsequenz in der Erziehung. Vortrag auf der Tagung „Muslimische Mädchen und Jungen im Spannungsfeld zwischen Tradition und Moderne". Unveröffentlichtes Vortragsmanuskript.

Sunnah.com. (n.d.). Good Manners and Form (Al-Adab). Übersetzte Hadithe von Salih al-Bukhari. Verfügbar am 17.05.2020 unter https://sunnah.com/bukhari/78/141

Thiessen, B. (2007). Muslimische Familien in Deutschland. Alltagserfahrungen, Konflikte, Ressourcen. Verfügbar am 24.09.2019 unter https://www.dji.de/fileadmin/ user_upload/bibs/6_Expertise.pdf

Ullmann, L. (1959). Der Koran. München: Goldmann.

Wagner, B. (2020). Kleine Einführung ins NLP. Verfügbar am 15.05.2020 unter https://www.institut-muenster.de/einfuehrung-nlp/

Weihrauch, W. (Hrsg.). (2000). Islamische Impressionen. Brücken zwischen Orient und Okzident. Heft 69. Flensburg: Flensburger-Hefte-Verlag.

Wiltschko, J. (2018). Hilflosigkeit in Stärke verwandeln. Focusing als Basis einer Metapsychotherapie. Band 1. Berlin: Holtzbrinck.

Yusuf Ali, A. (2017). The Holy Quran. English Translation and Commentary with selected Verses Tafsir. Verfügbar am 16.05.2020 unter https://archive.org/ details/TheHolyQuranAbdullahYusufAliEnglishCommentaryWithTafsir

Zaidan, A. (2000). At-Tafsir. Eine philologisch, islamologisch fundierte Erläuterung des Quran-Textes. Offenbach: ADIB Verlag.

ZIF Zentrum für islamische Frauenforschung und Frauenförderung (Hrsg.). (2005). Ein einzges Wort und seine Bedeutung. Köln: ZIF Verlag.

Danksagung

Dieses Buch konnte nur entstehen, weil unterschiedliche Menschen daran mitgewirkt haben. Ich sehe es als ein Gemeinschaftsprojekt mehrerer Akteur*innen. Viele Menschen haben direkt, aber auch indirekt ihren Anteil daran. Erst all diese Menschen ließen es zu dem Buch werden, welches es heute ist. Ein großer Dank gilt besonders einer Person, die mich die ganze Zeit selbstlos unterstützt hat und meine Texte immer und immer wieder gelesen und verbessert hat und die mir stets Anregungen gab. Auch die Personen aus meinem beruflichen Kontext, die mich in der Entwicklung meiner Fachlichkeit unterstützt haben, seien hier erwähnt. Vielen Dank für den fachlichen und sehr ehrlichen Austausch! Auch meine Kinder leisteten ihren Beitrag zu diesem Buch. Sie mussten in Phasen intensiver Schreibarbeit stets Rücksicht aufbringen. Auch meine Eltern sollen an dieser Stelle erwähnt werden. Von Klein auf machten sie mir stets Mut, meine Ideen in die Tat umzusetzen. Auch die Kunst, in jeder Situation das Positive zu fokussieren, ist etwas, was ich intensiv durch meine Eltern erlernen konnte. Auch möchte ich die Schriftsteller in meiner Ahnenlinie an dieser Stelle erwähnen. Durch euren Mut zum Schreiben und Philosophieren in früheren Zeiten erfuhr ich eine intensive familiäre Motivation und Begleitung. Ein besonderer Dank gilt selbstverständlich auch der höheren Kraft, die mir reichhaltige und intensive Erfahrungen und Begegnungen mit Menschen aus orientalischen Kulturen und der islamischen Religion ermöglichte. All den mir liebgewonnen Menschen, die damit zurechtkommen müssen, in einem diktatorischen System zu leben, möchte ich an dieser Stelle Dank sagen. Danke für eure Offenheit, euren Mut und eure Freundschaft.

Über die Autorin

Simone Krüger, geb. 1968 ist Dipl. Sozialpädagogin (FH), Kinder- und Jugendcoach (IPE), sowie Focusingberaterin (IGF) und systemische Familientherapeutin (i.A.). Sie lebte einige Zeit selbst in einer orientalischen Gesellschaft und widmet sich seit über 20 Jahren der interkulturellen Thematik in der Sozialen Arbeit. Durch den Einbezug von religiösen Quellen in ihre pädagogische Arbeit erreicht Frau Krüger in ihren interkulturellen Angeboten auch gläubige muslimische Eltern, die Angebote der Mehrheitsgesellschaft sonst nicht annehmen. Hier führt sie immer wieder Elternbildungsseminare in verschiedenen Moscheegemeinden durch, leistet kulturelle und religiöse Dolmetscherdienste und bietet Fortbildungsmodule für Fachkräfte in sozialen Einrichtungen und Schulen an. Frau Krügers Kenntnisse speisen sich aus ihren Erfahrungen in unterschiedlichen Bereichen der Sozialen Arbeit. Neben den interkulturellen Elternbildungsangeboten und Fortbildungen für Fachkräfte in sozialen Einrichtungen und Lehrkräften an Schulen, arbeitete Frau Krüger sowohl in der stationären, als auch in der ambulanten Jugendhilfe, sowie im Jugendamt im Bereich Kinderschutz und Beratung von Familien. Derzeit arbeitet Frau Krüger an der Entwicklung neuer Fortbildungsmodule für soziale Fachkräfte und Lehrer*innen, in denen sie ihr breites Erfahrungswissen mit der Methode des Focusing verbinden möchte.